“新财经”课程思政系列丛书

管理学
课程思政案例集

主编 徐宏玲 高莉芳 陈桓亘 付 嵘 谢梦影

西南财经大学出版社
Southwestern University of Finance & Economics Press
中国·成都

图书在版编目(CIP)数据

管理学课程思政案例集/徐宏玲等主编 .—成都:西南财经大学出版社,
2021. 10
ISBN 978-7-5504-4829-2

Ⅰ. ①管… Ⅱ. ①徐… Ⅲ. ①思想政治教育—教案(教育)—高等学校
Ⅳ. ①G641

中国版本图书馆 CIP 数据核字(2021)第 054156 号

管理学课程思政案例集
主　编:徐宏玲　高莉芳　陈桓亘　付　嵘　谢梦影

责任编辑:李特军
责任校对:石晓东
封面设计:何东琳设计工作室
责任印制:朱曼丽

出版发行	西南财经大学出版社(四川省成都市光华村街 55 号)
网　　址	http://cbs. swufe. edu. cn
电子邮件	bookcj@ swufe. edu. cn
邮政编码	610074
电　　话	028-87353785
照　　排	四川胜翔数码印务设计有限公司
印　　刷	四川五洲彩印有限责任公司
成品尺寸	185mm×260mm
印　　张	14. 5
字　　数	259 千字
版　　次	2021 年 10 月第 1 版
印　　次	2021 年 10 月第 1 次印刷
印　　数	1— 2000 册
书　　号	ISBN 978-7-5504-4829-2
定　　价	35. 00 元

出版说明

为深入贯彻落实习近平总书记关于教育的重要论述和全国教育大会精神，贯彻落实中共中央办公厅、国务院办公厅《关于深化新时代学校思想政治理论课改革创新的若干意见》，把思想政治教育贯穿人才培养体系，全面推进高校课程思政建设，发挥好每门课程的育人作用，提高高校人才培养质量，教育部印发了《高等学校课程思政建设指导纲要》（以下简称《纲要》）。《纲要》指出，全面推进课程思政建设是落实立德树人根本任务的战略举措。培养什么人、怎样培养人、为谁培养人是教育的根本问题，立德树人成效是检验高校一切工作的根本标准。课程思政建设是全面提高人才培养质量的重要任务。

为全面贯彻新时代党的教育方针，落实立德树人根本任务，国家教材委员会印发了《习近平新时代中国特色社会主义思想进课程教材指南》，明确要求把习近平新时代中国特色社会主义思想有机融入课程教材。《"党的领导"相关内容进大中小学课程教材指南》首次就"党的领导"相关内容融入课程教材作出整体设计，对于深入推进习近平新时代中国特色社会主义思想进教材、进课堂、进头脑具有重大意义。

根据相关文件精神，西南财经大学于 2021 年成立课程思政研究中心。为切实落实本科专业类教学质量国家标准和一流专业建设的基本要求，充分发挥教材在课程思政建设中的关键作用，打造课程思政精品教材体系，西南财经大学课程思政研究中心组织金融学院、保险学院、经济学院、工商管理学院、会计学院、财政税务学院、统计学院、经济信息工程学院、法学院、国际商学院、公共管理学院、经济数学学院、经济与管理研究院等出版了课程思政系列丛书（以下简称"丛书"）。

丛书以习近平新时代中国特色社会主义思想为指导，紧紧围绕教学导向“准”、育人格局“全”、思政元素“齐”、覆盖范围“广”、教学团队“强”的目标，围绕国家、区域以及学校课程思政建设的发展要求，深入挖掘各类课程和教学方式中蕴含的思想政治教育资源，致力于加快构建中国特色哲学社会科学学科体系、学术体系、话语体系，帮助学生了解经管类学科专业知识和行业领域的国家战略、法律法规和相关政策，引导学生深入社会实践、关注现实问题，培育学生经世济民、诚信服务、德法兼修的职业素养。丛书以案例集、教学指南等形式，教育引导学生把国家、社会、公民的价值要求融为一体，提高个人的爱国、敬业、诚信、友善修养，自觉把小我融入大我，不断追求国家的富强、民主、文明、和谐，倡导社会的自由、平等、公正、法治，将社会主义核心价值观内化为精神追求，外化为自觉行动；教育引导学生深刻理解中华优秀传统文化中讲仁爱、重民本、守诚信、崇正义、尚和合、求大同的思想精华和时代价值；教育引导学生传承中华文脉，富有中国心、饱含中国情、充满中国味；教育引导学生深刻理解并自觉践行各行业的职业精神和职业规范，增强职业责任感，培养遵纪守法、爱岗敬业、无私奉献、诚实守信、公道办事、开拓创新的职业品格和行为习惯，着力培养具有社会责任感、创新精神和国际视野的财经领域卓越人才。

丛书涵盖西南财经大学国家级重点学科和一流本科专业，作者包括西南财经大学国家级教学团队成员和其他资深教师。丛书经过作者反复斟酌研讨、倾力编撰而成，将思想政治教育寓于教学之中，让学生在学习专业知识的同时，增强“四个意识”，坚定“四个自信”，自觉做到“两个维护”，深入推进习近平新时代中国特色社会主义思想进教材、进课堂、进头脑。

西南财经大学课程思政研究中心

前言

现代管理学的形成和发展源于对自身历史和组织管理实践的研究，当你转过身去，打开书架，重新翻看管理学著名学者的经典作品时，或者当你在课堂上学习中国近现代企业成长史时，你会发现，中国人创造了无数宝贵的管理学精神财富。学史明理、知史砺行、明史布道，追求管理科学性，将爱国情、强国志、报国行融入建设社会主义现代化强国的火热实践中，成为管理学企业案例课程思政中一道亮丽的风景线。在新时代，照抄照搬西方管理学理论将不能适应中国企业长远发展的需要。因此，探索具有中国特色的管理学体系显得尤为重要。

基于上述背景和趋势，西南财经大学管理学课程组多年来孜孜探索，立足中国国情和企业管理实践，从中发现植根于中国土壤的管理学元素和课程思政元素，揭示中国企业管理实践的内在规律，进而完善具有中国特色的管理学学术体系、话语体系，确立了理论与实践、经典与前沿、西方与中国、融合与统一的课程思政内容体系。

高校专业课教师的职责是发挥课程思政的引领带头作用，如何让每位管理学教师都有中国情境、中国情怀、中国理论和中国味，在知识载体多元化的今天，这种“传道、授业、解惑”的职责，更富有全新的时代感、责任感和担当感。

西南财经大学管理学课程组的课程建设基础扎实，为管理学课程思政案例教材开发奠定了厚重的实践基础。西南财经大学管理学课程是在西南财经大学40多年研究生与本科生教学基础上，结合国际教学与科研的潮流和我国本科生的实际情况不断完善和发展起来的。本着“以我为主，洋为中用”和“中国企业故事、中国企业家故事”的教授原则，我校的管理学课程大致可以分为五个阶段。

第一阶段：引入阶段（1984—1988年）。本阶段的授课对象是西南财经大学企业管理专业的硕士研究生与工业经济专业的本科生。结合我国各个工业行业中管理的特点与运用的特殊性，授课教师除西南财经大学资深教授外，还有大批具有丰富实践经验的国企高层管理人员、企业厂长等。

第二阶段：发展阶段（1989—1992 年）。本阶段的授课对象仍然是西南财经大学企业管理专业的硕士研究生与工业经济专业的本科生。但在 1988 年，中国人民银行总行要求学校扩大货币银行学硕士研究生的招生，并希望对这些学生开设一般管理学课程。当时，我校针对货币银行学硕士研究生也开设了管理学课程。

第三阶段：提高阶段（1993—2000 年）。本阶段的授课对象为西南财经大学工商管理一级学科下的所有二级和三级学科的本科专业，包括企业管理、会计学、审计学、财务管理、人力资源管理、经济信息管理、旅游管理等专业和工商管理学院所有的本科生，如工业经济专业。课程的主要目的是使管理学科的学生具备管理学的一般管理理论与方法方面的知识。1993 年，由西南财经大学出版社正式出版了《管理学》教材，主编为王德中教授，副主编为罗珉副教授和马明宗教授。当时国内仅有中南财经大学林幼浮教授编写的一本内容非常少的《管理学》教材。

第四阶段：成熟阶段（2001—2018 年）。本阶段的授课对象依然为西南财经大学工商管理一级学科下的所有二级和三级学科的本科专业，包括工商管理、会计学、审计学、财务管理、人力资源管理、市场营销、经济信息管理、旅游管理和物流管理等专业。课程教学的目的是让学生系统地了解管理学的基本概念、基本职能和基本方法，培养用现代管理观念来分析企业的管理问题、组织运作问题和经营问题，使学生具备利用管理知识来制定企业的战略目标、设立组织机构、进行各种专项的职能管理的能力，使学生具有管理与经营方面的基础知识和思维方式。授课以多媒体教学的方式进行，多以案例教学为主、教师讲授为辅的方式，讲授形式渐渐向网络教学方向发展。本阶段使用的教材是罗珉教授在 2001 年出版的专著性教材《现代管理学》。迄今为止，该教材已经在西南财经大学出版社第四次再版。

第五阶段：变革阶段（2019 年至今）。本阶段的授课对象还是西南财经大学工商管理一级学科下的所有二级和三级学科的本科专业，但教材改为高等教育出版社的“马克思主义理论研究和建设工程重点教材”。同时，结合“课程思政”，将思想政治教育融入管理学课程教学和改革的各环节、各方面，在课程教学中实现“知识传授”与“价值引领”的有机统一。所以，《管理学课程思政案例集》教材开发和出版是历史的传承和责任担当。

实际上，西南财经大学管理学课程组一直都在贯彻理论联系实际的原则，立足中国企业实践，继承我国不同历史时期的管理思想，反映我国丰富的管理经验，为我国社会主义现代化建设服务，为建设中国特色的管理学服务。

本书的编写框架说明如下：

立足国情，有哪些中国元素的管理学内容可以挖掘？坚守课堂阵地，如何将祖国发展成就润物无声地融入管理学课程？结合管理学教材，如何进一步总结和探究中国特色管理学逻辑？……面对管理学课程思政的现实难题，课程组以现有教育部“马工程”教材《管理学》课程体系为基础，结合“马工程”教材“战略思维、历史思维、辩证思维、创新思维、底线思维”和西南财经大学新财经人才培养目标，确立了“思政育人为纲，中国问题为用”的课程思政建设指导思想。在多年探索和实践中，课程组构建了课程思政中国特色管理学“选题—内容—对象—情境—方法”“五位一体”的研究模式，以培养学生立足中国国情思考问题、解决问题的研究能力。尽管第二次世界大战结束以后，管理理论的各种学派呈现出了“百花齐放、百家争鸣”的态势，但依据我国企业成长路径的伟大实践和发展历史，定然可以抽象出管理规律、管理基本原理和管理一般方法，而这正是本教材开发和编写的肥沃土壤。我们通过精选中华人民共和国成立以来9个企业的成长案例，按照管理内涵、计划职能、组织职能、领导职能、控制职能以及企业创新、企业文化、企业激励模式的内容框架，将企业中出现的管理思想和管理方法，高度融合了国有企业的历史使命、“中国梦”、“五年计划”、企业家精神、“鞍钢宪法”等思政元素而写成本书。这种对中国大地上中国企业群体智慧的提炼，是从一个较高的思政元素层面，综合分析和阐释了中华人民共和国成立以来的企业管理思想和管理理论，也可以从中窥探西方管理名著在中国企业管理落地的伟大实践。

本书的编写目的如下：

本书汇集了多个发人深思的中国本土的管理案例，涵盖了大多数极为重要的管理难题，并尽可能全面地展现中国的管理智慧。本书的目的主要有两个：第一，对“马工程”《管理学》教材进行补充。现代管理学之父德鲁克曾说过，管理学是一门“博雅技艺”，所以如何去应用管理学的知识来解答在实践中遇到的现实问题是至关重要的。“马工程”教材注重管理学学科体系的传递，本书则以“马工程”教材所构建的学科体系设计出相应的中国本土案例，让学生在学习完管理理论后，能尝试运用所学知识去解决案例中所涉及的棘手问题。第二，将课程思政与管理学进行有机结合。本书站在坚持和发展中国特色社会主义的高度，选取的案例全部为我国的优秀企业，每一个案例都具有民族特色，希望能够增强当代大学生的民族自豪感、责任感和使命感。

为了达到上述效果，本书做了以下几点尝试：首先，本书以“马工程”《管理学》教材为指导，按照“马工程”教材的结构进行框架设计，力求体现两书在结构上的一致性，保证学生在使用时的连贯性。其次，每个篇章的案例都选取最典型最符合该篇章主题的中国企业，每个案例都可以作为一个特定章节的案例去阅读、讨论和学习。最后，每个案例的分析都注重将习近平新时代中国特色社会主义思想有机地而不是生搬硬套地融入进来，使本书的思想性和实践性都得到了体现。

本书的出版目的如下：

鉴于西南财经大学丰厚的管理学理论积淀以及全国高校对管理学教学的重视和教学改革课程思政需求，在西南财经大学教务处、西南财经大学出版社的大力支持和推动下，课程组开发和编写了《管理学课程思政案例集》教材并出版。希望此教材能够为其他高校管理学课程教师提供管理学课程思政教学组织、教学内容和方案范例；给刚走上讲台的青年教师提供课程思政教学的规范指导；给正在探索新时代如何更好地履行教师职责的教师以一定的教学实践参考，为正在建立一流课程的教学管理部门提供一定借鉴；让学生在学习管理学专业知识中潜移默化地感知祖国发展历史，从而培养学生的家国情怀，提高学生的民族自豪感和自信心。

西南财经大学管理学课程思政案例编写组

2021 年 5 月 27 日

教学建议

一、教学目的

管理学课程思政案例是管理学的配套教学课程，是适合于管理类各专业本科生的大学基础课。课程主要目的是：依托中国情境和管理实践，了解和掌握中国情境下企业管理的基本理论和方法；学会运用管理的基本职能去发现、分析和解决企业实际问题，理解中国企业管理实践中的独特智慧和民族精神，培养具有爱国精神和社会主义现代化建设责任感的管理人才。

二、课时分配建议

教学内容	教学要点	课时安排	教学目标
第一章 原理导论	●华润集团的发展历程 ●华润的管理理念与责任 ●华润在不同时期为国家发展做出的贡献 ●国有企业的内涵、存在的必要性、存在的逻辑和价值	3	●理解中国情境下管理的内涵与本质 ●了解中国企业管理的基本原理与方法 ●认识中国组织管理活动的时代背景
第二章 计划	●邯郸钢铁集团的发展历程 ●邯郸实行成本否决发的时代背景、阶段和具体实践 ●邯郸钢铁对我国国企改革的贡献与启示 ●企业计划职能与国家“十三个”五年计划实施的经验	3	●了解中国组织管理中的计划决策及其任务 ●掌握中国不同历史时期计划决策类型与特征的共性和特性 ●掌握适应中国环境和时代使命的计划决策过程与影响因素
第三章 组织设计	●华为集团的发展历程 ●华为集团组织设计的变迁与特点 ●华为组织设计中授权、民主、团结的体现 ●民主集中制和实事求是路线在中国的产生及其必要性	3	●认识中国营商环境中企业组织设计的任务与影响因素 ●了解适应于民族特性的组织结构 ●学习中国产业结构下的组织整合

表(续)

教学内容	教学要点	课时安排	教学目标
第四章 组织文化	●格力集团的发展历程 ●格力集团的组织文化体系、精神内核和制度实践 ●格力发展中的创新、诚信、以人为本和民族责任感 ●中国企业在各发展阶段中对民族精神的一贯需要和不同体现	3	●理解组织文化对文化复兴的作用 ●了解符合中国精神文明建设需要的组织文化的构成和功能 ●掌握基于中国传统道德观和民族精神的组织文化塑造
第五章 激励	●腾讯集团的发展历程 ●腾讯集团中员工的成长与激励 ●腾讯集团对员工获得感的建设 ●中国的传统需求价值观和新时代人类命运共同体的发展要求	3	●理解中国环境中激励的基础 ●了解激励理论在中国企业中的实践 ●掌握适合中国产业和人民发展需要的激励方法
第六章 领导	●福耀集团的发展历程 ●曹德旺的企业家责任观和四个自信 ●福耀集团跨文化领导力的实践和提升 ●中国领导力的求同存异，文化自信与团结共进	3	●了解中国情境中领导的内涵与特征 ●理解中国企业中领导与领导者的辩证关系 ●理解社会主义制度下领导者与被领导者的关系
第七章 控制	●鞍钢集团发展的历程 ●鞍钢宪法的产生、内容、应用及变迁 ●鞍钢宪法的贡献及对西方的影响 ●社会主义制度的优越性和中国在危机中的有效控制实践	3	●认识中国不同历史时期企业控制的类型与过程 ●了解兼顾组织发展和人民权利的组织控制内涵与原则 ●掌握符合中国当前经济业态的控制类型、过程、方法
第八章 创新	●科大讯飞的发展历程 ●科大讯飞的技术坚持、创新导向和全球视角 ●科大讯飞在百年未有之大变局中对创新的把握和实践 ●在国际局势的大变革中创新对我国发展的重要意义	3	●认识创新在我国现代化建设全局中的核心地位 ●中国企业发展中组织变革与创新的重要性 ●了解新时代中国组织结构创新的实践 ●理解中国企业发展中组织变革与创新的实践方式
第九章 互联网时代 管理展望	●SheIn 公司的发展历程 ●SheIn 公司的创业基调、氛围，成长路径及逻辑 ●Shein 创业过程中的中国基因和走出去的中国品牌、中国智造 ●新时代中国软实力的传统根基及对实践中国梦的引擎作用	6	●了解中国互联网经济中的机遇与挑战 ●认识互联网经济中企业的责任与价值观 ●理解互联网趋势下中国企业的新业态

目录 CONTENTS

第一章 导论

第一部分 案例正文

一、 华润集团的发展历程①

华润（集团）有限公司②是一家在香港注册和运营的公司，迄今已有八十多年的历史。改革开放后，华润通过一系列实业化投资，逐步发展成为以实业为核心的多元化控股企业集团。

（一）1938—1952 年：从“联和行”到“华润公司”

1. 创立初期

1938 年，为了团结香港及海外支持抗战的民主人士，接受和保管各界抗日捐款和物资，为抗日根据地采购军需物资及药品，在老一辈无产阶级革命家周恩来、陈云的领导下，华润前身“联和行”于香港成立。

1948 年，联和行进行改组、扩大，更名为“华润公司”。

1948—1949 年，配合三大战役和渡江战役，华润公司千方百计突破封锁，采购和运送解放区急需的战略物资，将 1 000 多位爱国民主人士护送回国参加第一届中国人民政治协商会议。

1952 年，华润公司的隶属关系由中共中央办公厅变为中央贸易部（现为商务部）。

（二）1952—1983 年：中华人民共和国与世界贸易沟通的桥梁

从 1952 年起，华润成为中国进出口贸易公司在香港、澳门及东南亚地

① 资料来源：https://www.crc.com.hk/about/overview/Introduction/。

② 在本章内容中，将华润集团企业简称为“华润”。

区的总代理，架起了中华人民共和国与世界贸易沟通的第一座桥梁。华润在代理贸易高峰期拥有全国外贸总额的三分之一，为计划经济年代中国的外贸事业做出了重大贡献，同时也体现了对香港繁荣稳定的担当。

1956 年，华润参与并组织了首届中国出口商品展览会（“广交会”前身）。

从 1962 年起，华润承担内地供应香港鲜活冷冻商品“三趟快车”运营的工作，为保障香港市场的鲜活食品供应发挥了重要作用。

20 世纪 60 年代初，内地发生严重的粮食短缺，华润千方百计从加拿大等地采购粮食运往内地。

20 世纪 70 年代初期，中东战争引发香港油荒，华润协助将内地生产的石油输入香港市场，有效地缓解了香港石油短缺问题。

1978—1983 年，华润首倡并大力推广“三来一补”模式，开启了香港制造业向内地进行产业转移的先河。

（三）1983—2000 年：实业化、多元化发展

20 世纪 80 年代，华润顺应国家外贸体制改革，踏上了从贸易公司向实业化、多元化企业的转型之路，大规模在香港和内地投资发展实业，为今天成为实力雄厚的多元化企业打下了坚实的基础。

1983 年，“华润公司”改组为“华润（集团）有限公司”，开始建立现代企业制度。

1984 年，第一家华润超级市场在香港开业。

20 世纪 80—90 年代，华润在香港大量投资基础设施，有力地促进了香港的经济发展，华润的实力和影响力也得到进一步提升。

1992 年，华润注资香港上市公司永达利，更名为华润创业，成为最早在香港上市的中资企业之一。

1993 年，华润收购沈阳雪花啤酒厂。

1994 年，华润入股徐州电厂，拥有了第一个电力项目。

1998 年，东莞华润水泥厂建成投产。

（四）2000—2015 年：集团多元化、利润中心专业化

21 世纪，华润大举进军内地市场，通过并购重组、产业培育、创新业态，成功建立了一批具有行业领导地位的主营业务。

2001 年起，华润集团通过九次高层研讨，确立了“集团多元化、利润中心专业化”的经营方针，从此华润集团的发展进入了新的历史阶段。

2002 年，华润收购万佳百货，更名为“华润万家”，通过大规模开店和一连串的并购，逐步发展成在中国规模位居前列的超市集团。

2003 年，华润水泥在香港上市，通过不断新建及收购等方式，开始在市场上崭露头角。

2006 年和 2007 年，华润分别重组华源集团和三九集团，在此基础上成立华润医药集团，打造民族医药平台。

华润电力于 2003 年在香港联交所上市，2009 年纳入香港恒生指数成分股，成为唯一入选恒生指数成分股的中资电力公司。

2007 年，华润燃气成立，2008 年在香港成功上市。

2010 年，华润置地入选香港恒生指数成分股。

2010 年，华润对珠海市商业银行成功实施战略重组，并将其更名为珠海华润银行。

2010 年，华润新能源控股有限公司和华润煤业控股有限公司成立。

2010—2015 年，华润集团核心业务包括消费品（含各种零售、啤酒、食品、饮料）、电力、地产、医药、水泥、燃气、金融等。华润的多元化业务具有良好的市场竞争优势和产业基础。其中，零售、啤酒、电力、地产、燃气、医药已处于行业领先地位。华润集团积极实施“十二五”发展战略，在充分发挥多元化企业优势的基础上，打造一批营业额过千亿元、经营利润过百亿元的战略业务单元。

（五）2015 年—未来：走向全球化

华润集团制定“十三五”发展战略，积极推动企业转型，依托实业发展、资本运营的“双擎”之力，借助“国际化+互联网”的“两翼”之势，积极融入“一带一路”、雄安新区及粤港澳大湾区建设，开启发展新篇章。

2015 年，华润创业剥离非啤酒业务，更名为“华润啤酒”。

2016 年，华润医药整体上市；华润注资凤凰医疗，后更名为“华润医疗”。

2016 年，华润与麦格理联合收购澳洲最大的癌症与心脏病治疗服务公司 GenesisCare 61.7%的股权，并对新西兰的 Comvita 蜂蜜、Scales 苹果、King Salmon 帝王鲑鱼进行了股权投资。

2017 年，华润电力及华润资本组成的联合体竞得英国 Dudgeon 海上风电场 30%的股权；华润置地联合体在英国成功签约收购位于伦敦的写字楼项目 20 Gresham Street。

2018 年，华润啤酒与喜力集团达成长期战略合作，拓展高端啤酒市场。

2018 年 11 月，华润在香港发布《华润参与粤港澳大湾区建设白皮书》。

2019 年，华润医药收购江中集团，并将其更名为“华润江中”。

二、 华润的现代企业制度体系

华润是拥有光荣历史的红色央企。八十多年的风雨历程、几代人的艰苦创业为华润积淀了优秀的企业文化，铸就了独特的企业之魂。这是华润宝贵的精神财富，是推动华润事业不断发展壮大的内在动力。

（一）华润的文化理念体系

华润文化理念体系包括：使命、愿景、价值观、发展理念和企业精神五大要素。[①] 图 1-1 为华润文化理念体系。

1. 华润使命：引领商业进步，共创美好生活

这是华润作为商业机构存在的意义和动机，也是华润必须承担的责任和义务。将企业使命与商业进步和社会发展紧紧联系在一起，表达了华润在促进整个社会的文明与进步中求得企业发展的价值取向，体现了华润人的崇高追求。

商业进步是推动国家富强、社会发展的重要动力，美好生活是人们的殷切期盼。作为具有光荣历史的红色央企，华润创新商业模式，为中国企业提供成功样本；履行社会责任，承担央企使命，努力以实际行动回报社会；贡献商业智慧，分享最佳实践，为社会进步提供思想源泉。华润携手客户、股东、员工、伙伴、社会和环境，共创美好生活：携手客户，通过提供优质产品与服务，不断超越客户期望，持续创造客户价值；携手股东，依法、依规管理企业，不断提高治理能力与业绩水平，实现企业稳健发展；携手员工，通过权益保护与人文关怀，帮助员工实现其价值，提升员工幸福指数；携手伙伴，通过恪守商业道德，营造良好商业环境，开创合作共赢新局；携手社会，通过响应国家号召，投身公益，促进社会和谐发展；携手环境，通过严守环保法规，节能减排，发展循环经济，建设绿色生态文明。

2. 企业愿景：成为大众信赖和喜爱的全球化企业

在八十多年的风雨历程中，华润顺应时代潮流和历史趋势，上下求索、积极求变，抓住机遇、不断转型，企业始终保持勃勃生机，建立了良好口碑和卓越商誉。在新的历史时期，华润顺势应势、志存高远，以“成为大众信赖和喜爱的全球化企业”作为企业愿景。

---

① 资料来源：https://www.crc.com.hk/about/culture/。

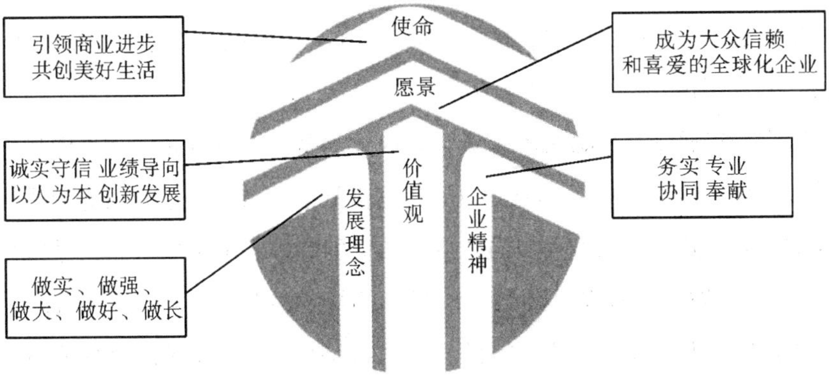

图 1-1 华润的文化理念体系

3. 价值观：诚实守信，业绩导向，以人为本，创新发展

诚实守信是华润的核心价值观，是华润建基立业的根本；业绩导向是华润发展壮大的支撑；以人为本是华润价值创造的宗旨；创新发展是华润迎接挑战的动力。

诚实守信：诚爱国，崇尚公平正义，敬畏法纪、尊重制度，坚守法律和道德底线。遵守商业伦理与契约精神，维护利益相关方合法权益，信守承诺，知行合一。倡导真诚坦率的人际沟通，不唯上、不专断，构建简单透明的管理氛围。

业绩导向：华润作为商业机构，业绩是企业生存和发展的生命线，必须坚持以实力去竞争、以付出求回报、用业绩来说话，才能持续为社会创造价值。华润强调业绩的“均好性”，业绩不仅要体现在经营规模、发展速度上，而且要体现在组织能力的提升、管理模式的创新，以及优秀人才的培养等各个方面，是全面、均衡、高质量的业绩。没有增长的业务不是好业务，没有业绩的团队不是好团队。业绩是华润选人、用人、评价人、激励人的重要标准。

以人为本：尊重人的价值，挖掘人的潜能，从生活、情感和成长环节关爱和善待员工，为员工构建价值实现的平台，共享发展成果。顺应并满足人性的合理需求，倡导积极向上、绿色健康的生活方式，为客户提供优质的产品与服务。华润曾在不同历史时期都承担了国家使命，始终与国家和民族的命运休戚与共，为民族振兴和社会发展做出了独特的贡献。展望未来，华润将努力成为投资者满意、员工自豪、大众信赖的优秀企业，在促进社会进步、实现民族复兴的征途中做出新的贡献。

4. 发展理念：做实、做强、做大、做好、做长（5M 原则）

顺应经济新常态，华润需要积极转变发展方式，实现内涵式增长。为此，华润要求各级单位通过创新驱动、结构优化、产业升级、提升产品和服务质量、提高效率和效益等路径，努力实现“做实、做强、做大、做好、做长”的发展理念。

做实是华润安身立命之本，做强是做大的基础。不管是做实、做强，还是做大，核心因素应立足于努力满足利益相关方的需要，不断创造价值，提升效率效益。做好关系着客户的认可、社会的尊重、形象的树立，是做强的外在表现。“做实、做强、做大、做好”的根本目的，是实现“做长”，各项工作都要以此为指导，为“做长”夯实基础、建立机制、营造环境，确保可持续发展。

5. 企业精神：务实、专业、协同、奉献

华润从央企使命中，汲取了务实精神；从市场竞争中，汲取了专业精神；从团队建设中，汲取了协同精神；从红色基因中，汲取了奉献精神。这是全体华润人应该共有的精神风貌和行为风格。

（二）华润的管理体系

6S 是战略规划体系、业绩评价体系、内部审计体系、经理人考评体系、管理报告体系和商业计划体系的简称，是华润从自身特点出发探索出的多元化控股企业管理模式，是华润的核心管理体系，如图 1-2 所示。6S 使华润多元化企业管理模式更科学有序，整体管理架构变得更加扁平，管理层可以及时、准确地获取管理信息，有力地促进了总部战略管理能力的提升和战略导向型组织的形成。

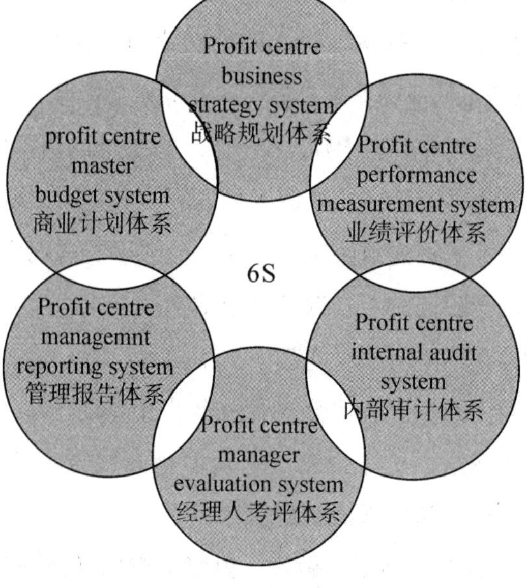

图 1-2　华润管理体系

（三）华润的财务管理体系

5C 体系是以资本、资金、资产管理为主线，以资本结构、现金创造、现金管理、资金筹集和资产配置为核心的价值型财务管理体系，如图 1-3 所示。5C 体系内在的逻辑循环如下。公司在价值创造过程中，首先考虑资本来源、资本成本和结构比例，设定公司资本结构；通过经营活动将资本转化为有竞争力的产品或服务，获得持续增长所需的内部资金来源；通过付息、派息、现金周转与资金集中等进行现金管理；通过与资产结构相适配的资金筹集安排，获得持续增长所需的外部资金，并通过资产配置活动动态调整资产组合以实现公司价值持续增长，从而形成价值创造的完整循环。

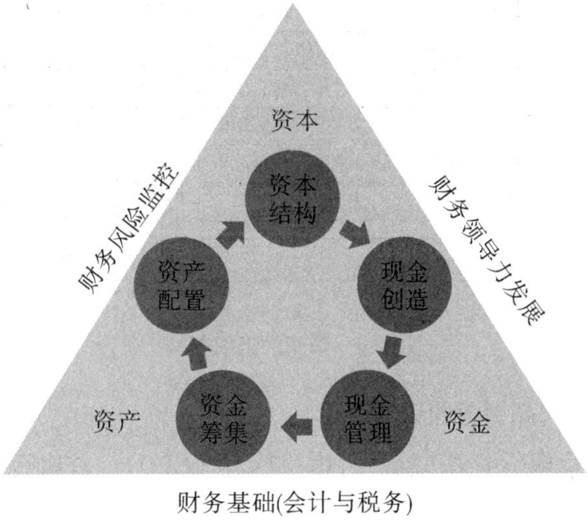

图 1-3　华润财务管理体系

（四）华润的组织架构

华润的组织架构如图 1-4 所示。[①]

① 资料来源 http://www.crc.com.hk/about/overview/history/。

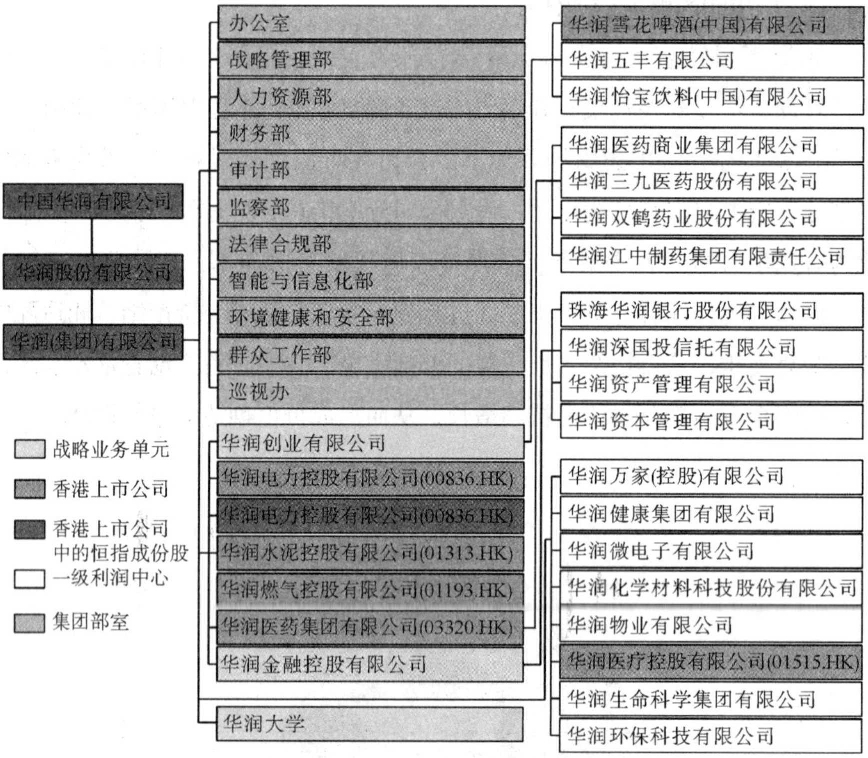

图 1-4　华润的组织架构

（五）华润的高层管理层构成

华润最高管理层由董事会、首席执行官（CEO）、首席运营官（COO）、各事业部的领导和财务总监（CFO）组成，如图 1-5 所示。

董事会：包括公司高层管理人员及政府和公司外部人员，拥有对关键问题的最终决定权，确定对管理层的业绩要求。

监事会：监督公司的财务，监督高层管理者的行为，提议召开临时股东大会。

首席执行官：负责公司发展方向、公司对外事务，监管组织的绩效。首席执行官由董事长担任。

首席运营官：就公司日常经营向首席执行官负责，主要负责公司的内部经营管理，是上市公司总裁和执行委员会主席。

执行委员会：包括首席执行官、首席运营官、财务总监和事业部领导，主要职责是建议或制定公司经营目标和政策，管理公司经营绩效并解决出现的问题。

事业部领导：主要负责本事业部运营、管理、控制和经营绩效，就本事业部的发展策略、资金分配和预算提出建议，采取行动提高绩效和解决问题。

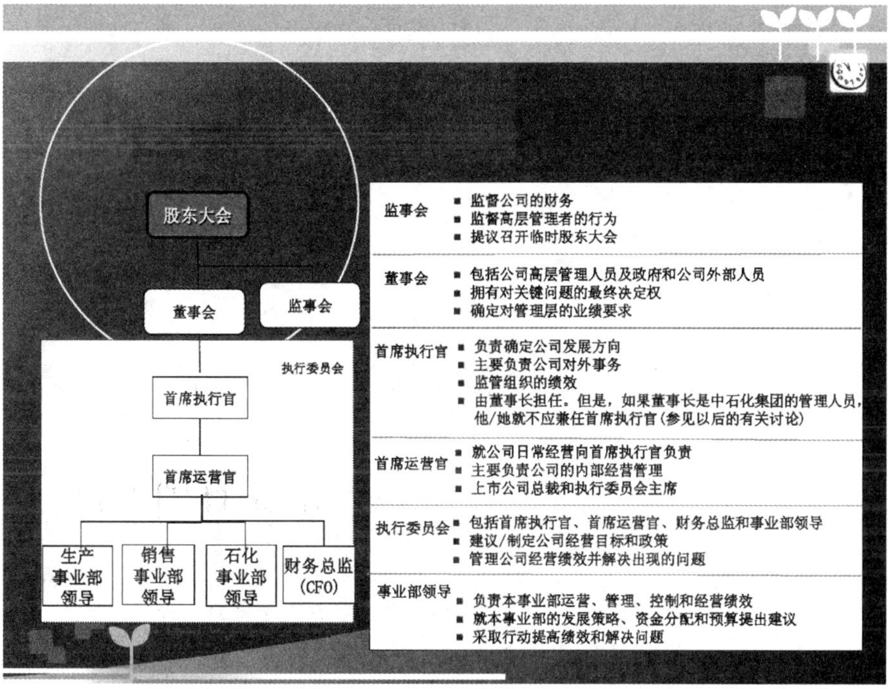

图 1-5　华润的高层管理层构成

（六）华润的企业责任①

华润的责任理念如图 1-6 所示。

（1）对股东负责：履行经济责任，建设价值华润，创造最优企业价值。

（2）对客户负责：履行客户责任，建设满意华润，用心赢得满意信赖。

（3）对员工负责：履行员工责任，建设人本华润，保障快乐工作生活。

（4）对伙伴负责：履行伙伴责任，建设共赢华润，开创共赢发展新局。

（5）对环境负责：履行环境责任，建设绿色华润，创造绿色生态文明。

（6）对公众负责：履行公众责任，建设和谐华润，促进社会和谐发展。

① 资料来源：https://www.crc.com.hk/responsibility/manage/。

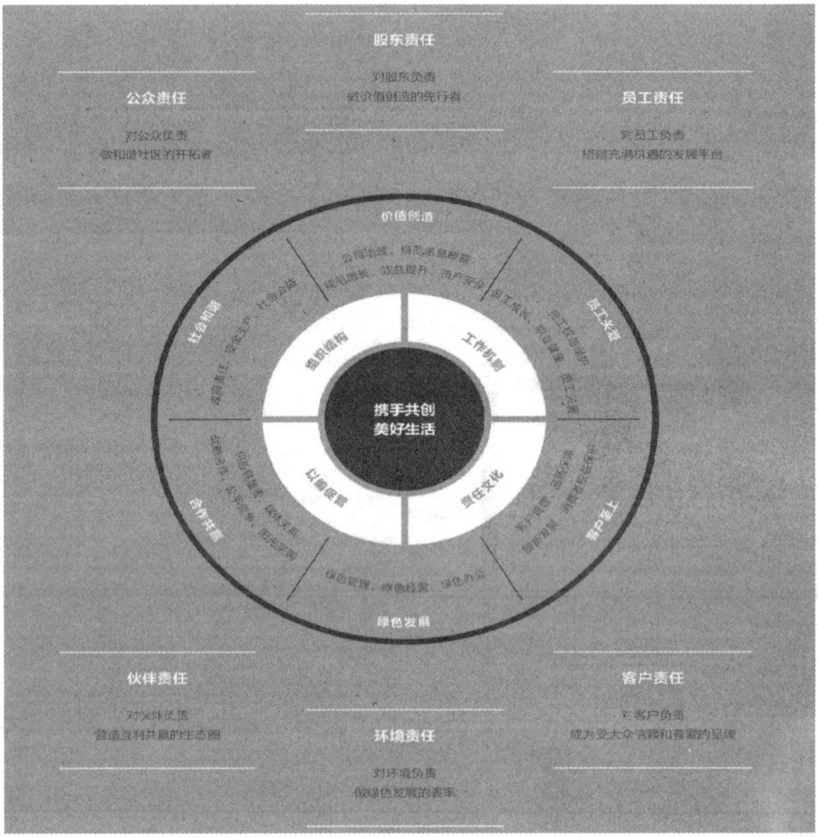

图 1-6　华润的责任理念

三、 案例思政元素

（一）为抗日战争和解放战争做贡献

在抗日战争时期，联和行积极配合宋庆龄领导的“保卫中国同盟”，开展大规模抗日募捐活动，将社会各界的捐赠物资辗转运抵抗日根据地，并为八路军、新四军采购军需物资及药品。

在解放战争时期，华润千方百计突破封锁，采购和运送内地急需物资，有力地支援了三大战役、渡江战役，直至解放全中国。

华润历经艰险先后分 4 批将 358 位著名民主人士、765 位文化名人及爱国华侨从香港秘密运送到东北解放区，保证了第一届中国人民政治协商会议的胜利召开。

（二）在 1952—1980 年所做的贡献

华润一直是中国进出口贸易公司在香港、澳门及东南亚地区的总代理。华润协助制订对港及海外出口计划，衔接货源并建立销售网络，与世界各国加强贸易联系，进口内地所需商品，赚取外汇，为计划经济年代的中国外贸事业做出了重要贡献。

1957年，华润发起并筹办首届中国出口商品展览会，拉开了“广交会”的序幕。

1962年，华润属下五丰行承担起内地鲜活冷冻食品供港的“三趟快车”的运作，保证了香港的食品供应。

20世纪70年代初期，华润协助将内地生产的石油输入香港，有效地缓解了香港石油短缺问题。

（三）为脱贫攻坚所做的贡献

按照党中央、国务院关于中央单位定点扶贫工作的要求，2002年、2012年江西广昌县、宁夏海原县先后成为华润的定点扶贫县。至今，华润共投入5.5亿元，通过新农村建设、产业扶贫、投资扶贫、人才扶贫、教育扶贫等多种方式全方位开展定点帮扶工作，两个定点扶贫县分别于2018年7月和2020年3月“脱贫摘帽”。此外，自2008年以来，华润在全国捐建了12个华润希望小镇，直接受惠农户超过1万人，辐射带动华润希望小镇周边10万余人脱贫致富奔小康。

华润按照中央和国资委关于打赢脱贫攻坚战的决策部署，持续加大力度，充分发挥华润多元化经营的资源和产业优势，探索出了落实“规定动作”、推进“自选动作”的“双拳组合”式精准扶贫模式。“规定动作”是指华润积极承担国家下达的定点扶贫任务，围绕产业扶贫、投资扶贫、人才扶贫和公益扶贫等措施在江西广昌县和宁夏海原县开展定点扶贫工作；“自选动作”是指华润主动履行社会责任，在全国的革命老区创建华润希望小镇。华润“双拳组合”式精准扶贫模式由“主体模块”“功能模块”两大部分构成。主体模块包括核心理念、基本目标、行动依据和扶贫践行四个子模块。

2008年，华润就开始探索如何能够为中国的贫困乡村做一些事情。同年华润提出了借助集团多元化企业资源到贫困革命老区建设华润希望小镇的想法。华润希望小镇项目是通过环境改造、产业帮扶、组织重构、精神重塑，帮助贫困地区尤其是贫困革命老区进行整村脱贫的一个乡村扶贫项目。为了做好这个项目，华润2009年开始向民政部提出注册华润慈善基金会的申请，2010年获得民政部的成立批复。十多年来，华润慈善基金会紧紧围绕脱贫攻坚和国家乡村振兴战略开展工作，不断深化公益项目，进行公益创新。如今，华润希望小镇项目经成为基金会的品牌公益项目，基金会以差不多每年建成一座希望小镇的速度，累计捐款 8 亿元，在全国建成了广西百色、河北西柏坡、湖南韶山、福建古田、贵州遵义、安徽金寨、江西井山、宁夏海原 8 座华润希望小镇。湖北红安、贵州剑河、陕西延安希望小镇正在全面建设中。

自 2010 年华润慈善基金会成立至今，华润希望小镇项目已经覆盖了全国 10 个省份，有 3 012 户农民、11 400 余人直接受益，每个华润希望小镇也成了当地新农村建设的样板。通过华润希望小镇产业帮扶工作的辐射带动，超过 10 万人受益。华润也将希望小镇的帮扶模式和经验，复制到对宁夏海原和江西广昌两县的定点扶贫工作中，直接带动超过 30 万农民受益。在希望小镇的基础上，华润创造了海原县定点扶贫的“华润模式”，该模式被国务院扶贫办评为“中国企业精准扶贫案例 50 佳”。

第二部分　思政元素理论基础和中国实践

一、 中国国有企业的内涵

国有企业是指国务院和地方人民政府分别代表国家履行出资人职责的国有独资企业、国有独资公司以及国有资本控股公司，包括中央和地方国有资产监督管理机构和其他部门所监管的企业本级及其逐级投资形成的企业。

二、 中国国有企业存在的必然性

在中国经济发展的过程中，国有企业在改革的不同阶段中始终维持了较高的比重，发挥着特殊的功能。从登上历史舞台起，国有企业就是中国社会主义建设事业的主体和主导力量。中华人民共和国成立后的前 30 年，本着艰苦奋斗、勤俭节约的精神，国有企业从零起步，使中国一跃成为世界第六大工业强国；改革开放以来，国有企业又承担了巨大的改革重任，几度陷入困境。可以毫不夸张地说，没有国有企业的担当与付出，就没有中华人民共和国的成就与辉煌。国有企业的利益与大众利益、国家利益是一致的①。

1949 年 9 月 29 日，第一届中国人民政治协商会议全体会议通过了《中国人民政治协商会共同纲领》。在中华人民共和国成立前后，正是在这一纲

① 温源. 国有企业价值不可替代［J］. 资治文摘，2012，(5)：14-15.

领的指导下，国有企业及其管理体制迅速地形成了。中国国有企业形成的基本原因是什么？概括起来包括以下三个方面，分别是实践马克思主义理论的需要、民族独立和自强的需要、实现赶超任务的需要。

第一，大力发展国有企业，是马克思主义理论在中国的具体实践。因为按照马克思的剩余价值理论，人类社会进入社会主义阶段以后，生产资料归劳动者所有。无产阶级夺取政权以后就要将生产资料从剥夺者那里重新剥夺回来，所以大力发展国有企业是马克思主义理论在中国的具体实践。国有企业在中国是作为社会主义制度的经济基础而存在的，反映了社会主义制度的本质属性。国有企业是中国特色社会主义重要的物质基础和政治基础，是党执政兴国的重要支柱和依靠力量。这是最首要的原因。

第二，大力发展国有企业，是实现民族独立和自强的需要。1949 年，中国面临的现状是生产力低下、经济非常落后的产业，工业生产基础几乎为零。当时的火柴叫洋火，煤油叫洋油，布匹叫洋布，为什么？因为这些产品都是外商投资生产的。同时我国还面临一些国家对我国进行的政治上的孤立，经济技术上的封锁，军事上的威胁。所以在我国工业基础薄弱的情况下，要争取民族独立和自强，要实现所谓生产资料优先增长的重工业，能够依靠的力量就是国有经济。

第三，大力发展国有企业，才能实现对发达国家的赶超。实现赶超几乎是所有发展中国家的任务和期望。20 世纪 50 年代，我国可以依靠的几乎只有国有企业，尤其是在赶超过程中，还有很多市场是失效的。通常情况下，一个经济体存在经济发展短板是正常的现象。没有一个经济体没有短板。所以自主可控是我国经济体发展的最基本的要求。赶超不只是赶超经济总量，也不只是赶超人均 GDP，还包括技术等方面的赶超，要实现自主可控。

在市场经济条件下，组建国有企业的最初目的主要是利用国有企业的“公共性”这个基本特征，来做非国有企业不愿做和做不了的事。这意味着国有企业在中国经济发展过程中有着不可替代的作用。改革开放前期，国有企业曾经为中国经济成功转轨做出了自己的贡献，承担了中国经济转轨的成本，但同时它们也获得了各类金融资源的支持。①

在党的十九大开幕会上，习近平总书记在党的十九大报告中指出，在我们党迈进新时代、开启新征程、续写新篇章的重要阶段，国有企业要做承担

① 袁志刚，邵挺. 国有企业的历史地位、功能及其进一步改革［J］. 学术月刊，2010，42（1）：55-66.

新历史使命的先锋队，要做解决“不平衡”“不充分”新矛盾的突击队，“做强、做优、做大”新征程的践行者、争做世界一流企业新任务的领跑者。

新时代到来，中国国有企业依然是中国特色社会主义的支柱，是推进中国进入这个历史新时代的强大推动力。

首先，搞好国有企业，是我国保持社会主义性质的根本保证。生产资料公有制（国有经济是其主要形式）是社会主义的经济基础。其次，搞好国有经济，是巩固和增强中国共产党执政地位的保证。再次，搞好国有企业，才能逐步实现共同富裕。共同富裕是人类的理想，也是社会主义的本质。最后，搞好国有企业，有利于提高我国国际竞争力。①

三、 20 世纪 50 年代国有企业产生的中国情境

中华人民共和国成立以后，为了迅速实现工业化，摆脱经济落后的局面，中国选择了重工业优先发展战略。虽然从理论上讲，企业国有化并非是推行重工业优先发展战略的唯一选择，但这种战略能最大限度地控制和配置经济剩余，进而最大限度地实现政府的战略意图。

中华人民共和国成立之初，经济发展水平十分低下。1949 年，国民收入只有 358 亿元，人均国民收入为 66 元。国民收入中工业的比重仅为 12.6%。在工业总产值中，重工业产值比重只占 26.4%。而当时发达国家的工业增加值占国内生产总值的比重一般都在 50%。我国同发达国家的差距主要表现在工业化水平方面，所以我国把加快工业化进程，特别是提高重工业在工业结构中的比重，作为改变落后面貌的首要任务和主要途径，因此选择了重工业优先发展战略。选择重工业优先发展战略，与当时中国面临的国际政治、经济环境也是吻合的。同时，苏联运用国家计划迅速推进工业化取得的成功，对中国领导人选择重工业优先发展战略产生了较大的影响。

重工业作为资本密集型产业，具有建设周期长、在发展的早期大部分设备需要从国外引进和初始投资规模巨大三个特征。而当时中国的经济发展水平落后，资金极为稀缺，可供出口的产品很少，资金密集型的重工业不符合我国的比较优势，外汇不足和经济剩余少且分散，同时又缺乏引进外资的条件。在这种情况下，利用市场机制来配置资源，是不可能把投资引导到重工业部门的，反而有可能诱致以轻工业为主导的工业化。所以，要实施重工业

---

① 李锦. 新时代国有企业的地位与使命［J］. 先锋队，2017，(35)：20-23.

优先发展战略，从经济逻辑上要求政府最大限度地承担起集中经济剩余和降低发展重工业的门槛的责任。依靠国有企业来实现这种战略意图是很有效的，所以超越当时资源比较优势而执行重工业优先发展战略的任务，历史性地落在了国有企业身上。事实上这也是最大限度地配置经济剩余、最充分地体现国家战略意图的一种内生的制度安排。在确立了重工业优先发展战略之后，被人为压低了价格的资源固然可以通过高度集中的配置体制流入优先发展的部门，但当一个生产周期完成之后，其经济剩余能否继续按照战略意图进行再配置，而不受市场收益的诱导转投到非优先发展部门。对政府来说，企业国有化，能够最大限度地控制经济剩余，并将它们用于国家战略目标所要求的投资方向上。在中国，建立全民所有制，不仅符合上述经济逻辑，使经济剩余的动员和配置能够以内部化的形式得以解决，还符合共产主义的意识形态。国有企业从需求和供给两个方面，把经济逻辑的内在要求与意识形态上的目标完美地结合起来。

中华人民共和国成立初期，中国的私营经济和个体经济还占据重要地位。据统计，在 1952 年的工业总产值中，国营企业占 41.5%，集体企业占 3.3%，公私合营企业占 4.0%，私营和个体企业占 51.2%。按照当时实行的新民主主义政策，民族资本主义工商业将在相当长的时期内与社会主义工商业共存。然而，由于工业中多种经济成分并存的格局难以满足重工业优先发展战略的要求，所以随着“一五”时期开始实施重工业优先发展战略，党和政府逐步改变了最初的政策主张和承诺。从 1954 年起，我国把许多规模较大的私营企业逐步纳入公私合营的范围，并对其进行扩建或改建。

必须指出，20 世纪 50 年代采取的没收官僚资本、收购外国资本和改造民族资本政策确实对国有企业的发展有较大的影响，然而从总体上看，绝大多数国有企业是政府利用集中在手里的经济剩余发展起来的。尤其是大中型国有企业，几乎都是中华人民共和国成立以后利用集中起来的经济剩余发展起来的。

四、 20 世纪 50 年代国有企业设立的相关政策

中华人民共和国成立后，国有经济也迅速地进入了创建阶段。当时，我国主要通过没收官僚资本、继承解放区公营经济和征用外资企业和政府创办新企业等途径，初步建立起了能够控制国计民生的国有经济。由于国有经济在新民主主义制度中被确定为经济中的主导力量，它不仅承担着恢复国民经济的重任，而且承担着在未来建设社会主义的重任。因此，优先发展、壮大

国有经济就成了中华人民共和国成立后的重要任务之一。

（一）关于国有企业诞生的途径

剧锦文在《国企 70 年》一书中总结了国有企业诞生的五大途径。[①] 1949 年 9 月 29 日，第一届中国人民政治协商会议全体会议在通过的《中国人民政治协商会共同纲领》（简称《共同纲领》）中提出："国营经济为社会主义性质的经济。凡属有关国家经济命脉和足以操纵国民生计的事业，均应由国家统一经营。凡属国有的资源和企业，均为全体人民的公共财产，为人民共和国发展生产、繁荣经济的主要物质基础和整个社会经济的领导力量。"在中华人民共和国成立前后，正是在这一方针的指导下，国有企业及其管理体制迅速形成了。在当时，国有企业主要通过以下五种途径来建立。

（1）根据地的公营企业。解放区的公有资本，中华人民共和国成立后自然转为国有企业。当时在瑞金、晋察冀边区等都有公有资本。

（2）没收"官僚资本"。没收"官僚资本"归新民主主义国家所有、由政府直接经营和管理，是中华人民共和国建立时国有经济的主要来源。

（3）征用外资和接收苏联移交企业。曾经，外国资本曾控制着我国的经济命脉，主要盘踞在中国的基础产业和关键产业领域。中华人民共和国成立后，采取征用和接收方式，将其收归国有。

（4）政府投资兴办企业。中华人民共和国成立以后，各级政府采用各种形式的投资设立企业。

（5）民族资本主义工商业的社会主义改造。随着解放战争的迅速推进和城市的不断解放，中国人民银行根据"边接管、边建行"的方针，在接管官僚资本银行的同时，迅速建立了各地的中国人民银行的分支机构。同时，对于当时的民营企业、私有企业，政府通过赎买的政策，以公私合营的方式，将其变为国有企业。

五、 国有企业分类

国务院国有资产监督管理委员会、财政部、国家发展和改革委员会联合印发了《关于国有企业功能界定与分类的指导意见》，对国有企业功能进行了界定与分类，其部分内容如下。

国有企业功能界定与分类是新形势下深化国有企业改革的重要内容，是因企施策推进改革的基本前提，对推动完善国有企业法人治理结构、优化国

---

① 剧锦文. 国企 70 年［M］. 北京：中国发展出版社，2019.

有资本布局、加强国有资产监管具有重要作用。为贯彻落实党的十八大和十八届二中、三中、四中、五中全会精神以及国务院决策部署，根据《中共中央国务院关于深化国有企业改革的指导意见》（中发〔2015〕22 号）有关要求，准确界定不同国有企业功能，有针对性地推进国有企业改革，经国务院同意，现提出以下意见。

立足国有资本的战略定位和发展目标，结合不同国有企业在经济社会发展中的作用、现状和需要，根据主营业务和核心业务范围，将国有企业界定为商业类国有企业和公益类国有企业。

商业类国有企业以增强国有经济活力、放大国有资本功能、实现国有资产保值增值为主要目标，按照市场化要求实行商业化运作，依法独立自主开展生产经营活动，实现优胜劣汰、有序进退。其中，主业处于关系国家安全、国民经济命脉的重要行业和关键领域、主要承担重大专项任务的商业类国有企业，要以保障国家安全和国民经济运行为目标，重点发展前瞻性战略性产业，实现经济效益、社会效益与安全效益的有机统一。

公益类国有企业以保障民生、服务社会、提供公共产品和服务为主要目标，必要的产品或服务价格可以由政府调控；要积极引入市场机制，不断提高公共服务效率和能力。

商业类国有企业和公益类国有企业作为独立的市场主体，其经营机制必须适应市场经济要求；作为社会主义市场经济条件下的国有企业，必须自觉服务国家战略，主动履行社会责任。

六、 中国特色现代国有企业制度的本质特征

2020 年国务院国有资产监督管理委员会、财政部联合制定的《国有企业公司章程制定管理办法》正式公布，为国有企业把党建工作要求写入公司章程以及正确处理党组织和董事会、经理层的关系，提供了强有力的制度保障，有利于完善国企公司治理结构、提升公司治理能力。

党的十八届三中全会以来，以习近平同志为核心的党中央推进全面深化国企改革，围绕国有企业完善现代企业制度、实现治理现代化，不断进行理论和实践创新。2016 年 10 月，习近平总书记在全国国有企业党的建设工作会议上指出，党建工作是建立中国特色现代企业制度的一个本质特征。①

坚持党对国有企业的领导是重大政治原则。我国是社会主义国家，实行

① 钟勇：中国特色现代国有企业制度的本质特征［N］，学习时报，2019（7）：1.

以社会主义公有制为主体、多种所有制经济共同发展的经济制度。国有经济作为公有制经济的主要形式，关系公有制主体地位的巩固，关系我国社会主义性质。国有企业作为全体人民的共同财富，是保障人民共同利益的重要力量，也是全体人民共同富裕的重要保障。国有企业是党执政的经济基础，关系党的执政地位。巩固党的执政地位，一方面要求国有企业做强做优做大，在关系国家安全和国民经济命脉的主要行业和关键领域占据支配地位；另一方面要求国有企业必须保持社会主义政治方向，在保持市场活力的同时，保证党和国家方针政策、重大部署在国有企业贯彻执行，使国有企业真正成为党执政兴国的重要支柱和依靠力量。

坚持党的领导是国有企业的独特优势。独特优势在于党组织作为企业的领导核心和政治核心，成为协调公司其他治理主体的最高治理主体。在党的领导之下，可以把党组织嵌入公司治理结构，构建适合中国国情的公司治理结构。党组织给国有企业带来的优势主要包括以下三个方面。一是政治优势。党组织能够通过群众路线，凝聚起广大职工的力量，协调企业各方利益，并与维护国家与社会利益统一起来，形成企业强大软实力。二是体制优势。国有企业发展与社会发展和国家命运紧密联系在一起，有更大格局和更长远目标，党组织的决策能够紧跟时代步伐，保持正确的政治方向。三是组织优势。党组织可以贯穿决策层、管理层和员工三个层面，形成高效的决策执行体系。

坚持党的领导是深化国有企业改革的必然选择。我国国有企业基本完成了改制，建立起现代企业制度。但从实践情况看，一些企业尚未形成有效的法人治理结构。2015 年，我国开始新一轮国有企业改革，加强党的领导和党的建设成为这轮改革的鲜明特征。党中央明确提出，坚持党要管党、从严治党，紧紧围绕全面解决党的领导，党的建设弱化、淡化、虚化、边缘化问题，坚持党对国有企业的领导不动摇，发挥企业党组织的领导核心和政治核心作用。加强党的领导不但是国有企业改革的重点，也成为各项其他国有企业改革的保证。

构建全面贯彻党领导的中国特色现代国有企业制度。一是从政治高度把国有企业党组织工作目标与企业发展统一起来。国有企业坚持党的领导、加强党的建设，要坚持服务生产经营不偏离，把提高企业效益、增强企业竞争实力、实现国有资产保值增值作为国有企业党组织工作的出发点和落脚点，以企业改革发展成果检验党组织的工作和战斗力。国有企业党组织必须从政治高度重视国有企业发展，从政治高度推动国有企业发展，按照企业功能分类处理好企业政治责任、社会责任和经济责任的关系；把国有企业党组织的工作目标放在企业发展上，从根本上将党的领导与现代企业制度统一起来。二是妥善处理好党组织和其他治理主体的关系。党组织在国有企业治理主体中处于领导地位，要坚持把方向、管大局、保落实，依照规定讨论和决定企业重大事项，参与企业重大问题的决策。从政治方向、选人用人上对企业发展把关，并对其他治理主体的工作进行监督检查。支持股东会、董事会、监事会和经理层依法行使职权，支持职工代表大会依法开展工作。通过明确权责边界，形成各治理主体各司其职、各负其责、协调运转、有效制衡的公司治理机制。三是把党要管党、从严治党落到实处。全面从严治党要在国有企业落实落地，必须从基本组织、基本队伍和基本制度抓起。四是把党组织嵌入公司治理结构之中。通过把党组织嵌入公司治理结构，实现把党的领导融入公司治理各环节。在国有企业章程中明确规定党的领导地位和党建工作要求，将党组织纳入企业管理体制，在企业制度中明确党组织机构设置、工作职责和工作方式。

第三部分 案例使用说明

一、 教学用途和教学目标

（一）教学用途

本案例适用于本科生《管理学》第一章“管理导论”。

（二）教学目标

1. 知识层面

理解实务知识：中国国有企业管理体系构成、现代企业制度体系等实务知识。

掌握理论知识：国有企业产生的中国情境。

2. 能力层面

教师通过对国有企业存在的必然性、产生情境的讲解，帮助学生系统掌握国有企业存在的必然性及其对中国经济发展的重大影响和历史担当作用。

3. 素质层面

形成专业意识：理解中国国有企业存在的历史必然性和责任担当，特别是新时代背景下中国国有企业在经济运行中的历史作用，培养学生关注我国国有企业相关改革的背景、政策以及改革成效。

提高管理素养：通过案例企业的成长路径等大事记回顾，解读中国情境下关于现代企业制度体系、管理体系的内容构成。

二、 案例讨论前的准备工作

1. 学生方面

学生在教师按照《管理学》教学计划讲解的基础上，可以结合本案例进一步通过各种渠道，搜集相关信息，了解我国不同历史时期国有企业成长案例。

2. 教师方面

教师在按照《管理学》教学计划讲解的基础上，可让学生分小组展示并分享成果。

三、 案例分析要点

（一）启发思考题

（1）结合思政元素和管理学导论内容，从华润历史发展变革中我们可以得到哪些启示？

（2）结合思政元素和管理学导论内容，分析华润的管理体系为什么包括了6S？

（3）结合思政元素和管理学导论内容，总结华润高层管理者需要的技能。

（4）结合思政元素，解读中国特色现代国有企业制度的本质特征。

（二）分析思路

1. 理论知识点

（1）中国国有企业存在的历史必然性和作用。

（2）企业管理体系构成。

2. 参考答案

（1）结合案例和管理学导论内容，从华润历史发展变革中我们可以得到哪些启示？

【参考答案】一方面，华润首先是公益类国有企业，其主要职责是保障民生、服务社会、提供公共产品和服务。华润同时也是商业类国有企业。其主业是关系国家安全、国民经济命脉的重要行业和关键领域，承担重大专项任务，以保障国家安全和国民经济运行为目标，重点发展前瞻性战略性产业，实现经济效益、社会效益与安全效益的有机统一。

另一方面，华润成长发展大事记表明了中国国有企业在成长过程中，企业制度体系、管理体系等管理理论是不断结合中国情境，进行探索和创新的时代结晶，是中国企业成长历史选择的伟大智慧。

（2）结合案例，分析华润管理体系为什么包括了6S？

【参考答案】企业管理体系是企业在持续经营管理和长期发展过程中，为激发企业活力、提高组织效能而必需的一种方式、手段和企业制度的综合体现。根据企业的组织构成要素、对象和企业目标的要求，需要在战略规划体系、业绩评价体系、内部审计体系、经理人考评体系、管理报告体系和商业计划体系六个方面进行系统化、流程化和制度化改进。

（3）结合案例，总结华润高层管理者需要的技能。

【参考答案】华润高层管理者的技能主要集中在概念技能等方面，如案例资料中提到的主要职责。这具体表现为战略决策能力、创新能力、资金管理能力、人力资源管理能力、市场能力等。

（4）结合案例，解读中国特色现代国有企业制度的本质特征。

【参考答案】1993年11月，十四届三中全会通过的《中共中央关于建立社会主义市场经济体制若干问题的决定》，明确提出要建立现代企业制度。1994年11月2—4日，国务院召开全国建立现代企业制度试点工作会议，确定在企业开展以“产权清晰、权责明确、政企分开、管理科学”为特征的现代企业制度试点工作。

华润在1983年将“华润公司”改组为“华润（集团）有限公司”，开始建立现代企业制度，为1993年十四届三中全会通过的《中共中央关于建立社会主义市场经济体制若干问题的决定》提供了政策决策基础。

现代企业制度是指在市场经济条件下，以规范和完善的企业法人制度为基础、有限责任制度为核心、公司企业为主要形式，产权清晰、权责明确、政企分开、管理科学的一种新型企业制度。

改革开放以后，社会主义市场经济体制改革要求政企分开，国有企业被重新定位为自负盈亏的市场经营主体。在扩权让利、利润包干、承包租赁等试点改革之后，党的十四届三中全会明确国有企业改革的方向是建立“产权清晰、权责明确、政企分开、管理科学”的现代企业制度。在这一时期，伴随着经营权下放和对经济效益的追求，企业党组织的作用阶段性转向保障监督及思想政治等方面，发挥了政治核心作用。

党的十八大以来，世界政治经济格局深刻调整，我国经济步入新常态，国有企业规模效益达到新高度，但面临国际竞争和转型升级的巨大挑战。习近平总书记在2016年10月召开的全国国有企业党的建设工作会议上强调，坚持党的领导、加强党的建设，是我国国有企业的光荣传统，是国有企业的“根”和“魂”，是我国国有企业的独特优势。习近平总书记强调，中国特色现代国有企业制度，“特”就特在把党的领导融入公司治理各环节，把企业党组织内嵌到公司治理结构之中，明确和落实党组织在公司法人治理结构中的法定地位。坚持党对国有企业的领导是重大政治原则，必须一以贯之；建立现代企业制度是国有企业改革的方向，也必须一以贯之。

回顾历史可以清晰地看到，中国特色现代国有企业制度是植根于社会主义实践并在改革中逐步摸索形成的，既带有鲜明的政治属性，又强调以市场化方式提高资源配置效率。从现实情况看，融入党的领导的现代国有企业制度，在实践中展现出了强大的生命力和创造力。我们有足够的理由坚定制度自信，坚决落实两个“一以贯之”，不断完善中国特色现代国有企业制度，让国有企业在新时代中国特色社会主义伟大征程中更好地承担历史使命和责任。

四、 教学组织方式

课前：案例课前一周让学生在课前先行做好准备（参见前述“案例讨论前的准备工作”），特别强调需认真阅读案例材料。所有小组均需在上课前提交书面的案例分析报告。其中被指定做课堂陈述的小组还需准备幻灯片（PPT）并提交电子文档。

课中：案例课（连续3节课）开始后，按如下步骤进行。

第一步：小组陈述。每组15~25分钟，共50分钟。

第二步：针对“陈述”进行讨论，由非陈述组同学对已做的陈述提出问题或批评，陈述同学做答辩，30分钟。

第三步：自由讨论，20分钟。

第四步：由学生代表做案例讨论的总结发言，10分钟。

第五步：教师总结并点评，10~30分钟。

课后：为进一步提高知识的记忆和巩固，可安排学生自选一家国有企业进行关注。

五、 总结

（1）管理就是为了有效地实现组织目标，由管理者利用相关知识、技术和方法对组织活动进行决策、组织、领导、控制并不断创新的过程。

（2）组织是指一群人为了实现某个共同目标而联合起来协同行动的集合体。

（3）了解国有企业存在的必要性和其成长中管理的重要性，是当今时代每一个大学生需要具备的基本知识和技能素养。

“国有企业是壮大国家综合实力、保障人民共同利益的重要力量，必须理直气壮做强做优做大，不断增强活力、影响力、抗风险能力，实现国有资产保值增值。”2016 年 7 月 4 日，在全国国有企业改革座谈会召开之际，习近平总书记就国有企业改革做出重要指示，坚定清晰地指出了国有企业发展的战略地位和根本目标，为国有企业改革发展指明了前进的方向。

改革从无坦途，发展任重道远。我们要深刻领会、扎实贯彻习近平总书记关于国有企业改革的系列重要讲话指示精神，统一思想、指导行动，认准方向、激流勇进，保持定力、埋头苦干。坚持市场取向，突出问题导向，服务发展大局，扎实把国有企业改革各项工作不断推向深入，让国有企业挺起“共和国脊梁”，在新时代的改革大潮中发展得更好。

参考文献

［1］华润集团官网. 华润简介［EB/OL］. https://www.crc.com.hk/about/overview/Introduction/.

［2］华润集团官网. 华润企业文化［EB/OL］. https://www.crc.com.hk/about/culture/.

［3］华润集团官网. 华润发展历程［EB/OL］. https://www.crc.com.hk/about/overview/history/.

［4］华润集团官网. 华润责任管理［EB/OL］. https://www.crc.com.hk/responsibility/manage/.

［5］温源. 国有企业价值不可替代［J］. 资治文摘（管理版），2012（5）：14-15.

［6］袁志刚，邵挺. 国有企业的历史地位、功能及其进一步改革［J］. 学术月刊，2010，42（1）：55-66.

［7］李锦. 新时代国有企业的地位与使命［J］. 先锋队，2017（35）：20-23.

［8］杨春贵. 马克思主义著作选编（乙种本）［M］. 北京：中共中央党校出版社，1994：30

［9］剧锦文. 国企70年［M］. 北京：中国发展出版社，2019.

［10］钟勇：中国特色现代国有企业制度的本质特征［N］，学习时报，2019-07-01.

第二章 计划

第一部分 案例正文

一、 邯郸钢铁集团的发展历程

邯郸钢铁（邯钢）位于国家历史文化名城——邯郸，于 1958 年建厂，60 多年来，邯钢胸怀建设“大钢铁城”的愿景与理想，艰苦奋斗，勇于开拓创新，不断实现历史的新跨越。经过 60 多年的发展壮大，邯钢现有职工 2.3 万人，已具备年产 1 300 万吨优质钢综合生产能力，是我国重要的优质板材和优质型棒线材生产基地。邯钢在各级领导的亲切关怀和大力支持下，按照“建设最具竞争力钢铁企业”的战略部署，以结构调整、产品升级为主线，建成了一大批大型现代化装备，形成了集钢铁深加工、高效节能环保于一体的全流程现代化装备集群，整体装备达到“国内领先、国际一流”水平，实现了向“品质效益型、科技创新型、生态工业型”的转型升级，综合竞争力跃上了新台阶。2019 年，邯钢实现年营业收入 3 547 亿元，总资产达 4 621 亿元，连续 12 年位列世界企业 500 强。

（一）1958—1978 年：多快好省，艰苦创业

1958 年到 1978 年是邯钢艰苦创业的 20 年。邯钢职工守炉餐、伴炉眠，不畏艰苦，自力更生，经历了选址建设、建设投产、铁钢配套、顶住逆流、扩建改造、扭亏为盈等阶段。

1958 年，邯钢动工兴建，第一座高炉——55 立方米高炉破土动工。

1958—1960 年是邯钢艰苦创业的三年，邯钢形成年产生铁 35 万吨的生产能力。

1961年，为贯彻党和国家提出的“调整、巩固、充实、提高”八字方针，邯钢步入了长达三年的调整期。1961年7月前，多座在用高炉停产，在建高炉也停工。

1962年4月，仅剩的2号255立方米高炉也停止生产，受政策和自然灾害的影响，邯钢曾两度陷入全面停产局面。

1964年国民经济开始复苏，经济形势逐步好转，经过调整后的邯钢实现了建厂后的首次盈利，当年盈利67万元。

1971年，滏阳钢铁厂并入邯钢，邯钢成为一家名副其实的钢铁联合企业。

1978年，邯钢初步建成了一个铁、钢、材配套的钢铁企业。

（二）1979—1990年：**改革承包，滚动前进**

党的十一届三中全会以来，邯钢沐浴着改革的春风，坚持“量力而行、滚动前进、梯度发展”原则，由一个年产十几万吨钢的地方中小型企业，跃入了年产百万吨钢的特大型钢铁企业行业，走出了一条地方钢铁企业发展的成功之路。邯钢被誉为地方钢铁企业中开出的一列“特别快车”。

1980年起，河北省冶金系统实行全行业利润承包，期限5年。为了切实搞好第一轮承包，邯钢下大力气抓企业管理和技术进步。

1985年，邯钢被冶金部授予“全国冶金工业先进单位”称号，被国家经委授予“全国工业交通系统经济效益先进单位”称号。

1985年到1986年，邯钢实行利改税，创出了一条地方冶金企业改革、发展的新路，经济效益跃上新台阶，两年实现利税3.16亿元。在全面完成生产经营目标的前提下，按照“量力而行，滚动前进、梯度发展”原则，邯钢“七五”改造工程吹响号角。

1987年，邯钢首批晋升为国家二级企业。

1990年，由一个年产十几万吨的地方性中小企业，跃入了年产百万吨钢的特大型钢铁企业行列。

（三）1991—2001年：**走向市场，挺立潮头**

20世纪90年代，在计划经济向社会主义市场经济转轨的过程中，邯钢解放思想，转变观念，走向市场，独创并推行了“模拟市场核算，实行成本否决”的经营机制，取得了显著的经济效益和社会效益，被国务院树立为全国学习的先进典型，成为“工业战线上的一面红旗”。

1990年，邯钢进行了大量的指标分解测算和局部的试验论证。

1991年以来，邯钢主动适应社会主义市场经济的客观要求，大胆冲破计划经济传统管理模式的束缚，改革创新，在企业内部创立并推行了以市场、倒推、否决、全员为主要内容的“模拟市场核算，实行成本否决”经营机制。

1991 年，邯钢因创造并成功推行“模拟市场核算，实行成本否决”机制，创造了以全行业千分之八的人数实现了全行业总利润额的 20%的奇迹。

1992 年，“七五”项目全部建成投产，邯钢形成年产铁、钢双产 150 万吨的生产能力，跃入全国 123 家特大型企业行列。

1994—1996 年，邯钢连续三年利润保持在 7 亿元以上，稳居河北省第一名，全国同行业第三位。1996 年，邯钢被国务院树立为全国学习典型，成为继 20 世纪 50 年代全国工业学大庆之后，第二个推向全国的工业典型而享誉全国、蜚声海外。

1997 年钢铁企业再次陷入低谷，克服多种不利影响，邯钢仍实现利润 5.03 亿元，当年并连续三年位居全行业第二名。

1999 年，邯钢被朱镕基赞誉为“中国工业战线上的一面红旗”。

（四）2002 年—至今：科学发展，做大做强

进入新世纪，邯钢全面贯彻落实科学发展观，以建设“国际水平现代化邯钢”为战略目标，以“产业升级、管理创新、人才强企、文化推动”为四大支撑战略，全面实施“邯钢结构优化产业升级总体规划”，倾力打造“精锐邯钢，绿色邯钢”。

2002 年，邯钢引入全面预算管理机制，实现与模拟市场核算机制的成功嫁接。

2004 年 6 月，邯钢第一条彩涂板生产线顺利投产，邯钢产品从色彩单一进入了七彩靓丽的时代。

2005 年 3 月，邯钢总投资 43.9 亿元，具有世界领先水平的 130 万吨冷轧薄板工程宣告建成投产，邯钢板材跃入竞争的高端序列。

2007 年 9 月，邯钢集团公司技术中心一次性通过了国家的认定，成功晋升为国家级技术中心，科技创新能力跃上新平台。

2009 年，邯钢吨钢耗新水降至 3.66 立方米，吨钢综合能耗 561.7 千克标煤，全年发电 14 亿度；水重复利用率提高到 97%。

2010 年年底，邯钢板材的比例达到 85%，其中热轧卷板深加工比例 60%，产品结构完成了由普通建材向优质板材的转变，实现了发展的低成本、产品的高端化。

2011 年至今，邯钢全面实施结构优化、产业升级规划，倾力打造绿色邯钢。

二、邯钢目标成本管理模式：模拟市场、成本否决

（一）成本否决法的主要内容

邯钢钢铁推行的“模拟市场核算，实行成本否决”经营机制筹划始于1990年3月。当时，由于全国治理整顿，压缩基本建设，钢材市场疲软，价格一跌再跌，加上原材料大幅度涨价，产品成本猛然增加，邯钢连续几个月出现亏损，企业到了难以生存的地步，严峻的现实迫使邯钢必须从改革中找出路。当时邯钢的主要问题来自三个方面：①职工没有真正当家理财，主人翁地位没有落到实处，缺乏工作的积极性；②没有把关系企业生存的成本指标落实到每个职工身上；③计划价格像一堵“无形”的墙，隔断了二级厂与市场之间的联系。鉴于此，为了抓住成本这一决定企业效益的“牛鼻子”，调动员工积极性，将市场机制引入企业内部经济管理，经过8个月的指标核算和准备，邯钢从1991年1月起，在全厂推行了“模拟市场核算，实行成本否决”的经营机制，其基本模式是“市场—倒推—否决—全员”，如图2-1所示。

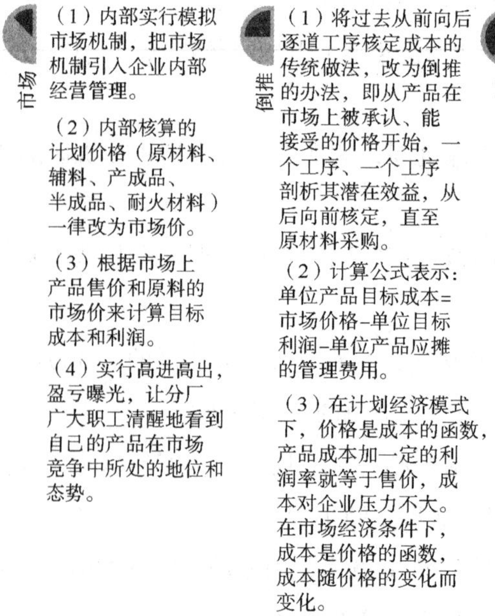

图2-1　邯钢“模拟市场核算，实行成本否决”经营机制

“模拟市场核算，实行成本否决”经营机制的主要内容是厂内所有生产经营单位，包括辅助单位和部门，都要按市场经济规律办事，以市场为导向，以国内先进水平和本单位历史最好水平为依据，对组成成本的各项指标逐项进行比较，找出潜在的效益，将使用的原材料和出厂产品均以市场价为

核算参数，进而核定出产品的内部目标成本和目标利润，然后层层分解落实，实行成本否决。

“模拟市场核算，实行成本否决”经营机制的主要特点是以市场为导向，建立符合社会主义市场经济需要的经营机制；以降低成本、提高效益为核心，全面强化企业内部管理；以强化分级经济核算为手段，充分挖掘各环节潜力，加快企业向集约经营转变；以推进技术进步，调整结构为主导，增强企业发展后劲和竞争实力；以层层分解指标，实行重奖重罚的利益机制为动力，充分调动广大职工的积极性。

在实行成本否定后，从 1991 年到 1995 年，邯钢共实现利润 21.5 亿元，是“七五”期间的 5.9 倍，钢铁产量在 5 年内翻了一倍以上，使邯钢由过去一个一般的地方中型钢铁企业跃居全国 11 家特大型钢铁企业的行列。

（二）邯钢实行成本否决法的三个阶段

邯钢实行成本否决法的三个阶段如表 2-1 所示。

表 2-1 邯钢实行成本否决法的三个阶段

三个阶段	主要措施
第一阶段：从转换机制入手，抓成本，堵漏洞，扫浮财，扭亏增盈	（1）用模拟的办法将市场机制引入企业内部管理。内部核算价格一律改为市场价格，根据市场产品售价和原材料价格来计算目标成本和目标利润，把二级厂和广大职工都推到市场经济中，企业内部不负担价差造成的亏损，使职工直接感受到市场竞争的压力。 （2）围绕降低成本做文章。本着“亏损产品不亏损，盈利产品多盈利”的原则，按照市场行情，采取倒推的办法核定出全公司 53 个主要产品品种、规格的内部成本和内部利润，通过价格改革下放到各生产单位和生产环节。 （3）发动职工人人当家理财，堵漏洞，扫浮财。将成本费用指标层层分解落实到单位和个人，使每个职工干哪项工作就负责哪项成本或费用指标，职工的劳动成果与生产资料使用效率紧密结合，职工的主人翁责任感因此倍增
第二阶段：强化管理，改善指标，挖潜增效	（1）在全公司开展“邯钢学全国，指标上台阶、创一流”活动。引导职工瞄准全国先进水平，采取走出去、请进来等多种形式，将自己的指标逐项与先进单位对比剖析，找出原因，采取措施，有力地促进各项指标的改善。 （2）为确保年初既定目标实现，每年根据实际情况制定新的双增双节和挖潜增效计划。 （3）将模拟市场核算机制引入基建技改工程。本着“先进、经济、适用”的原则，从工艺设计开始把关，精确计算投入，对工程实行承包，节奖超罚
第三阶段：与“三改一加强”紧密结合，将这一机制进一步引向深入	（1）按照“以人为本”的管理思路，进一步激发人这一最主要的生产力要素的活力。 （2）对企业劳动、人事制度进行改革，实行了全员合同制、岗位技能工资制和干部聘任制，以“降低成本、提高绩效”的实绩作为考评干部业绩的标准

（三）邯钢实行成本否决法的七大保证体系

邯钢实行成本否决法的七大保证体系如表 2-2 所示。

表 2-2 邯钢实行成本否决法的七大保证体系

七大保证体系	主要措施
目标成本体系： 以适应市场经济为原则	（1）内部核算的计划价格市场化。把以国家调拨作为制定内部核算价格的依据改为以市场价作为依据，对构成成本的所有费用包括原材料、产成品等均以市场价为参数，从而把市场竞争压力变为企业适应市场需求的动力。 （2）变计划成本为市场成本。将过去从前向后逐道工序实际成本结转法改为倒推成本法。 （3）成本、利润指标刚性化。完不成扣除全部奖金，连续六个月完不成的，主要领导要被免职。完成好的，按劳付酬，多发奖金
责任保证体系： 层层承包，成本效益指标量化到人	（1）在公司下达成本指标后，各二级单位进一步将构成产品成本的各项指标细化分解落实到科室、工段、班组和职工个人。 （2）层层签订承包协议，并与奖惩挂钩，使责、权、利相统一，形成“市场重担众人挑，人人肩上有指标”的责任体系
技术进步体系： 利于企业自主创新	（1）对关键工序进行技术更新。在资金有限的情况下，量力而行，按照“先进、经济、适用”的原则，坚持自己能干的不外请，能国内制造的不进口，能引进软件的不引进硬件。 （2）对薄弱环节进行技术改造，优化产品结构和质量水平，增加投入，寻求规模效益
组织管理体系： 集团化道路，深挖潜力	（1）组建企业集团，走集团化发展道路。为优化资源配置，调整产业结构，进一步扩大规模经济，发挥整体优势。 （2）挖掘现有装备的潜力，提高单位面积产量。通过提高工人的技术水平，推行标准化操作，完善配套措施。 （3）以全国最先进水平为赶学目标，各项指标上台阶、创一流，深挖内部潜力。 （4）加强对基建、技改项目的管理。通过决算审查，减少支出 2.97 亿元，加上强化工程施工管理，共节省投资 4.34 亿元
人才开发培育体系： 全员参与，主人翁精神	（1）全员参加成本管理，使职工在政治上确保主人翁地位的同时，在经济上有家可当，有财可理，有责可负，有利可得。 （2）贡献大的可以先富起来，从而调动广大职工当家做主人的积极性
竞争激励体系： 以“按效分配”为原则	（1）强化动力机制，连利计酬，重奖重罚。坚持以成本和效益决定分配，在保证职工基本工资收入的前提下，将奖金占工资总额的比例调整到 40%以上。 （2）拉开奖金分配档次，拉开岗位技能工资差距，设立特殊岗位津贴，在全公司选择 800 个关键技术岗位，每人每月增加技术津贴 150 元，鼓励职工努力学习技术，争当技术尖子和能手，设置模拟市场核算效益奖

表2-2(续)

七大保证体系	主要措施
领导班子保证体系：打造高素质领导班子	(1) 面对优胜劣汰市场竞争机制的严峻挑战，邯钢要求各级领导干部要树立五种精神： 自我施压，艰苦奋斗的拼搏精神； 锲而不舍，一抓到底的钉子精神； 公而忘私，不计得失的奉献精神； 勤于思索，开拓进取的创新精神； 团结互助，互创条件的协作精神。 (2) 发挥党组织强有力的思想政治工作保证作用，加强基层党组织建设，发挥党员干部在指标分解、降低成本中的骨干作用，使基层党支部成为带领广大职工转变观念，积极投身挖潜增效活动的战斗堡垒

(四) 成本否决法的主要经验

邯钢在推行“模拟市场核算，实行成本否决”的机制中，着重抓以下四个方面的工作。

(1) 突出“效”字。邯钢反复进行测算，确定合理先进、效益最佳的单位产品目标成本。邯钢对各单位成本的确定主要分为三种类型。第一种是本来就盈利的品种，依据国内同行业的先进水平确定出盈利额更高的成本指标。第二种是亏损的品种，依据本企业历史最好水平和当时市场能承受的产品售价，确定出不能赔钱或有盈利的成本指标。第三种是各项指标都比较好但是由于市场疲软导致亏损且经过努力难以盈利的品种，在完成国家指令性计划后停产整顿或者转产，开发新产品。停产期间，免发全部奖金，只给基本工资。这样做合情合理，确定出的指标既不是高不可攀，又不能使生产单位蹦一蹦就能摸得着。

(2) 落实“责”字。层层分解指标，形成责任共同体。为把成本落到实处，在公司下达成本指标后，各二级单位进一步将构成产品成本的各项指标细化分解落实到科室、工段、班组和职工个人，层层签订承包协议，并与奖惩挂钩，使责、权、利相统一，形成“市场重担众人挑，人人肩上有指标”的责任体系。

(3) 把握“严”字。严格奖惩考核，强化对新经济机制的操作与管理。总厂制定并坚持了四条原则：一是按“高进高出”核定的所有产品的成本加税金必须低于市场销售价；二是经过预测和努力仍然赔钱的产品，在完成国家指令性计划后停产整顿，停产期间免发有关单位的全部奖金；三是在全厂实行成本否决制度，凡完不成成本、费用指标的单位，一律免发当月全部奖金，但累计完成后可补发，旨在促使各单位以丰补歉，确保全年成本指标的完成；四是为防止成本不实和出现不合理的挂账及待摊，总厂每月进行一次全厂性的物料总平衡，对各单位的原材料进行盘点、查库和查账，账物不符的要重新计算，完不成的免发全部奖金，并推迟职工升级时间。

(4) 立足“优”字。优化机构设置，促进新机制的高效运转。根据模拟市场核算需要，邯钢先后新建或充实加强了质量、销售、财务、计划、外贸、预决算、审计、公安、备件管理机构，进一步强化和理顺了管理职能。

三、案例思政元素

(一) 邯郸钢铁对我国国有企业改革的贡献

1. “试水”市场经济的改革闯将

在计划经济体制向市场经济体制转轨过程中，成立于 1958 年的邯钢经受着各种因素和市场激烈竞争的冲击，和众多老国企一样也面临着设备老化、人员过剩、债务负担重等问题。1984 年 1 月，刘汉章出任邯钢总厂厂长。他率领全厂职工，锐意进取，加强管理，大力推进科技进步，先后筹集资金 40 多亿元，对炼铁、炼钢、轧钢等进行了一系列改造，使邯钢成为河北省的 4 个利税大户之一。面对困境，邯钢打破“等、靠、要”的思想观念，积极主动地采取适应市场经济的一系列措施。

2. 国有企业改革“邯钢经验”的创造者

20 世纪 90 年代，邯钢把市场机制引入企业内部经营管理，抓住成本管理“牛鼻子”。创立推行“模拟市场核算、实行成本否决”经营机制，一举扭转邯钢被动局面，实现跨越式发展，利润总额连续 4 年保持全国同行业前三，连续 8 年稳居河北省第一。“邯钢经验”在全国掀起了一场企业管理模式革命，先后有 2 万余家企事业单位到邯钢学习取经，被誉为我国“工业战线上的一面红旗”，成为继大庆之后在全国推广的第二个工业学习典型。

3. 邯钢在实践中探索出一条国有企业改革和发展的新路子

刘汉章和邯钢集团对国家的贡献，不仅仅是把邯钢由一个地方的钢铁企业发展成一个国家的利税大户、特大钢铁企业，更大的贡献在于邯钢提出的管理模式，为 20 世纪 90 年代初在摸索中前行的国有企业树立了一个典范，打开了一条直面市场的道路。

“邯钢经验”在全国掀起了一次企业管理模式的革命，对我国计划经济向市场经济的全面转变，对国有企业三年扭亏的目标实现，都产生了积极而深远的影响。据当时经济贸易委员会统计，到 1999 年年初，通过学习邯钢，全国仅冶金行业的企业亏损额就下降 34 亿元，下降幅度高达 30%，其中 13 户亏损达 5 000 万元以上的大户已经扭亏。

（二）邯郸钢铁对我国现代企业成本管理的启示

邯钢经验是二十多年前全国企业都在学习的治企之道，其“模拟市场核算、实行成本否决”的管理模式，让无数企业领悟到了管理的真谛、体会到了管理的力量。如今，企业因新冠肺炎疫情再次陷入困境，邯钢经验对于企业应对疫情冲击具有重要的借鉴意义——要想求得生存，就必须加强成本管理，而邯钢经验的核心正是牵住成本的“牛鼻子”。

1. 转变观念，建立自负盈亏机制，走向市场

把企业推向市场，在激烈的市场竞争中拼搏，是搞好大中型企业的一项重要措施。企业走向市场，利用市场，加速经营机制的转换，是一场重大的改革。这种机制，充分调动了广大职工的积极性和创造性，强化了企业内在动力，增强了活力，促进了经济效益的全面提高；为各企业敢于改革，敢于试验，敢于闯新路，大胆地把企业推向市场注入了强大的推动力量。

2. 以经济效益为中心，以成本管理为主线

邯钢经验中最重要的是突出了以经济效益为中心，以成本管理为主线。企业转变思想观念，调整经营战略，“从速度型效益”转向了以降低成本为内涵的“管理型效益”，由粗放经营转向了集约经营。

3. 以成本否决为手段，以全员、全过程为主体

成本否决是一种内在的动力机制，带动了企业各项管理工作，形成了一个高标准、严要求、讲效率、求效益的良性循环系统。以人为本，以人为中心，实行全员成本管理，通过统一的内部管理机制，把目标成本分解到每个人身上，人人承担成本指标，激发了职工的活力和积极性。

4. 坚持眼睛向内，内部挖潜

邯钢在面临较大经济困难的情况下，不等不靠，而是立足企业内部，坚持挖掘企业内部潜力，采取过硬措施，真抓实干，使企业走出了困境，为搞好国有大中型企业树立了光辉的典范。

5. 坚持发展规律和按经济规律办事

邯钢推行“模拟市场核算，实行成本否决”经营机制，实质上是将市场规律、价值规律和经济规律结合运用的过程，并始终坚持管理规律和发展规律，调动企业和职工的主动性、管理性和创造性，树立发展才是硬道理的思想观念，建立适应社会主义市场经济发展规律的管理体系。邯钢的管理为深化企业改革，加快发展创造了很好的经验，为企业的更大发展开辟了广阔的天地。

6. 邯钢经验为企业建立和发展现代企业制度总结了科学的管理方法

邯钢推行的“模拟市场核算、实行成本否决”经营机制是建立现代企业制度的雏形，是一种科学的管理方法。邯钢经验从理论上形成了一套完整的、科学的思想体系，在实践中构成了严密的管理体系，对国有大中型企业建立和发展现代企业制度具有十分重要的现实意义。

第二部分　思政元素理论基础和中国实践

一、 中国梦

（一）中国梦的内涵

中国梦的基本内涵：中国特色社会主义的共同理想是在中国共产党领导下，走中国特色社会主义道路，实现中华民族的伟大复兴。习近平根据当今世界宏观变化潮流，立足中国现阶段实际情况和客观发展趋势，顺应党的理论体系建设实际需要，提出“实现中华民族伟大复兴，就是中华民族近代以来最伟大的梦想”，同时还指出“到本世纪中叶建成富强民主文明和谐美丽的社会主义现代化国家，实现中华民族伟大复兴”，这些重要论断不仅丰富和提升了“两个一百年”目标的内涵，而且与中国历史上诸多“中国梦”一脉相承，成为实现中华民族伟大复兴的一个个指路航灯。中国梦的本质是国家富强、民族振兴、人民幸福。

1. 国家富强是中国梦的实现基础

中国梦首先是强国之梦，是实现国家富强之梦。国家富强，民族振兴才有坚实的基础，人民幸福才有根本的保障。中国的文化始终以社会和国家为中心。这也是长期以来的中国社会形成的基本价值取向。鸦片战争后的一百年历史表明：落后就要挨打，就会在国际社会备受欺凌，国家不强，人民的幸福生活将无法得到根本保障。改革开放 40 多年的实践证明，人民生活水平的不断提高，是建立在国家稳定发展的基础上的。所以，要实现中国梦，我们首先要建立一个富强的国家，国民生产总值和人均国民生产总值在世界上处于领先地位，对外贸易、财政收支处于良性运行状态；经济结构合理，经济保持持续、快速、协调发展，经济、科技竞争力强大，发展持续性强，发展前景良好；对世界政治经济秩序影响力大，国防实力强大，能有效维护正当的国家利益和国家安全。同时，富强不仅体现在经济的繁荣上，而且体现在中国特色社会主义道路的优越性上。中国的社会主义道路，是人民的选择，是历史的必然。目前，我国还处于社会主义初级阶段，中国特色社会主义制度优势要充分发挥出来，中国特色社会主义制度的先进性要得到充分体现，还有很长的路要走。中国特色社会主义建设所揭示的社会主义制度的先进性和推动力，就是历史赋予中国共产党和当代中国的责任。

2. 中华民族伟大复兴是中国梦的核心内容

中国梦也是中华民族觉醒和崛起之梦，中国梦所要实现的正是要让中华民族再一次屹立于世界民族之林，将自立、自强的面貌呈现给世界人民。

5 000 多年来，古老的中华民族，在世界上创造过光辉灿烂的古代文明。中国先民做出的以四大发明为代表的贡献，在西方社会从封建社会的漫漫黑夜走向现代资本主义文明的过程中发挥了重大作用。但同时，中华民族也遭受了近百年的欺凌和苦难，付出了沉重的代价。觉醒的中国人由此开启了民族复兴的梦想之路和探索之路。戊戌变法和辛亥革命都以失败收场，但留给后人的精神财富却是宝贵的。这么多年以来，中华民族自立自强，加倍努力，在中国共产党的领导下实现了一个又一个梦想，国家不仅实现了民族独立，而且实现了民族振兴和稳定发展。如今，我国国内生产总值已经超过了日本，2010 年正式成为世界第二大经济体，中国的崛起具有不可阻挡的趋势。中国正在走向世界，振兴初露锋芒。

3. 人民幸福是中国梦的奋斗目标

中国共产党自成立以来便致力于为广大人民谋福祉。中国梦是个体梦与群体梦的辩证统一，国家富强与民族振兴的最终落脚点都是人民的幸福。只有人民过上了幸福的生活，民族才会振兴，国家才能真正强大。中国梦归根到底是每一个中国人的梦想，建立一个人民生活幸福、工作顺利、关系和谐的社会，是中国传统文化的核心价值取向之一，是中华民族传统文化的体现。习近平总书记指出："生活在我们伟大祖国和伟大时代的中国人民，共同享有人生出彩的机会，共同享有梦想成真的机会，共同享有同祖国和时代一起成长与进步的机会。"个人的梦想，与国家的梦想紧密相连，国家的梦想就是让百姓的梦想成真。党的十八大报告明确提出了使人民"学有所教、劳有所得、病有所医、老有所养、住有所居"的执政理念，这深刻地阐释了幸福生活的内涵。

（二）社会主义核心价值观是实现伟大中国梦的保证

习近平总书记对"中国梦"的科学解读与党的十八大报告对社会主义核心价值观的阐释基本处于同一历史阶段，尽管二者在提法以及具体的内容表述方面存在不同，然而究其实质来看，二者存在内在的价值关联性，即二者均构建在实现国家强盛、民族复兴与人民幸福三个层面之上。社会主义核心价值观所涵盖的“富强、民主、文明、和谐、自由、平等、公正、法治、爱国、敬业、诚信、友善”等社会主义核心价值理念同“中国梦”这一伟大的战略发展愿景比较而言，社会主义核心价值观所涵盖的价值体系范畴以及其中的价值要素，正是实现作为终极价值的“中国梦”的资源性要素。

“中国梦”作为我国新时代的国家、民族以及社会公众的战略发展愿景，其实现依托于社会主义核心价值观的价值正当性的导向作用发挥。也就是说，社会主义核心价值观乃是“中国梦”最终得以实现的现实性价值路径以及实现保证。社会主义核心价值观是坚持走中国道路的根本保证。目标能否实现，道路选择是关键，道路选的不对，再美好的目标最终也会沦为空想。实现伟大的中国梦，建设社会主义现代化国家，必须坚持走中国特色社会主义道路。中国特色社会主义道路是中国共产党历经艰辛探索形成的中国建设和发展的正确道路。要实现伟大的中国梦，依然要坚持这条道路。只有坚持以社会主义核心价值观为统领，才能真正形成思想上的共识和价值判断上的一致，才能真正树立中国特色社会主义道路的决心和信念，才能为伟大中国梦提供坚实的道路保证。

二、 中国共产党领导制定的国家发展战略目标

实现中华民族伟大复兴是亿万中华儿女近代以来的神圣历史追求和伟大梦想。中华人民共和国成立以后，中国共产党人肩负起实现中华民族伟大复兴的历史使命。以毛泽东同志为核心的第一代中央领导集体明确了建设社会主义现代化强国的初步设想，提出了工业现代化、农业现代化、科学技术现代化和国防现代化的“四个现代化”发展战略。以邓小平同志为核心的第二代中央领导集体在开启中国改革开放历史进程的同时，确立了到 1990 年解决温饱问题、2000 年人民生活达到小康水平、2050 年基本实现现代化的“三步走”战略。以江泽民同志为核心的第三代中央领导集体和以胡锦涛同志为总书记的党中央，在 1998 年提前实现“小康水平”目标的基础上，确立了到 2020 年全面建成小康社会的第一个百年发展目标和 2050 年基本实现社会主义现代化的第二个百年发展目标。以习近平同志为核心的党中央继往开来，重申了到 2020 年全面建成小康社会、做出了 2035 年基本实现现代化和本世纪中叶建成社会主义现代化强国的新的战略安排，并从物质文明、政治文明、精神文明、社会文明、生态文明及和平发展六个方面进行了战略部署。

自辛亥革命以来，振兴中华、实现中华民族的伟大复兴，一直是亿万中华儿女的神圣历史追求和伟大梦想。1949 年中华人民共和国成立以后，中国共产党人肩负起实现中华民族伟大复兴的历史使命，历代党和国家领导集体以建设社会主义现代化强国为目标，根据不同时期中国经济社会发展的内部条件与外部环境，制定并践行了与时俱进的中国发展战略，见表 2-3。

表 2-3 不同时期的国家发展战略

阶段		提出背景	目标	实施成果
中国共产党第一代中央领导集体提出并实施“四个现代化”战略	1953—1957 年	中华人民共和国成立后，由于国内尚未完全统一，还要镇压反革命、剿匪反霸，推行民主改革，恢复和发展国民经济以及抗美援朝，因而前三年实行的方针是“边打、边稳、边建”。由于缺少经验，中国共产党选择苏联工业化道路，即以重工业为主导推进国家工业化	10~20 年初步实现工业化，50~75 年超过美国	—
	1957—1959 年	1957 年 11 月 6 日，赫鲁晓夫在庆祝大会上公开提出，苏联在最近的 15 年内不仅可以赶上而且可以超过美国目前的各种最重要的产品的总产量。受此影响，毛泽东开始考虑十五年后中国在钢产量和其他主要工业产品方面超过英国的问题	从 15 年到 2 年“赶英”，从 20 年到 15 年“超美”	中共中央制定了多快好省建设社会主义的总路线，把追求钢铁等主要工业产品产量赶上或超过英国、美国作为目标，并一再把“赶英超美”的时间提前。这种目标本身就不科学，仅仅追求某些工业产品的数量，而忽视国民经济协调发展，忽视科学技术、教育、文化等方面因素
	1960—1977 年	“大跃进”时期由于自然灾害影响，苏联撕毁合同、撤回专家，1959—1961 年我国国民经济遇到了严重困难。这也使得中国共产党人开始冷静思考	历经多年的实践与探索，以建设社会主义现代化强国为核心，中国共产党第一代中央领导集体逐步形成并确立了以实现工业现代化、农业现代化、科学技术现代化和国防现代化为目标的“四个现代化”国家发展战略	1. 从经济发展规模看，中国国内生产总值规模从 1952 年的 679 亿元增加到 1978 年的 3 678 亿元，扣除价格因素，增长了 3.74 倍，年均增长 4.42%。 2. 从主要产品产量看，粮食、原煤、原油、生铁、钢、发电量、水泥、平板玻璃、纱、布、糖等工农业产品产量也大幅增加。 3. 从经济体系看，经过近 30 年的发展，中国已形成了比较完善的国民经济体系，特别是重工业体系，建立了食品加工制造业、纺织工业、家用电器、石油化工、电子工业和汽车、飞机、机床等装备制造业在内的工业制造业生产体系，基本实现了“四个现代化”战略的第一步发展战略目标。 4. 同时也要看到，由于这一时期过于强调钢铁等重工业的发展，农业和工业、轻工业与重工业比例不够协调，国民经济的其他结构性矛盾也比较突出

表2-3(续)

阶段	提出背景	目标	实施成果
中国共产党第二代中央领导集体提出并实施经济发展“三步走”战略	1. 经过中华人民共和国成立之后近30年的努力奋斗，中国工业化建设取得了巨大成就，但总体上经济发展水平仍然落后，人民群众生活困难。 2. 1978年12月召开党的十一届三中全会，会议开启了中国改革开放的大幕，邓小平在会议闭幕式上作了题为《解放思想，实事求是，团结一致向前看》的重要讲话，会议批评了“两个凡是”的方针，高度评价了关于真理标准问题的讨论，实现了中国共产党思想路线、政治路线、组织路线的拨乱反正，做出了把全党工作的着重点和全国人民的注意力转移到社会主义现代化建设上来和实行改革开放的重大决策，开启了农村经济体制改革和中国经济体制市场化改革的历史进程	以邓小平同志为核心的第二代中央领导集体在果断进行改革开放的同时，借鉴继承第一代领导人的“四个现代化”发展战略，提出并实施了著名的经济发展“三步走”战略	经济发展“三步走”战略提出之后，中国的改革开放进程不断加快，经济社会进入加速发展时期。到1990年，“三步走”战略的第一步目标基本实现，到1998年，第二步发展的数量目标提前实现
中国共产党和政府对“三步走”战略的完善与深化	1. 鉴于“三步走”战略的第二步发展目标已提前实现，以江泽民同志为核心的党中央在“三步走”战略前两步实践基础上，于2003年提出了到2020年全面建成小康社会的发展目标。 2. 以胡锦涛同志为总书记的党中央在践行全面建成小康社会发展目标的同时，于2007年对发展目标的内涵进行了完善与提升	1. 第一个十年实现国民生产总值比2000年翻一番，使人民的生活更加富裕，形成比较完善的社会主义市场经济体制；再经过十年的努力，到建党一百年时，使国民经济更加发展，各项制度更加完善；到21世纪中叶建国一百年时，基本实现现代化。 2. 2007年10月党的十七大召开，胡锦涛所作的题为《高举中国特色社会主义伟大旗帜，为夺取全面建成小康社会新胜利而奋斗》的报告提出，要坚持落实以人为本、全面协调可持续发展的科学发展观，确保到2020年实现全面建成小康社会的奋斗目标，并对全面建成小康社会的内涵提出了三方面的新要求：一是在经济发展方面，要增强发展协调性，转变发展方式，提高自主创新能力，建设创新型国家，到2020年进入创新型国家行列。二是在社会发展方面，要建立覆盖城乡居民的社会保障体系，基本消除绝对贫困现象。三是在生态文明方面，要大规模发展循环经济，主要污染物排放得到有效控制，生态环境质量显著改善	党的十六大以后，中国经济进入了又一个高速发展时期，2002—2007年是改革开放以来经济增速持续回升最长的时期，也是人民生活水平明显提高的时期，国内生产总值年均增长11.19%，党的十六大提出的全面建设小康社会的四大规划目标取得重大进展

表2-3(续)

阶段	提出背景	目标	实施成果
以习近平同志为核心的党中央对新时代中国经济发展做出新的战略安排	在全面建设小康社会取得历史性成就基础上，在2017年10月召开的中国共产党第十九次全国代表大会上，习近平同志站在历史新起点上，继往开来，代表全党制定和宣布了到2035年基本实现现代化和到21世纪中叶建成社会主义现代化强国的新的战略安排	1. 新战略安排的第一阶段，是从2020至2035年，在全面建成小康社会的基础上，再奋斗15年，基本实现社会主义现代化。这一发展目标比邓小平“三步走”发展战略提出的“基本实现社会主义现代化”时间提前了15年。 2. 新战略安排的第二阶段，是从2035年到21世纪中叶，在基本实现现代化的基础上，再奋斗15年，把中国建成富强、民主、文明、和谐、美丽的社会主义现代化强国	—

中国共产党在对实现现代化时间的设定上，经历了一个从不科学到科学、从不确定到确定的过程。从时间的变化，我们也可以看出中国共产党对怎样建设社会主义的认识的不断深化，反映出中国共产党治国理政经验的丰富。总结和回顾这段历史，对于当下中国共产党领导制定发展目标至少有以下三点启示。

第一，必须经过科学论证。中华人民共和国成立后，对于如何建设社会主义，中国共产党缺少经验。对实现现代化的时间主要是根据现实做出的估计和预测，并没有严格经过相关部门以及专家学者的科学论证。1953年，毛泽东提出20年完成工业化，1955年提出50年或75年超过美国，这些具体的时间都没有经过完整的、科学的推算，只是一个大概的估算，因而总是在变。1958年，受“大跃进”的影响，生产指标一再提高，赶英超美的时间一再提前，这些都是主观想象得出的，必然无法实现。改革开放后，邓小平考虑到中国发展的现状，经过反复思考，把20世纪内实现四个现代化的目标调整为实现小康。中国共产党第十三次全国代表大会根据我国社会主义初级阶段的国情，提出“三步走”战略，其符合实际和发展规律，因而一直得到坚持。历史和实践表明，关于国家发展战略目标的时间设定，不能简单凭主观想象，仅靠一时的热情，而必须经过严密的科学论证，立足国情和发展实际，尊重客观规律，实事求是地确定。

第二，必须程序合法。国家发展战略目标的时间，事关国家发展全局。20世纪50年代，中国共产党开始全面探索社会主义建设，一再调整变动实现现代化的时间，给国家发展战略带来了很大影响。这种调整主要是由于领导人想法改变，相关部门则紧跟着调整，并为领导主观想法提供具体依据，而不是根据客观现实提供具体依据。整个调整的逻辑起点不是立足于客观现实，而是立足于改变国家落后现状的迫切心态。调整的程序实际上也不合法，没有征求各方面意见，没有经过论证，更没有经过全国人民代表大会的讨论和批准。这种调整，从现代政治来讲，在程序上是不合法的，不符合现代国家治理的要求。因而，总结历史经验，设定国家发展战略目标，必须按照合法的程序进行。事关国家发展目标的时间修改，必须征求各方面意见，经过广泛讨论和各方协商，经过国家立法机构批准。

第三，必须保持稳定性。实现国家现代化，是一个长期的历史任务。战略目标的一个重要特征就是具有稳定性，不能朝令夕改。通过历史的纵向比较，20 世纪五六十年代实现现代化时间的反复变化，给国家经济社会发展带来很大的影响。改革开放以来，随着 1987 年“三步走”战略的确定，这一目标的时间设定保持到现在一直都没有变，中国的发展呈现出稳步前进的特征，保证了国家发展战略的稳定性。当然，发展目标时间的设定并不起决定作用，但是非常重要。一旦变动实现目标的时间，整个发展的部署都会跟着改变，国民经济发展的正常秩序则被打断，政府必然做出违背客观发展规律的决策，也不可能保持经济社会发展政策的稳定性、连续性，从而导致整个发展政策的反复无常。因此，发展日标的时间一旦确定下来，就要保持一定的稳定性，不能经常性地大幅度变动。即使有变动，也是在合理范围内的调整，不能简单地、轻易地推翻已经设定的时间。

中国人民是勇敢勤劳的人民，中国共产党是中华民族优秀儿女组成的领导核心。我们相信，在以习近平同志为核心的党中央的领导下，亿万中华儿女高举中国特色社会主义伟大旗帜，前赴后继，奋力进取，“两个百年”的伟大奋斗目标一定会如期实现，富强、民主、文明、和谐、美丽的社会主义现代化强国一定会如期建成，为人类社会全面进步所做出的贡献一定会越来越大。

三、“五年规划” 与中国发展

五年规划，全称为“中华人民共和国国民经济和社会发展五年计划纲要”，是中国国民经济计划的重要部分，是对国家重大建设项目、生产力分布和国民经济重要比例关系等做出规划，为国民经济发展远景规定目标和方向。制定和实施国民经济和社会发展五年规划，引领经济社会发展，是我们党治国理政的一种重要方式，是中国特色社会主义发展模式的重要体现。从 1953 年开始，我国已经编制实施了 13 个五年规划，对我们创造出世所罕见的经济快速发展奇迹和社会长期稳定奇迹，发挥了卓有成效的作用。

（一）“五年规划”的主要历程

中华人民共和国成立以来，我国已制定和实施了13个五年规划（计划），从体制变革和发展阶段相结合的维度，我国五年规划（计划）制定实施的历程大致可划分为以下三个阶段。

1. 计划经济体制下的五年计划（从“一五”至“五五”）

这一阶段，我国制定实施了5个五年计划，由此奠定了我国工业化、现代化的基础，基本形成了独立的、比较完整的工业体系和国民经济体系，为开展社会主义建设积累了经验。“一五”时期，以苏联援建的156个建设项目为重点，启动了大规模工业建设，第一批国产汽车出厂，第一架国产飞机试飞，第一座原子反应堆投入运转。工业生产取得的巨大成就，远远超过旧中国一百年来所达到的水平。“二五”至“四五”时期，尽管受到“大跃进”“文化大革命”等影响和冲击，经济发展经历重大挫折，但也集中力量办成了一些意义非凡的大事，取得了“两弹一星”、高产量籼型杂交水稻等一批重大科技创新成果，建成了南京长江大桥、成昆铁路、刘家峡水电站和大庆油田等一批重大基础设施和重大工业项目，工业体系和国民经济体系逐步健全。“五五”时期，党中央提出“调整、改革、整顿、提高”八字方针，推动国民经济重大比例关系朝着协调合理的方向发展，特别是党的十一届三中全会胜利召开，拉开了我国改革开放的大幕。

这一阶段，我国主要实行高度集中的计划经济体制。与此相适应，五年计划主要采取指令性计划的管理方式，由中央制订计划，然后层层分解下达到地方和企业。计划过程强调统筹兼顾、综合平衡，主要是做好产品供求、财政收支、信贷收支、外汇收支等重要领域的平衡。在计划经济体制下，五年计划在实施过程中经历过一些挫折，走过一些弯路，但在当时我国经济基础较为薄弱的情况下，有其历史必然性和合理性，对于我国发挥社会主义集中力量办大事的制度优势，在“一穷二白”的条件下，较快建立起独立的、比较完整的工业体系和国民经济体系，改善人民生活，提升国际地位，起到了十分重要的作用，为改革开放后的持续快速发展奠定了重要的物质技术基础。

2. 计划经济体制向社会主义市场经济体制转轨时期的五年计划（从“六五”至“九五”）

这一阶段，我国制定实施了4个五年计划，初步建立起社会主义市场经济体制基本框架，基本解决了人民生活的温饱问题，实现了总体小康的战略目标。“六五”计划是改革开放后的第一个五年计划，全党全国工作中心转移到经济建设上来，随着建立农村家庭联产承包责任制、建设经济特区、实施沿海开放等一系列重大改革和重大政策，我国农业生产能力大幅提升，对外经济关系打破了封闭半封闭的状态，乡镇企业、民营经济异军突起，科技、教育、文化事业开始出现繁荣兴旺的局面，国民经济发展进入起飞阶段。“七五”计划时期，国民经济保持了一定的增长速度，农林牧副渔全面增长，主要工业产品平均年产量比“六五”时期有较大幅度的增长，缓解了农产品和消费品匮乏的局面。“八五”时期，党的十四大通过了《中共中央关于建立社会主义市场经济体制若干问题的决定》，改革步伐进一步加快，国民生产总值年均增长 12%，经济增速快，波动也较小。“九五”时期，我国经济虽然经历了亚洲金融危机的冲击，但仍然保持平稳较快增长，到 2000 年 GDP 首次突破 1 万亿美元，人均 GDP 达到 850 美元，进入中等偏下收入国家行列，主要工农业产品产量位居世界前列，人民生活总体上达到了小康水平。

这一阶段，随着我国向社会主义市场经济体制转轨，五年计划的名称、定位和内容等也发生了重大变化。五年计划制订程序逐步规范，基本形成了制订五年计划的制度和比较规范的工作程序，各个五年计划都有完整的正式文本并完成了法律程序：先由党中央提出建议，然后国务院根据建议组织有关部门制定纲要（草案），最后提交全国人民代表大会审查批准。五年计划的科学性、严肃性、有效性进一步增强。从计划执行情况看，到“九五”期末，我国基本告别“短缺经济”，胜利实现了“三步走”现代化战略前两步的目标，其中，前十年切实解决了温饱问题，后十年胜利实现了总体小康。国家综合经济实力显著增强，在全球经济中的地位日益提升。

3. 社会主义市场经济体制基本建立后的五年规划（计划）（从“十五”至“十三五”）

这一阶段，我国制订实施了 4 个五年规划（计划），将胜利实现全面建成小康社会目标，为开启全面建设社会主义现代化国家新征程奠定了坚实基础。“十五”时期，我国加入世界贸易组织，外向型经济突飞猛进发展。工业化城镇化步伐加快，汽车开始进入家庭，住房消费快速兴起，GDP 年均增长 9.8%。“十一五”时期，虽然受到国际金融危机的冲击，但我国 GDP 仍保持年均 11.2%的高速增长，经济总量跃升为世界第二，进入中等偏上收入国家行列。“十二五”时期，党的十八大胜利召开，中国特色社会主义进入新时代，以习近平同志为核心的党中央统筹推进“五位一体”总体布局，协调推进“四个全面”战略布局，综合国力和国际影响力大幅提升，经济总量稳居世界第二，对世界经济增长贡献率超过25%。“十三五”时期，面对错综复杂的国际环境和艰巨繁重的国内改革发展稳定任务，特别是突如其来的新冠肺炎疫情对我国经济发展带来前所未有的冲击，在以习近平同志为核心的党中央坚强领导下，我国经济保持了中高速增长，人均GDP突破10 000美元，达到中等偏上收入国家水平，对全球经济增长贡献率超过30%。经济结构不断优化，消费、投资、净出口三大需求和三次产业发展逐步趋于协调，现代化基础设施建设快速推进，制造业加快由中低端向中高端升级，战略性新兴产业日益壮大，数字经济等新经济蓬勃发展，科技进步对经济增长的贡献率稳定提升。人民生活不断改善，城乡居民收入增速超过经济增速，中等收入群体持续扩大。三大攻坚战成效显著，脱贫攻坚战取得历史性成绩，金融风险有效防范，生态环境总体改善；覆盖城乡全体居民的社会保障体系日益完善，基本公共服务均等化加快推进。生态环境出现了总体改善的局面，经济社会发展取得全方位、开创性的历史成就。

这一阶段，从“十一五”规划开始，“五年计划”更名为“五年规划”，明确了五年规划的定位，将规划指标分为预期性和约束性两类，增加了具有空间约束的主体功能区内容，“十三五”时期，《中共中央 国务院关于统一规划体系更好发挥国家发展规划战略导向作用的意见》印发实施，为加快建立制度健全、科学规范、运行有效的规划体制指明了方向。从规划实施效果看，这一阶段是我国产业水平、创新能力、城乡面貌、人民生活和综合国力取得跨越式进步的二十年。GDP从2000年的十万亿元提高到2019年的接近一百万亿元，连续跨越了几个大台阶，占世界经济的比重由3.65%提高到16%以上，从相当于美国GDP的12.6%提高到67%；三次产业结构从2000年的14.7∶45.5∶39.8调整到2019年的7.1∶39.0∶53.9，常住人口城镇化率从36.2%提高到60.6%，工业化城镇化水平大幅提升；社会消费品零售总额从3.91万亿元增加到40.8万亿元，成为全球第二大消费市场。进出口总额从3.93万亿元增加到31.56万亿元，成为全球120多个国家和地区的最大贸易伙伴；研发投入占GDP比重从0.89%提高到2.23%，达到经济合作与发展组织国家的平均水平；单位GDP能耗明显下降，森林覆盖率从16.55%提高到22.96%，美丽中国建设迈出重要步伐；人均可支配收入从0.4万元增加到3.1万元，私人汽车拥有量从625.3万辆增加到2.25亿辆，城镇人均住房建筑面积从10.25平方米增加到接近40平方米，绝对贫困问题历史性得到解决，我国迎来了从站起来、富起来到强起来的伟大飞跃。

（二）“五年规划”的科学性

我国“五年规划”的制定，是一个科学体系。在这个体系中，党中央研究制定的国民经济和社会发展五年规划建议，居于统领地位，具有极强的前瞻性、战略性、指导性。“五年规划”建议文稿形成过程中，中央政治局常委会、中央政治局全体会议还要多次开会进行专题研究；规划建议文稿基本成熟后才由中央政治局提请中央全会再次集中讨论审议，中央全会讨论通过后，“五年规划”方能成为指导国家和地方制定国民经济和社会发展规划纲要、专项规划的纲领性文献。根据党中央“五年规划”建议，国务院组织编制未来五年国家国民经济和社会发展规划纲要，经国务院常务会议和国务院全体会议讨论通过后，提请全国人大会议审议，从而把党的建议和政府的主张固定成国家的意志。国家有关部门，省、市、县根据党中央“五年规划”建议和全国人大会议审议通过的国家国民经济和社会发展五年规划纲要，组织编制区域规划、专项规划，以及本行政区域的总体规划和专项规划，并由相关机关审议或审批。至此，全国从上到下形成了一个定位准确、边界清晰、功能互补、统一衔接的国家规划体系。可以说，这是一个科学决策、民主决策、依法决策的过程。

中国共产党既是战略发展的规划师，又是具体的执行者，坚强的政治领导是中国砥砺前行的火车头。从我们党的历史看，从党的一大到党的十九大，某种角度讲也是我们党科学制定各个阶段奋斗目标，并狠抓落实、奋力实现目标的历史；从政府工作来说，从“一五”计划到“十三五”规划，就是按照党的主张和人民意愿来制定一个又一个五年计划或规划的过程，就是通过一个又一个五年计划或规划来体现党的主张和人民意愿的过程。迄今为止，世界上还没有哪个政党能够像中国共产党这样，还没有哪个国家政府能够像中国政府这样，如此科学地制定每一个阶段经济社会发展的奋斗目标，并团结亿万人民群众一起奋斗，在世界现代化的进程中形成了一道靓丽而独特的中国风景线。

（三）“五年规划”的重要性

五年规划实现了超大规模国家发展的统筹协调，确保了现代化进程的连续性。纵览历次五年规划（计划），其目标、内容、体系与机制基本上适应了从站起来、富起来到强起来的历史进程，形成了一个有序递进、接续奋斗的发展过程。中国共产党领导制度的显著优势与西方政党大多只考虑任期内的事、很少从长远去谋划不同，中国共产党是中国特色社会主义事业的领导核心，党的领导作用体现为总揽全局、协调各方、同向发力，体现为调动各方面积极性、集中力量办大事，体现为战略规划、科学决策、有效治理和执行能力等。例如，脱贫攻坚一直是我们党的长期任务，一任接着一任干。改革开放以来，先后制定和实施了《国家八七扶贫攻坚计划（1994—2000年）》《中国农村扶贫开发纲要（2001—2010年）》《中国农村扶贫开发纲要（2011—2020年）》。党的十八大以来更是力度空前，五级书记抓扶贫、全党动员促攻坚，25.5万个驻村工作队，290多万名第一书记、驻村干部，组成不拔穷根绝不撤退的突击队，全国上下共同书写了人类减贫史上感天动地的辉煌篇章，使农村贫困人口从2012年年底的9899万人减少到2019年底的551万人，连续7年每年减贫1000万人口以上，贫困发生率由10.2%降至0.6%。目前全国上下正在一鼓作气加大对剩余贫困人口的攻坚力度，全面实现农村贫困人口脱贫、贫困县全部摘帽、区域性整体贫困解决的目标指日可待、胜利在望。在中国共产党的领导下，广大党员干部牢固树立“四个意识”、坚定“四个自信”、做到“两个维护”，自觉处理好当前与长远、局部与全局、现任与前后任等一系列关系，坚守“功成不必在我、功成必定有我”的情怀，多做为后人做铺垫、打基础、利长远的好事，集小胜为大胜，久久为功。特别是在重大挑战面前，中国绝不会出现政党之间“拳击赛”、“对抗赛”、互相否定、互相拆台的情况，而是在党中央的统一领导下，坚持以人民根本利益为导向，各地区、各部门、各方面协同作战，万众一心齐奋进、越是艰难越向前，显示出强大的攻坚克难能力。正是在中国共产党的领导下，通过一个又一个“五年规划”，我国走出了一条不同于西方模式的现代化建设道路。

在实现党的宏伟蓝图的历史进程中，“五年规划”是极其重要的途径和抓手。其重要意义就在于，可以根据每个具体的历史阶段所面临的国内外环境，在锚定社会主义现代化建设宏伟目标的基础上，坚持目标导向和问题导向相统一、面向国内和全球视野相统筹、全面规划和突出重点相协调、战略性和操作性相结合，顺应人民期待和时代要求，研究具体阶段的发展目标，并明确优先领域、重点任务，从而把党的宏伟蓝图一步一步地转化为实际行动，转化为人民群众看得见、摸得着、感受得到的现实。

四、“十四五”新征程

2021年3月11日，十三届全国人大四次会议表决通过了《“十四五”规划和二〇三五年远景目标纲要》的决议。“十四五”时期是我国全面建成小康社会之后，乘势而上为实现第二个百年奋斗目标而奋斗的第一个五年，也是开启全面建设社会主义现代化国家新征程的第一个五年。这五年经济社会发展各项工作的顶层设计和方向引领，意义重大、备受瞩目。

（一）首次不设定 GDP 增速具体值的目标

GDP 是衡量一国经济发展水平的核心指标，也历来是五年规划中最具综合性、最受关注的指标。“十四五”规划纲要将 GDP 作为主要指标予以保留，同时将指标值设定为年均增长“保持在合理区间、各年度视情提出”，这种表述方式在五年规划史上还是首次。国家发展和改革委员会副主任胡祖才指出：“以定性表述为主，隐含定量表述，这是从推进现代化建设的全局和整体出发，充分把握‘十四五’发展趋势和内外部环境，经过慎重论证、反复比选、深入研究做出的一次调整。”我国已转向高质量发展阶段，不能简单以 GDP 增速论英雄，更不能为了经济增长不顾质量效益和生态环境后果。但是，实现现代化也需要合理的增长。“十四五”规划纲要的处理方式有效兼顾了这两方面需求。

“十四五”规划纲要中其他主要指标，比如失业率、能耗强度、碳排放强度等和 GDP 是相关联的。这些指标给出了具体数字，隐含了我国要努力使经济增速与潜在经济增长率保持一致。不设定一个具体的量化增速目标，有利于更积极、主动、从容地应对各类风险挑战，增强发展的灵活性，为应对不确定性留出空间，也有利于引导各方面把工作重点放在提高发展质量和效益上。

（二）民生福祉类指标占比在历次五年规划中最高

锚定 2035 年远景目标，聚焦“十四五”阶段性任务，紧紧围绕“六个新”目标要求，“十四五”规划纲要设置经济发展、创新驱动、民生福祉、绿色生态、安全保障 5 大类 20 个主要指标。这其中，民生福祉类指标有 7 个，占比超过 1/3，是历次五年规划中最多的，充分体现了以人民为中心的发展思想。在其他主要指标整体“瘦身”的同时，民生福祉类指标不降反升，是对民生期盼的回应，也是实现高质量发展的应有之义。

（1）看就业。“十四五”时期，我国继续实施就业优先战略，扩大就业容量，提升就业质量，城镇调查失业率控制在 5. 5%以内。

（2）看收入。我国将着力提高低收入群体收入，扩大中等收入群体；居民收入增长和经济增长要基本同步，完善创新要素参与分配机制，多渠道增加财产性收入。

（3）看教育。我国将持续改善教育基础薄弱县、人口流入地和农村地区办学条件，新建改扩建中小学校 4 000 所以上；新建改扩建 2 万所幼儿园，增加普惠性幼儿园学位 400 万个以上，努力解决“入园难”“入园贵”问题，学前教育毛入园率提高到 90%以上；支持 100 所中西部本科高校建设，高等教育毛入学率提高到 60%。

（4）看医疗。“十四五”时期，我国将继续完善公立医疗机构为主体的医疗服务体系，每千人口拥有执业（助理）医师数提高到 3.2 人、注册护士数提高到 3.8 人。推动基本医疗保险省级统筹，落实异地就医结算，积极推进药品和耗材集中带量采购使用改革，切实减轻群众看病负担。

（5）看社保。我国已建成世界上规模最大的社会保障体系，“十四五”期间要进一步健全多层次社会保障体系，基本养老保险参保率提高到 95%，实现基本养老保险全国统筹，推进失业和工伤保险省级统筹，实现社会保险法定人群全覆盖，做到“应保尽保”。

（6）看养老育幼。“十四五”时期，积极应对人口老龄化上升为国家战略。我国将大力发展普惠型养老服务，多措并举扩大养老机构床位供给，护理型床位占比提高到 55%。发展普惠托育服务体系，将每千人口拥有 3 岁以下婴幼儿托位数由目前的 1.8 个提高到 4.5 个。

这些指标覆盖了就业、收入、教育、医疗、养老、托育等各民生领域，充分体现了把改善民生福祉放在更加突出重要位置。“十四五”规划纲要注重贯彻新发展理念，充分体现以人民为中心的发展思想，注重使人民群众更有获得感幸福感安全感。

（三）首次设置基础研究经费投入占比指标

在“十四五”规划纲要中，坚持创新驱动发展被置于具体任务的第一位。“全社会研发经费投入年均增长 7%以上、力争投入强度高于‘十三五’时期”实际是全文中率先亮相的指标，“基础研究经费投入占研发经费投入比重提高到 8%以上”则是五年规划中首次设置的指标。“十四五”规划纲要首次设置“基础研究经费投入占研发经费投入比重”这个指标，并用专门章节阐释，可见基础研究被放到了更加重要的位置。打好关键核心技术攻坚战，提高创新链整体效能，“十四五”时期，我国还将加快构建以国家实验室为引领的战略科技力量。聚焦量子信息、光子与微纳电子、网络通信、人工智能、生物医药、现代能源系统等重大创新领域组建一批国家实验室。瞄准人工智能、量子信息、集成电路、生命健康、脑科学、生物育种、空天科技、深地深海等前沿领域，实施一批具有前瞻性、战略性的国家重大科技项目。

当前和今后一个时期，我国发展仍然处于重要战略机遇期，但机遇和挑战都有新的发展变化。要实现“十四五”发展目标，还需要以深化供给侧结构性改革为主线，围绕实现高水平自立自强、畅通经济循环、扩大内需、实行高水平对外开放、推动全面绿色转型来深化改革。实现新旧动能的转换，让高技术行业、战略性新兴产业蓬勃发展，是我国经济增长的重要动力源，因此仍要坚持深化供给侧结构性改革。要通过深入推动供给侧结构性改革，进一步释放生产要素、资源，让它们流入创新领域并取得新突破，不断挖掘中国经济增长的动能。

第三部分　案例使用说明

一、 教学用途和教学目标

1. 教学用途

本案例适用于本科生《管理学》“计划”章节。

2. 教学目标

（1）知识层面

理解概念：组织的目标与计划。

掌握理论：组织的目标确定、计划的任务和计划工作的内容。

（2）能力层面

教师通过对组织目标和计划的讲解，帮助学生系统掌握组织的目标与计划，以及计划的任务与内容，从而理解目标和计划对组织的重要作用。

（3）素质层面

形成专业意识：理解中国企业在发展历程中，根据环境因素和企业自身发展所拟定的目标和计划，特别是在新时代背景下，中国企业如何根据我国的国情和我国经济的发展制定目标和企业计划。培养学生思考如何根据内外部环境制订企业目标和计划，以及有效的学习和思考习惯。

二、 案例讨论前的准备工作

1. 学生方面

学生在教师按照《管理学》教学计划讲解的基础上，可以结合本案例以及进一步信息获取，掌握我国企业如何根据市场和企业发展进行目标设定和组织计划等。

2. 教师方面

教师在按照《管理学》教学计划讲解的基础上，可根据学生人数安排小组，并做不同分工和展示分享要求。

三、 案例分析要点

1. 启发思考题

（1）结合案例，分析邯钢是如何根据“市场模拟、成本否决”制定目标成本的？

（2）结合案例，分析邯钢“市场模拟、成本否决”的主要任务有哪些？

（3）结合案例，分析邯钢如何为“成本否决法”的执行保驾护航？

2. 分析思路

（1）理论知识点

组织的目标确定、计划的任务和计划工作的内容。

（2）分析要点

问题一：结合案例，分析邯钢是如何根据“市场模拟、成本否决”制定目标成本的？

参考答案：

基本模式是：市场——倒推——否决——全员。

①市场。企业主动走向市场，把内部实行模拟市场机制，把市场机制引入企业内部经营管理，内部核算的计划价格（原材料、辅料、产成品、半成品、耐火材料）一律改为市场价，根据市场上产品售价和采购原料的市场价来计算目标成本和利润。实行高进高出，盈亏曝光，让工厂广大职工清醒地看到自己的产品在市场竞争中所处的地位和态势。

②倒推。将过去从前向后逐道工序核定成本的传统做法，改为倒推的办法，即从产品在市场上被承认、能接受的价格开始，一个工序、一个工序剖析其潜在效益，从后向前核定，直至原材料采购。用计算公式表示

目标成本=产品市场价-目标利润-应摊的管理费用

在计划经济模式下，价格是成本的函数，产品成本加一定的利润率就等于售价，成本对企业压力不大。在市场经济条件下，成本是价格的函数，成本随价格变化而变化。

③否决。完不成成本指标，别的工作干得再好，也要否决全部奖金，以成本和效益决定分配并对干部业绩进行考评。

④全员。降低成本是企业上至厂长下至每一个职工的事，每一个人都要分担成本指标或费用指标，实行全员、全过程的成本管理。

问题二：结合案例，分析邯钢“市场模拟、成本否决”的主要任务有哪些?

参考答案：

主要任务分为以下三个阶段。

第一阶段：从转换机制入手，抓成本，堵漏洞，扫浮财，扭亏增盈。

第二阶段：围绕强化管理，改善指标，挖潜增效。

第三阶段：与“三改一加强”紧密结合，将这一机制进一步引向深入。

问题三：结合案例，分析邯钢如何为“成本否决法”的执行保驾护航?

参考答案：

邯钢实行的七大保证体系为“成本否决法”保驾护航。

（1）适应市场经济的目标成本体系。

（2）层层承包，成本效益指标量化到人的责任保证体系。

（3）有利于企业自主创新的技术进步体系。

（4）相适应的组织管理体系。

（5）人才开发和培育体系。

（6）以“按效分配”为原则的竞争激励体系。

（7）高素质的领导班子保证体系。

四、 教学组织方式

课前：案例课前一周让学生在课前先行做好准备（参见前述“讨论前应做准备”），特别强调需认真阅读案例材料。所有小组均需在上课前提交小组书面的案例分析报告，其中被指定做课堂陈述的小组还需准备幻灯片（PPT）并提交电子文档。

课中：案例课（连续 3 节课）开始后，按如下步骤进行。

第一步：小组陈述。每组 15~25 分钟，共约 50 分钟。

第二步：针对陈述的讨论。由非陈述组同学对已做陈述提出问题或批评，陈述同学做答辩，约 30 分钟。

第三步：自由讨论，约 20 分钟。

第四步：由学生代表作案例讨论的总结发言，约 10 分钟。

第五步：教师总结并点评，10~30 分钟。

课后：为进一步加强知识的记忆和巩固，教师可安排学生自选一家国有企业或者民营企业进行关注。

五、 总结

（1）计划就是通过调查研究，预见未来，制订组织的目标和计划，统一组织和指导组织内部各单位、各类人员的活动，以实现组织的宗旨。

（2）组织是指一群人为了实现某个共同目标而结合起来协同行动的集合体。

（3）理解组织的宗旨、方针、政策、目标、战略、预算等的制定和实施都要纳入计划工作的范畴，要确定组织目标并详细说明实现目标的方法。

习近平总书记指出："规划科学是最大的效益，规划失误是最大的浪费，规划折腾是最大的忌讳。"在我国发展之路上，编制和实施好"五年规划"至关重要。我国经济社会发展有今天这样良好的局面，"五年规划"编制科学及实施有力功不可没。"五年规划"是党和国家治理能力卓越的综合体现，是一定时期内国家发展目标的设定和相应的政策导向，体现了有效市场和有为政府的结合，具有促进发展目标实现、弥补市场失灵、有效配置公共资源、推动全面协调可持续发展的巨大功能。中华人民共和国成立以来，我国共实施了 13 个五年计划（规划）。"五年规划"以其神奇的力量，带给中国和世界越来越多的惊喜，诠释着中国制度和中国之治独特而巨大的魅力。

六、 参考文献

[1] 黄群慧. 论"五年规划"的重要特征与历史经验 [N]. 经济日报，2020-06-30（11）.

[2] 陆娅楠，李心萍. 展开新蓝图奋进新征程 [N]. 人民日报，2021-03-26（7）.

[3] 裴安遥. 学邯钢一定要学好倒推成本法 [J]. 冶金财会，1996（8）：9-11.

[4] 石建国. 我国五年规划编制的特点与启示 [J]. 理论导报，2020（11）：42-43.

[5] 王昌林. 做好"十四五"规划编制和发展改革工作的科学指引 [N]. 中国经济导报，2020-08-28.

[6] 王仁贵. 十三个五年规划的强国轨迹 [J]. 瞭望，2019（41）：10-13.

[7] 詹成付. 中国"五年规划"的力量 [J]. 党建研究，2020（10）：13-16.

［8］张超文，李佳鹏，孙韶华，班娟娟. 从“十四五”规划出炉看“中国之治”伟大实践［N］. 铁岭日报，2021-03-15.

［9］赵秀峰. “倒推”：市场取向的企业经营管理模式［J］. 经营与管理，2001（2）：10-11.

第三章 组织设计

第一部分 案例正文

一、华为的发展历程

（一）1987—1994年：开局时代

1987年，任正非在深圳湾成立了“小作坊”华为，当时成员只有5名，资产总计2.1万元。虽然这是一间小作坊，但是任正非和合伙人还是确定了公司的经营范围，大家主张将主要精力集中在程控交换机方面，但也不能放弃其他市场，比如火灾报警器、螺旋仪等。

后来任正非意识到，长期的代理外国品牌会导致外商的垄断，为了避免这种情况的出现，任正非认为有必要发展与外商相抗衡的民族品牌，提高产品质量，提高产品的性价比。一段时间之后，任正非决定不再代理程控交换机，开始自己研发生产民族品牌。

由于没有技术积累，没有太多的经验可以借鉴，研发工作非常辛苦，任正非不得不带领员工一起收集资料，市场上凡是有可取之处的程控交换机，他们都一一找来，研究透彻之后取长补短，用于研发交换机。

对于华为来说，它从确定自主研发之后就开始谋求打破市场上的格局，就开始谋求打破行业内现有的趋势，当然，这对于一家没有背景、没有资金的民营企业来说很困难。尽管公司一直都在想方设法收集资料和改进技术，但距离研发出自己的产品还有很大一段距离。

1991年12月，华为自主研发的BH03交换机十分成功，效果远超第一代产品。依托过去良好的信誉、出色的质量、合理的价格以及优质的服务，

BH03 交换机还未进入市场就已经受到了用户的关注，公司也不遗余力地进行宣传和包装，这使得这款新产品被更多人知道。

虽是技术出身，但已经进入不惑之年的任正非已经许久没有研究过技术问题，对于如今的技术问题他感到有些力不从心。这个时候，他开始将目光瞄准了大学，与大学进行合作，华为掌握了许多技术，尤其是郭平和郑宝用的加入对于华为来说相当于一针强心剂。他们的到来帮助华为不断地进行研发、推出新的产品，促进了华为的进一步发展。

1992 年，华为的销售额突破 1 亿元。与此同时，外部股市与房地产的高利润十分诱人，但任正非仍然专注于通信设备制造业的战略目标。

1993 年，任正非让当时的几个技术骨干组成专门的维修团队，在全国的各个乡镇走访，将 JK1000 交换机出现的问题一一解决。华为一点点化解了眼前的危机，并且还收获了一些额外的好处。在那个年代，类似于华为这样陷入困境的企业不在少数，由于工业基础和技术基础非常薄弱，它们在市场上的竞争力十分有限。

（二）1995—2003 年：走出混沌

华为公司在变幻莫测的中国经济形势下一步步坚持、一点点自我调整，依托着技术研发，逐步摆脱了过去那种在困境中谋取生存机会的艰难处境。

1995 年，华为北京研究所成立，从单一的交换机产品进入到移动通信领域，开始研究 CDMA 技术，产品呈现出多元化的特点。1996 年年初，任正非起草《华为基本法》，在高速发展中，华为开始夯实基础。从内容上说，《华为基本法》包括价值观念、基本目标、公司的成长、价值的分配、经营的重心等，所有的内容可以归结到管理范畴，也可以当成是制度建设和文化建设的一部分，因为《华为基本法》的核心始终围绕着“加强企业制度建设”。它给华为提供了一种前瞻性的指导，让华为能够更大限度地抢占市场先机。

1997 年，华为在上海成立研究所。在内部制度方面，进行员工持股的制度改革，这是华为的第一次增资。这一时期，国内电信设备市场的总体发展速度放缓，市场的不景气使得华为的利润增速下降，同时市场需求也开始呈现出多样化特征。面对如此激烈的竞争环境，华为开始建立合资公司，尝试以本地化的模式开拓市场。

面对需求的多样化，其产品研发战略开始从单一集中化向横向一体化发展，为企业谋求更大的利润。与此同时，国内市场竞争状态激烈，华为开始由聚焦国内市场向同时面向国内和国际市场转变。在市场方面，华为沿用“从农村包围城市”的发展战略，从发展中国家做起，凭借低成本战略，逐步将产品打入发达国家市场。

到了2000年，华为销售额达220亿元，利润在电子百强中居首。2001年，由于国际市场外部环境的全球IT泡沫破裂，华为的销售额在2000年到2002年这3年的时间里基本停留在220亿元的规模，特别在2002年，华为经历了历史上唯一的一次销售下滑。幸运的是，在2003年后，外部环境开始慢慢恢复，华为的销售额很快突破300亿元，达到317亿元，依然保持了超过50%的增长。

（三）2004—2011年：走向全球化

华为的全球化扩展一开始遇到了许多在国内没有想象到的问题，尤其面临知名度、认可度、美誉度的问题。为了解决认知问题，任正非当即决定出去造势国际大舞台，只要是国际通信展览，华为都必须参加。当时华为采取的战略是“请进来，走出去”。“请进来”就是邀请各大公司进入中国，包括当时的合作伙伴访问中国。“走出去”是通过国际通信展览把产品带出去，让国外的公司看到。一般来说，华为每年要参加几十场国际展览会，一有机会就到国际舞台上展示华为公司。

2004年，华为与西门子成立合资公司，开发TD-SCDMA解决方案。同年获得荷兰运营商Telfort价值超过2 500万美元的合同，首次实现在欧洲的重大突破。随着销售范围的不断扩大，华为在2005年海外合同销售额首次超过了国内合同销售额，经营范围趋于全球化。网络通信产品升级为3G市场后，华为积极研发与3G网络相关的应用型产品。通过长期的努力，华为在海外3G市场获得无数个战果。2006年8月，华为相继宣布和西班牙Vodafone、日本eMobile、美国CDMA运营商Leap达成3G设备供货协议。在这些3G协议签订后，华为已经实现了对北美、日本、欧洲三大发达地区3G设备的全面突破。之后几年时间里，华为不断地与国外企业进行合作，与摩托罗拉合作在上海成立联合研发中心，与Global Marine、赛门铁克合资成立公司，除此之外，还陆续受到外国企业的提名，如2007年年底成为欧洲所有顶级运营商的合作伙伴，被沃达丰授予“2007杰出表现奖”，被商业周刊评为全球十大最有影响力的公司，获得英国《经济学人》杂志2010年度公司创新大奖等。根据2008年Informa的咨询报告，华为在移动设备市场领域排名全球第三。2010年，华为在全球部署超过80个SingleRAN商业网络，其中28个已商用发布或即将发布LTE/EPC业务，加入联合国世界宽带委员会。2011年，华为建设了20个云计算数据中心，智能手机销量达到2 000万部，在全球范围内囊获6大LTE顶级奖项。

2004 年以来，华为基本上以超过 40%的速度在增长。2012 年，其销售额已经超过 2 000 亿元，员工人数也从 2004 年的 3 万人增加至 2012 年的 13.8 万人。到 2012 年华为已经超越多数竞争对手，包括其最大的竞争对手爱立信，正式成为该行业的龙头，公司也完全成为一家跨国化的大企业，其海外销售占比已经超过 70%。

在这一阶段，华为在产品开发战略上采取了纵向一体化、多元化和国际化并举的战略；在市场竞争战略上，采取与“合作伙伴”共赢的战略。公司也由全面通信解决方案电信设备提供商向提供端到端通信解决方案和客户或市场驱动型的电信设备服务商转型。

（四）2012 年至今：生态布局，全面开花

2012 年，华为以 33 亿元收购与赛门铁克的合资子公司的全部股份，使其成为华为的全资子公司，启动了“DSTE（Develop Strategy to Execute，开发战略到执行）”的闭环管理体系，开展了项目管理和知识管理变革。华为的全年营业收入达到 2 202 亿元，同比增长 24.5%，在面临全球金融危机和欧债危机双重危机下，仍保持了稳健增长的态势。

2013 年，华为全球财务风险控制中心在英国伦敦成立。华为作为欧盟 5G 项目的主要推动者、英国 5G 创新中心的发起者，发布 5G 白皮书，积极构建 5G 全球生态圈，并与全球 20 多所大学开展紧密的联合研究；持续领跑 LTE 商用部署，已经进入全球 100 多个首都城市，覆盖九大金融中心；发布全球首个以业务和用户体验为中心的敏捷网络架构以及全球首款敏捷交换机 S12700，满足云计算、BYOD、SDN、物联网、多业务以及大数据等新应用的需求。

2014 年，上榜汤森路透“2014 年全球百强创新机构”，入列 Interbrand “Top 100”全球最具价值品牌第 94 名，中国品牌首次上榜。

2015 年，华为 LTE 已进入 140 多个首都城市，成功部署 400 多张 LTE 商用网络和 180 多张 EPC 商用网络。在光传送领域，华为与欧洲运营商共同建设了全球首张1T OTN网络，与英国电信合作完成业界最高速率 3Tbps 光传输现网测试；发布了全球首个基于 SDN 架构的敏捷物联解决方案，发布了全球首款 32 路 x86 开放架构小型机昆仑服务器。

2016 年，华为智慧城市解决方案已应用于全球 40 多个国家和地区的 100 多个城市，华为还主笔了 9 项智慧城市中国国家标准；华为平安城市解决方案已服务于 80 多个国家和地区的 200 多个城市，覆盖 8 亿多人。在金融领域，华为全渠道银行解决方案已服务于全球 300 多家金融机构，包括全球十大银行中的 6 家；在能源领域，华为全联接电网解决方案已应用于全球

65 个国家和地区，服务 170 多个电力客户；在交通领域，华为已与业内 60 多个合作伙伴开展合作，提供数字城轨、智慧机场等解决方案，服务全球超过 22 万千米的铁路和高速公路、15 家以上客流量超 3 000 万人的机场。

2019 年，华为云已上线 200 多个云服务以及 190 多个解决方案，300 多万个企业和开发者基于华为云进行云端开发。华为还发布了兼容 ARM 的处理器鲲鹏 920，推出基于鲲鹏 920 的 Tai Shan 系列服务器产品和云服务；发布了人工智能原生（AI-Native）数据库 GaussDB 和业界性能第一的分布式存储 Fusion Storage 8.0。华为首次发布计算战略，计算产业新的大航海时代由此开启；先后发布最强算力 AI 芯片昇腾 910、全场景 AI 计算框架 MindSpore，推出全球最快 AI 训练集群 Atlas 900 及华为云昇腾集群服务；发布下一代分布式多端智慧化操作系统鸿蒙，为消费者带来跨终端无缝协同体验，满足了全场景智慧时代对操作系统提出的新要求。

二、 华为公司的组织结构设计

（一）从直线制到职能制

在华为发展初期，其组织结构相对简单。由于当初成立的时候，华为只有 6 个人，公司事务也比较简单，追求的只是快速解决问题，故采用的是直线制组织结构，如图 3-1所示。

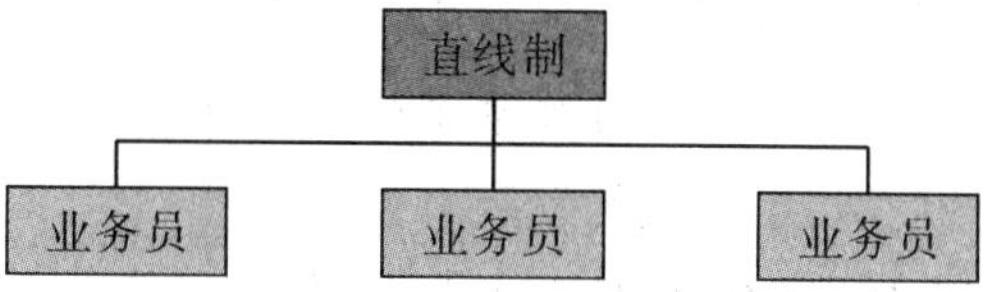

图 3-1 华为的直线制组织结构

到了 1991 年，公司也仅有 20 几个人，尽管有组织结构，但也是非常简单的中小企业普遍采用的直线制的组织结构，所有员工都是直接向任正非汇报，如图 3-2 所示。

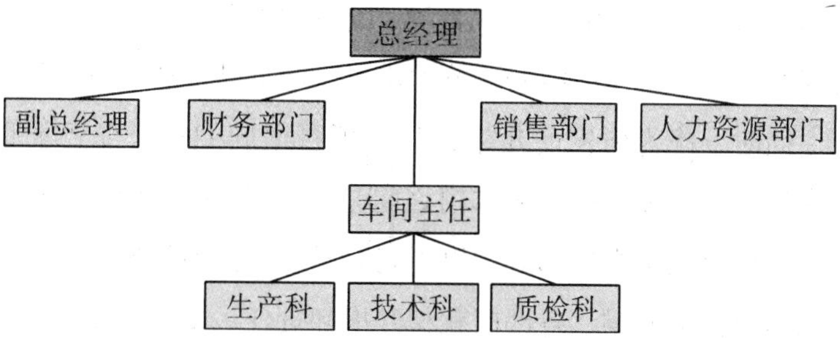

图 3-2 华为的简单的直线制组织结构

到了1992年，华为销售规模突破亿元大关，员工人数达到了200人左右，组织结构才开始从直线制的组织结构转变为直线参谋职能制的组织结构，除了有业务流程部门，例如研发、市场销售、制造，也有支撑流程部门，例如财经、行政管理等，如图3-3所示。

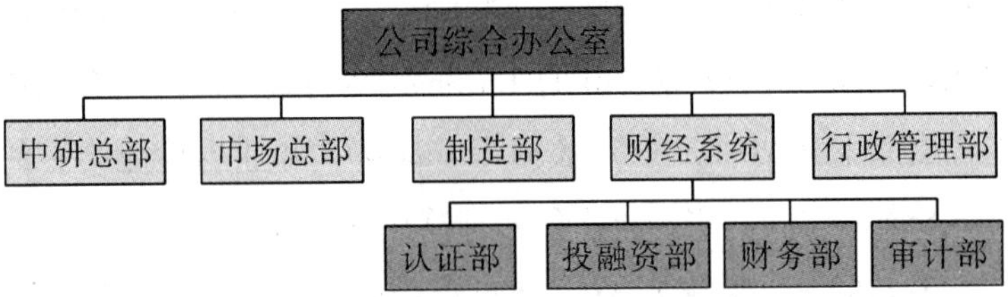

图3-3　华为的直线参谋职能制组织结构

在这一时期，华为依然是聚焦于单一产品的持续开发与生产，销售上还是采取农村包围城市的低价策略。所以其组织结构不需要复杂，但权力需要集中，以便能快速统一调配资源参与市场竞争，并对外部环境的变化做出快速反应。所以其采取直线职能制的组织结构也是与公司当期的战略发展相匹配的。

这一结构有其巨大的优势，其所有的市场营销策略都可以第一时间从公司高层直接传达到一线，从而完成营销任务。同时，由于通信设备产业是技术密集、资金密集、人才密集型企业，因为华为的这种直线职能制组织结构，可以集中调度公司任何资源，并在第一时间内形成对研发战略的支撑。这样一种组织结构与发展战略相匹配的方式，也使得华为在当初激烈的市场竞争中存活下来，并获得了极大的发展。

（二）从职能制到二维矩阵式

在早期的时候，华为研发部门采取的是直线管理式的组织，一个项目经理带着几个工程师，技术研发和项目管理都由项目经理来承担。那个时候对于简单的、小型的研发项目，一个成熟的项目经理是可以把握的。

后来华为研发的项目越做越复杂，项目组的人员和规模越做越大，项目经理的精力分散，一旦无暇顾及一些项目的技术细节的时候，在一些敏感和高危领域就容易形成管理的漏洞，技术难点无法突破，造成成本失控，进度无法保证。同时，华为研发的几个产品和项目之间的配合度要求是比较高的，而在中研、中试和生产三大部门之间是交接的关系而不是协同的关系，每个部门只完成自己负责的部分，出了问题不会被提前发现和修正，到了下一个环节问题暴露的时候，各部门就相互推卸责任，整个研发组织就是纯自然的状态。在这个时期，华为原有的集权式的直线制组织结构的优势已经变成其发展的劣势，缺点也日益突出。

因此，华为在不断进行管理变革工作，同时也开始进行组织结构的调整，从划小经营单位开始，建立了事业部制与地区部相结合的二维矩阵式的组织结构，如图 3-4 所示。

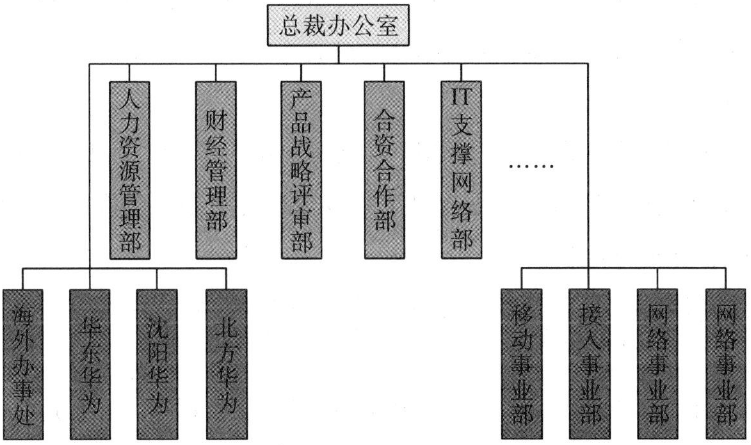

图 3-4 华为的二维矩阵式组织结构

矩阵式的组织结构，一方面继承了原来的直线职能制下的纵向管理的能力优势，另一方面可以响应外部市场的机会要求，基于快速传递信息的需要和快速响应客户的需要，更加灵活高效地协同不同业务的发展。

华为研发组织采取了矩阵式的管理，这个时候的研发组织形态表现出矩阵的特征，从纵向来看华为的研发依然分为中研、中试、生产三大部门，横向上看每个项目都有产品经理对项目中的三大环节负责。这个时候，华为在组织管理的方式上做了一些调整，针对项目管理的活动开始了管理提升，出现了标准化的趋势。开发的流程进一步重组和优化，华为公司通过弱矩阵式项目研发的模式转变，使产品开发的质量有了很大的提高。

2000 年以后，华为研发的组织架构的变化更加明显，原有的部门设置被打破，华为建立起了企业管理平台、技术平台、运作支持平台三大部门，实行全面的项目管理，建立起了许多跨部门的矩阵式的组织。华为公司有了良好的项目管理环境，实现了公司范围内的跨部门的协作，极大地提高了华为公司产品在全球市场的竞争力。这是矩阵式组织在华为研发所发挥的威力。

华为这种二维矩阵式组织结构，极大地促进了华为的战略转变和成功实施。事业部制对产品的生产和销售实行统一管理，自主经营独立核算，极大调动了华为内部员工的积极性、主动性，并且使得子公司内部的高层领导者摆脱了日常事务，集中精力去考虑宏观战略，同时还锻炼和培养了本事业部的综合管理人才。而华为地区公司的建立为华为开启了新的销售渠道，极大地节约了华为的综合成本，也使得华为的组织结构向矩阵式跨国集团化迈进了一大步。

（三）从弱矩阵到强矩阵：项目中心制运作

华为这个时期的组织结构，相比成长期的组织结构，进行了渐进式的演变，从原来的事业部与地区部相结合的组织结构，转变成以产品线为主导的组织结构。

为了既发挥大平台的能力作用，又增强组织的灵活性，保持对客户需求的快速反应能力，华为进一步提出了“以项目为中心”的理念，希望用强矩阵的方式来管理项目。

从2012年开始，华为启动了步步为营的组织变革，每年都会有一个新架构。

2012年，华为划分为三大运营中心（BG）进行运作，包括运营商网络BG、企业业务BG、消费者BG。各BG是面向客户的端到端的运营责任中心，是公司的主力作战部队，对公司的有效增长和效益提升承担责任，对经营目标的达成和本BG的客户满意度负责。各BG分别设置经营管理团队（EMT）负责本BG业务的管理，BG EMT主任由BG CEO担任。服务型BG（SBG）是为BG提供支撑和服务的端到端责任中心，要持续提高效率，降低运作成本。

2014年，华为公司业务组织架构逐步调整为基于客户、产品和区域三个维度的组织架构。华为设立面向三个客户群的BG组织，以适应不同客户群的商业规律和经营特点，进一步为客户提供创新、差异化、领先的解决方案；新成立信息与通信技术（ICT）融合的产品与解决方案组织，以适应ICT行业技术融合趋势，构筑产品和解决方案竞争力，充分发挥公司多产品组合的竞争优势，创造更好的用户体验；优化了区域组织，加大、加快向一线组织授权，在与客户建立更紧密的联系和伙伴关系、帮助客户实现商业成功的同时，进一步实现华为自身健康、可持续的有效增长。集团职能平台是聚焦业务的支撑、服务和监管的平台，向前方提供及时准确有效的服务，在充分向前方授权的同时，加强监管。

2016年，职能平台中的“工程稽查”部门被撤销，主要并入“道德遵从”部门。

2017年，云业务部门Cloud BU升为一级部门，获得更大的业务自主权。

2019年，任正非在消费者BG“军团作战”誓师大会上提到：“今年公司的改革重点，一是运营商BG（CNBG），二是消费者BG。”这一时期进入了以项目为中心的运作阶段，通过组织结构的逐年变化，华为重点做好集权和分权的平衡，在公司级的战略制定和信息发布上统一步调，在小的战术实施上分散实施、自主经营、分灶吃饭；明确以项目为中心的预算和考核机制，通过项目向职能部门进行资源买卖和资源评价，确保人人进项目，实现“内部资源的市场化”；做好项目和职能部门间的分工定位，职能部门聚焦技术规划、能力建设和任职资格认证，项目组织做好经营管理、业务管理和价值分配。

目前华为已经是一家多元化企业，形成了运营商业务、企业业务、消费者业务三大业务体系，组织结构在未来依然还会保持这样一种矩阵式的组织结构。而这个巨大的矩阵组织结构也是动态的，是随时会跟随着战略的调整而调整的。当企业遭遇外部环境挑战时，这个网络就会收缩并进行叠加；当环境向好，需要扩张时，这个网络就会打开，并进行岗位与人员的扩张，但其基本的业务流程却是会保持相对稳定的。

最近十几年，无论是国际环境还是国内环境都处在一个极速变化的过程中，激烈的竞争也从来就没有停止过，企业只有不断基于环境的变化而进行战略的及时调整、让内部组织结构以及其他的组织能力建设及时跟上，才能厚积薄发，这些也是华为在面对未来更加复杂的市场变化时保持活力和信心的一种保障。

三、 案例思政元素

（一）授权分权结合，统治分治并重

1. “铁三角”作战部队

过去华为上下都习惯中央集权，习惯听上面的指令，上面说怎么打就怎么打，从高度集权逐步走向分权制衡后，要从过去被动执行变成主动执行，权力重心就需要下移。过去20年，基本上是市场因素主导着华为的发展，在这个阶段，企业要能够迅速发现市场机遇，并能够及时抓住，才能获得高速成长，中央集权是迅速抓住机遇、获得成长机会的最佳模式。以效率优先为主要特征的中央集权在成就华为国内地位的同时，也给华为带来了管理的混乱和无序。随着华为发展成为一个真正全球化的大企业，这种混乱和无序表现得更加明显，大企业常见的官僚作风导致效率低下，也在抵销曾经高效的中央集权的威力，这些都成了华为进一步发展的障碍，也成了任正非改变

华为持续 20 多年的中央集权管理模式的内在动力。

华为从 1997 年开始导入全变革，在流程上花重金请 IBM 的顾问进行系统的 IPD（集成产品开发）再造，在人力资源、财务体系、研发系统等方面也都进行了“先僵化后优化”的深刻变革。经过漫长的 10 年变革，到了 2007 年，华为的管理基础和控制平台已经被改造完成，到了 2009 年，华为的管控机制已经得到了优化，此时的华为，内部管理比较畅通，职业化、规范化管理已经贯彻到日常生活中，具体工作中对“人”的依赖基本被对“流程”的依赖代替，此时的华为已经具备了真正放权的条件。

直到 2009 年，华为内部开展了组织结构和人力资源管理机制的改革，确定“以‘铁三角’为基础的，轻装及能力综合化的海军陆战队式”的作战队形。这种管理模式变革的核心在于打破过去的决策集中和滞后，采用“先分权再授权”的模式来促进决策与行动反应的速度，让员工当家作主。华为之所以会如此设计，源自华为管理实践中遇到了一份工作汇报。

在华为北非分部，员工围绕做厚客户界面成立了一个特别的工作小组——由客户经理、解决方案专家、交付专家组成的，面向客户的“铁三角”作战单元。“铁三角”的精髓在于为了目标打破功能壁垒，形成一套以项目为中心的团队运作模式。华为的各种优质资源和先进设备，都应该在前线发现目标后在第一时间给予有效的支持，而不是坐等后方那些拥有资源的管理者慢慢赶来指挥作战。

这种管理上的尝试，为华为组织结构变革和管理创新提供了一条新思路——采用新型分权管理模式，把决策权根据授权规则授予一线团队，而后方仅起到监督和保障作用。从 2009 年起，华为建立“铁三角”新型分权形式，在此前提下选择适宜的人员进行授权管理，一线员工被授予了“将在外，军令有所不受”的决策权，而总部则依靠分级授权、定期汇报等形式来确认和保障授权效果。

这种策略很快就见到成效。2012 年上半年，华为营业收入达到 1 027 亿元，同比增长 5.1%。诚然，如此喜人的业绩离不开华为终端市场的突破，但从分权到授权管理带来的组织运营效率提升也功不可没。任正非曾感叹：“哪怕每年提升千分之一的效率都是可喜的。”分权与授权的管理变革使得华为在前进中不断优化、厚积薄发，而华为在面对未来日益复杂的市场变化时的反应也更加敏捷、游刃有余。

2. 横向分权，纵向授权

2018 年 3 月，华为公司《人力资源管理纲要 2.0：总纲》（以下简称为《纲要2.0》）正式出台，陆续下发给公司高管，开始讨论纲要。纲要的思考主要从过去的不信任管理体系，向信任管理体系转变。在内外合规的情况下多产粮食，减少不必要的汇报、报表，这样管理层级会减少，让作战的力量多用在产粮食上。

《纲要2.0》可以分为两个部分，第一部分先根据过去30年企业的实践来总结，也就是先把人力资源管理1.0版本进行总结，再考虑未来怎么做。第二部分，“一棵树”理论在“多棵树”场景下使用的过程中，还会存在很多新问题，需要理念的扬弃与发展。现在的管理还有很大的优化空间，公司要研究八爪鱼的控制系统，它的三分之二神经元在爪尖上，所以它的几根爪不会打架混乱。

《纲要2.0》提到，华为公司未来采取统治与分治并重的分布式管理体系，采用“横向分权，纵向授权”的权力结构。统治系统各机构间是分权制衡的关系，而统治系统与分治系统之间是授权与监管关系。统而治之，分而治之，统分结合。任正非以天、地做比喻，“头顶一片天”指的是华为人共同的价值观，而“脚踏一方土”是员工们共同的平台支撑，中间是差异化的业务系统，而这种差异化是为了促进业务有效增长的分治。

具体而言，未来集团董事会是经持股员工代表大会授权的公司最高领导委员会，代表集团的统治权力。下面是消费者业务管理委员会、ICT基础设施业务管理委员会和平台协调管理委员会。

消费者和泛网络业务管理委员会有一定的分治权力；平台协调管理委员会支撑集团统治的协调权力，承接从董事会下来的主张和要求，做细节性的穿透工作，形成公司的共同平台。董事会的中央管控一定是强有力的，通过统治平台来管制不同业务的分权，否则就容易被架空。公司统治系统如董事会和监事会间是分权制衡，但统治系统到分治系统不是分权而是授权，决策权力是授权给各业务部门的，监督权仍然在集团。

这种做法不是夺权，只是分经营决策权，没有分监管权，既然接受了授权就要接受监管，这样才能把需要授权的授给下面的部门。授权就是要在合理的宏观统治下，让各个业务单元增加自身活力，而不是让各事业部脱离公司。

3. 民主决策，权威管理

《华为基本法》确定了公司高层管理组织的基本结构分为三部分：公司执行委员会、高层管理委员会与公司职能部门。在这三个委员会的基础上，《华为基本法》进一步规定了“民主决策，权威管理”的运作原则。《华为基本法》第五十三条规定："我们遵循民主决策，权威管理的原则。高层重大决策需经高层管理委员会充分讨论。决策的依据是公司的宗旨、目标和基本政策；决策的原则是从贤不从众。真理往往掌握在少数人手里，要造成一种环境，让不同意见存在和发表。一经形成决议，就要实行权威管理。"

高层委员会集体决策以及部门首长负责制下的办公会议制度，是实行高层民主决策的重要措施。我们的方针是放开高层民主，使智慧充分发挥；强化基层执行，使责任落在实处。各部门领导隶属于各个专业委员会，这些委员会议事而不管事，对形成的决议有监督权，以防止一长制中的片面性。各部门领导的日常管理决策，应遵循部门领导办公会确定的原则，对决策后果承担个人责任。各级领导办公会的讨论结果，以会议纪要的方式向上级呈报。报告上必须有三分之二以上的正式成员签名，报告中要特别注明讨论过程中的不同意见。公司总裁有最后的决策权，但其在行使这项权力时，要充分听取意见。

因为企业内部会产生不同的职责，形成不同的决策制度，所以要有民主决策，权威管理的原则。因此，华为不是民主管理，管理不可能是民主的，但决策可以实行民主投票，是可以让大家说话的。管理就是执行，是绝对执行权威意志的过程，不需要征求大家的意见。这就是管理的两维。这就形成了华为最新的组织结构与责任中心定位，形成了以 EMT（三大中心）为核心的管理职能、绩效中心、成本中心等，一整套的组织结构贯通，统一指向满足客户需求。华为的集团职能平台见图 3-4。

2019 年 3 月 29 日，任正非在消费者 BG"军团作战"誓师大会上说："今年公司的改革重点，一是运营商 BG（CNBG），二是消费者 BG。CNBG 改革是我们亲自抓的战略重点，集中精力把管道联接业务做成世界战略高地，所以我们授权 CBG'军团作战'，让你们自主改革。"授权的是组织结构设计和薪酬分配，而消费者管理委员仍然对业务体系有管辖权利。在组织设计和薪酬分配的边界内，放开让他们做实验，给五年时间，看看能不能打造一支铁军。

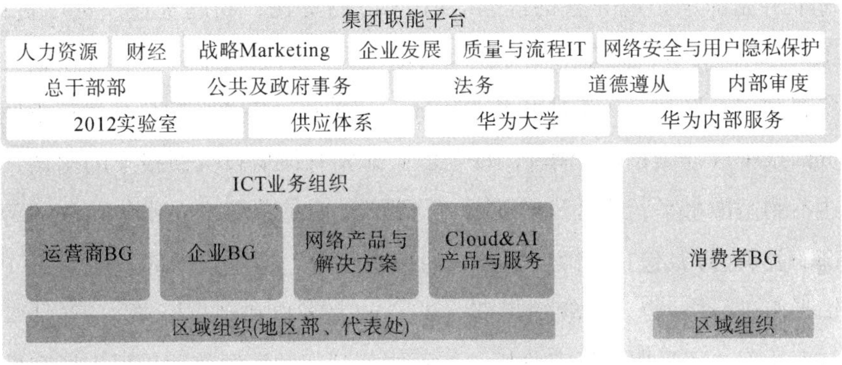

图 3-4 华为的集团职能平台

（二）反对盲目照搬，实事求是，中国导向

1. 从权力金字塔顶尖到群雄并立、协同进击

在大工业生产的早期，20 世纪 20 年代之前，垄断汽车行业的巨头是福特，它在全世界汽车市场的占有率一度高达 70%，通用和其他公司加起来才 30%。福特无可撼动的地位后来发生了变化，美国经济的发展使消费者有了不同层次的消费需求，这时其实企业也在分层。高收入阶层有了个性化的消费需求，价廉物美不再是市场唯一的诉求。

在福特公司只有一个权威，就是福特汽车创始人亨利·福特，外界称其为老福特。他就像权力金字塔上的帝王，他的指示就像神的旨意一样不可置疑。老福特凭借他开辟“T”型车的直觉和经验在管理这家公司。同时，福特公司的组织和人才队伍没有真正建立起来。大量有才华的主管沦为老福特的随从、助理，没有自己的主见。因为每三年左右，老福特就会把他们的职位或调换，或降职，免得形成山头，大家都战战兢兢，因此那些想干一番大事的人，纷纷离开了，人才流失很厉害，在第二次世界大战结束初期尤为明显。当时，老福特也穷尽办法想推出新车型，但在一人独裁的直线制管理模式下，其他管理者其实都是他的侍从和跟班，没人能独立挑大梁去开发新业务，企业还是按照惯性往前走，想象力暂时止步于黑色“T”型车。而这时，通用汽车迎来了朝气蓬勃的金色年华，这个时期的掌门人斯隆堪称最伟大的职业经理人。

事业部制是斯隆的天才独创，他按照高、中、低档不同车型的业务划分出不同事业部，每个事业部都有一个专属管理班子。各事业部负责深耕自己的产品和市场，这样的阵容助力通用汽车对福特在市场上形成了立体化的阻截。斯隆进行事业部制改造的设计思想和要点有以下五个方面：一是不同的业务形态分成独立事业部（凯迪拉克、别克、雪佛兰、货车、配件等）；二是每个事业部承担起完整的经营责任（市场责任、利润责任、资产责任、员工责任），要不断提升竞争力和市场地位，产品销售不光要有规模，关键还要有利润，这是市场责任和利润责任；三是每个事业部的核心考核指标是投资回报率（净资产利润率），每个事业部要有最低投资回报率的承诺，如果达不到基准水平，管理班子就要“下课”；四是总部成立公共平台（跨事业部的委员会），包括品牌广告部、通用采购部、通用技术部、运营部（对产销平衡进行协调）、一般销售部（共享的大客户和销售资源）；五是事业部与事业部之间采用市场定价机制。不同部门间的资源使用采用市场交易的法则。

到第二次世界大战结束时，通用和福特经过 20 年的市场较量，市场形势完全扭转，通用夺取了世界汽车市场 60% 的份额，福特的市场份额缩减到 10%。这一场商战，是商业世界里先进组织方式的一次辉煌胜利，通用汽车以事业部群雄并立、协同进击的一群人，打败了老福特高踞金字塔尖决策的一个人。斯隆在通用汽车的事业部管理体制为企业管理做出了巨大的贡献，直到现在，他对事业部制的设计思想和结构安排，依然是现代企业事业部制遵循的基本原则。

通用汽车的成功将事业部制推向热潮，一些世界知名的大中型企业纷纷采用事业部制，如通用电气、阿里巴巴、丰田汽车、京都陶瓷株式会社。我国采用事业部制最典型的企业是美的，它从 1996 年就开始实行事业部制。

2. 集中的客户，共享的技术——华为式“拧麻花”

在华为，是不存在事业部制概念的。华为的两大利润中心责任体系经营单位划分的标准是不一样的，市场体系是按区域维度划分的，研发体系是按产品维度划分的，两者并不一一对应，并没有出现西方管理控制理论断言的责任不清和推卸责任问题，反而促进了两大利润中心体系的合作。

曾经有一家国际咨询公司给华为出过一个方案：按产品线实行功能封闭的运作，在公司实行事业部制。华为支付了顾问费，但这家咨询公司顾问撤走了以后，这个方案基本上被搁置起来了，没有实行。因为咨询公司提供的方案与华为倡导的“以客户为中心”所要求的组织形式有很大的偏差。华为的客户是集中的，技术共享性是很强的。如果设置事业部，按研产销划开以后，就等于把客户资源割裂了，把研发的技术体系割裂了，这样华为的优势就没有了。对外方面，如果多个事业部面向同样的客户比如跨国运营商和国内运营商销售，客户会置疑谁代表华为呢？另外，客户要的是解决方案，谁为客户提供全面的解决方案呢？如果在事业部制下，移动只提供无线的方案，固网只提供固网的方案，业务软件只提供软件的方案，谁给客户提供全面的解决方案呢？虽然那个时候事业部制十分盛行，但是考虑到华为的实际情况制，即华为的战略是聚焦的，所以事业部制这个体制、这个组织模式在华为的核心业务领域，是基本上被否定的。

按照德鲁克的理论，企业的业务单位应尽可能按照利润中心定位和运作。华为的做法是，把市场体系按照区域这个主维度来划分销售组织，将区域销售组织定位成利润中心，按照利润中心来核算、考核、激励；把研发体系按照产品来划分产品开发组织，将产品线定位成利润中心，也是按照利润中心的方式来核算、考核、激励。企业通过连带责任，主要是销售毛利率、销售收入和经营活动净现金流，建立起两大利润中心体系经营单位的利润责任。销售组织分产品的收入、利润和经营活动净现金流，同时也是产品体系分产品线的收入、利润和经营活动净现金流；产品线降低成本、快速向市场推出优质、满足客户需求的有竞争力的产品，由此带来的利润、收入和现金流增长，同时也是对积极销售其产品的区域销售组织的绩效的贡献。这种连带的利润中心责任体系，促进了两大利润中心体系的合作，从而共同将收入、利润和现金流做大。

对这种组织设置，任正非有一个形象的说法，叫作“拧麻花”，就像拧麻花似的拧了一下，从整体上来看是不对称的，不是产品线一直打通，也不是区域客户维度一直打通，而是拧了一下。中间的采购、供应链，交付，是准利润中心。在产品线这边，华为在组织上引入了一个叫作产品线运作管理部和公司运作管理办公室的两级协调组织。这样，产品线无法直接协调和控制的公共平台资源，包括供应链、交付、技术支持、产品行销、销售等。这些都提交到公司的运作管理办公室，由其纳入统一计划来统一协调。产品线只要把要求、把资源的需求和计划，准确地提到公司的运作管理办公室，由公司运作管理办公室统一计划、统一下达、统一考核功能平台来完成。产品线除了参与公司的运作例会，还跟踪计划的执行，积极反馈执行中的问题，推动这些问题的及时解决。华为靠统一计划、统一指挥、统一协调和统一考核，贯彻了责权对等、统一指挥的组织原则。

第二部分　思政元素理论基础和中国实践

（一）以民主集中制为原则，落实企业集权与分权

1. 集中力量办大事——自由民主

民主集中制是在民主基础上的集中和集中指导下的民主相结合的制度，是党的根本组织制度和领导制度，也是马克思主义认识论和群众路线在党的生活和组织建设中的运用。党的十七届四中全会通过的《中共中央关于加强和改进新形势下党的建设若干重大问题的决定》中，对坚持和完善民主集中制，积极发展党内民主进行了深刻阐述，做出了全面部署。这些重要论述和要求，充分体现了党的十七届四中全会精神，体现了以胡锦涛同志为总书记的党中央对民主集中制建设的战略思考；对于全面推进党建设新的伟大工程、开创中国特色社会主义事业新局面具有十分重要的意义。

2018 年 12 月，中央政治局召开民主生活会，习近平主持会议并发表重要讲话。习近平在讲话中大篇幅阐述了民主集中制，强调贯彻执行民主集中制是全党的共同政治责任。民主集中制包括民主和集中两个方面，两者互为条件、相辅相成、缺一不可。我们要把民主和集中有机统一起来，真正把民主集中制的优势变成我们党的政治优势、组织优势、制度优势、工作优势。维护党中央权威和集中统一领导，同坚持民主集中制是一致的。我们实行的民主集中制，是既有集中又有民主、既有纪律又有自由、既有统一意志又有个人心情舒畅生动活泼的制度，是民主和集中紧密结合的制度。

2. 中国经济背景下的现代企业管理

坚持民主集中制这一根本原则也是我国现代企业管理的主要特征。在经济飞速发展的今天，现代企业发展离不开领导建设。建设团结和谐的领导班子，必须把民主与集中建设摆在首要位置，要从正确处理民主与集中、多数与少数、集权与分权等关系入手。

在计划经济体制下，企业管理权力高度集中，控制过死。在市场经济转化过程中，企业通过各种改革，已经由集体走向分权，或是通过目标管理、经营责任制使下级成为利润中心，并给予一定的权力。这一举措具有创新意义。当前个别企业出现了只要权力、不尽义务，只要利润、不负责任，上有政策、下有对策的问题，说明现在有很多领导干部还在片面理解分权的问题。领导干部只从制度论的角度来认识问题，是片面理解民主集中制的原

则，只认民主而否定集中。在未来的企业管理中，电子计算机等高科技成果的应用将更加广泛，高层管理者可以直接获取各种信息，组织中的重要决策将再度集中到高层管理者，控制中心将直接下达命令给组织的下层，也就是说在分权的基础上重新集中经营，这种集权是下属利润中心自动的、必然的、新的集权，是一种质的飞跃。

华为成立初期，由于员工数量不多，部门和生产线比较单一，产品的研发种类也比较集中，组织结构比较简单。在这段时间里，华为一直采用的是在中小型企业比较普遍的直线制管理结构。这段时期华为在管理上是高度集权，组织和运作机制是领导权威在“推”，推的过程中一些无用的流程、不出功的岗位，是看不到的。而现在华为将权力分配给一线团队，逐步形成“拉”的机制，准确地说，是“推、拉”结合、以“拉”为主的机制。

（二）以史为鉴——三湾改编中的组织设计哲学

1. 从零开始奋斗——艰苦卓绝的创业史

1927 年，秋收起义失败，毛泽东率领部队来到了永新县三湾村。当时，部队没有建立基层党组织，党不能切实掌握部队，加之战事失败，毛泽东在三湾村召开会议，提出了三个议题：一是整编部队；二是党支部建在连队上；三是建立士兵委员会，实行军官平等。此次会议最重要的问题是要加强党对军队的绝对领导。

支部作为中国共产党的基层组织，是党内政治生活的重要依托。“支部建在连上”，是毛泽东同志在人民军队加强党的基层组织建设方面的一大发明。中共中央印发的《中国共产党支部工作条例（试行）》（简称《条例》）开篇就强调，要“弘扬‘支部建在连上’的优良传统，落实党要管党，全面从严治党的要求，全面提升党支部组织力”。由此可见，继承和加强党支部建设的优良传统，对于推进新时代党支部建设有着极为重要的意义。

2. 组织设计与管理

党的十八大以来，习近平总书记在多个场合重提“支部建在连上”的原则，要求全党弘扬“支部建在连上”的优良传统，把全面从严治党落实到每个支部、每名党员，推动全党形成大抓基层、大抓支部的良好局面。2013 年 7 月，习近平总书记谈军队思想政治建设工作时指出：“在我军初创时期，就确立了党指挥枪的原则，三湾改编的最大成果就是在工农革命军中健全党的组织，把支部建在连上。”2015 年习近平总书记在视察昆明部队时指出：“要坚持抓住党的组织，抓基层，落实好‘支部建在连上’这一重要原则和制度，增强党组织创造力、凝聚力、战斗力，强化管党员、管干部的职能，充分发挥基层党组织的战斗堡垒作用。”2018 年 9 月，以习近平同志为核心的党中央为了适应新时代党支部建设的新要求，进一步把“支部建在连上”的优良传统和党的十八大以来基层党组织建设的实践相结合，适时制定并审议通过了《条例》，为新时代党支部建设提供了具体遵循。

三湾改编本质上是对党与军队组织内部的调整，而不是通过加强军队的枪支弹药管理与补充人员数量等来增加军队的实力。通过对组织机构的调整来增加军队战斗力，对应到企业的管理上就是形成更有竞争力的工作团队，这种力量是企业从内部发展形成的，而不是通过增加外部力量而变得强大。

对于接受完整的现代教育、耳濡目染现代科技文明的我们来说，从组织设计与管理的角度，三湾改编仍然可以给我们跨世纪的启示和反思。一方面，不管身处哪一个时代，人性是相通的；另一方面，不管是对于一支军队，还是对于一家企业，由一定数量的人员组成的组织的核心的设计理念、方法和策略是相通的。首先要建立一个合理的组织架构。从企业战略目标出发，确立一个符合和适合企业运行的组织架构；其次要贯彻组织理念。从最高层领导到普通员工，在企业全员范围内，确立共同的人生观、价值观、事业观，营造符合企业愿景的企业文化氛围，共同铸就职业命运共同体。

（三）实事求是，求真务实

1. 实事求是是党的思想路线的实质和核心

实事求是是马克思主义的根本观点，是中国共产党人认识世界、改造世界的根本要求，是我们党的基本思想方法、工作方法、领导方法。

《中国共产党章程》把党的思想路线的基本内容完整地表述为：“一切从实际出发，理论联系实际，实事求是，在实践中检验真理和发展真理。”实事求是是党的思想路线的实质和核心。1941 年，毛泽东在延安干部会上所作的报告《改造我们的学习》中对实事求是进行了阐释：“‘实事’就是客观存在着的一切事物，‘是’就是客观事物的内部联系，即规律性，‘求’就是我们去研究。”在报告中，毛泽东批判了党内的主观主义，并用一副对联为主观主义画像：“墙上芦苇，头重脚轻根底浅；山间竹笋，嘴尖皮厚腹中空。”报告主张要坚持马克思列宁主义的态度。这种态度，就是运用马克思列宁主义的理论和方法，对周围环境进行系统的、周密的调查和研究。

习近平总书记指出:“在我们党内，贯彻执行实事求是思想路线的状况总体是好的。”同时强调，在党员干部中有的“一切从本本出发，唯上、唯书、不唯实”；有的“不按客观规律办事，急功近利，急于求成以至蛮干、瞎干”；有的“为了迎合或满足某种需要，说假话、大话、空话，甚至弄虚造假”；有的“不喜欢听真话、实话，不愿意修正错误、择善而从”。习近平总书记尖锐指出：“凡此种种，都违背了实事求是的要求，虽然不是主流，但如果不重视、不警惕、不纠正，其消极影响和后果不可低估。”大到国家建设，小到个人的事业，要想取得成功，实事求是都是我们须臾不可缺少的法宝。

实事求是作为党的思想路线的核心，始终是马克思主义中国化理论成果的灵魂，始终是中国共产党人认识世界和改造世界的有力思想武器，始终是我们党的基本思想方法、工作方法和领导方法。回顾我们党 100 年的历史可以清楚地看到，什么时候坚持实事求是，党就能够形成符合客观实际、体现发展规律、顺应人民意愿的正确的路线方针政策，党和人民的事业就能够不断取得胜利；反之，离开了实事求是，党和人民事业就会受到损失甚至严重挫折。

2. 实事求是是党的优良传统和作风

实事求是，求真务实，是党的优良传统和作风。精雕细刻，讲究的是深入细致的工作方法，体现的是求真务实的工作作风。改进工作作风、密切联系群众的“八项规定”，突出强调的正是求实、务实、唯实，中央领导集体更是率先垂范、以身作则，带头践行、躬身实践。有道是，将小事做好就能成大事，将简单的事情做好就是不简单。对工作“精雕细刻”，就是要立足本职，从自己做起，从身边做起，将每一件小事、简单的事做细做实做好，这与中央提出的“八项规定”在精神上是一致的。

3. 贯彻执行实事求是的思想路线

华为随着公司的快速发展、组织规模扩张，如何更好地管控公司呢？当时一位专家给任正非建议：华为可以参照通用电器（GE）采用事业部制。因为 GE 采用事业部制发展得很成功，我们比较省力的做法就是学习优秀企业的做法。在管理学中有个名词，叫作定标比超（将本企业各项活动与从事该项活动最佳者进行比较，从而提出行动方法，弥补自身不足）。

任正非在仔细研究了事业部制管控模式以后，把这个建议否决了。因为他觉得事业部制就像古代的诸侯分封制一样，每个人都有自己的小家，都会打自己的小算盘，外部没乱，自己内部先乱了。远在汉朝初年，就出现过七国之乱。放在企业来看，事业部制让公司在大的战略方向上，做不到力出一孔。任正非从企业实际出发，实事求是，不盲目照搬西方成功的管理实践，坚持以国内背景、企业环境、员工的认知作为判断标准，寻找适合企业发展的组织机构。

第三部分　案例使用说明

（一）教学用途与教学目标

1. 教学用途

本案例为描述性案例，适用于本科生管理学课程中“组织设计”知识点的教学和培训。

2. 教学目标

（1）知识层面

理解概念：组组结构、权力、集权与分权。

掌握理论：常见的组织结构形式以及使用条件、集权与分权的影响因素。

（2）能力层面

系统思维层面：教师通过对相关理论的讲解，让学生对“组织设计”知识点的内容有系统的认识，了解组织结构设计的重要性、影响因素、常见类型以及在组织结构中的权力问题，集权与分权的概念和优缺点，帮助学生形成全面、系统、联系地分析问题、解决问题的系统思维能力。

判断层面：本章根据中国大背景下企业发展的现状，结合当前中国企业借鉴西方管理的例子，提出系统性的思考——企业应当如何做好判断，根据企业实际情况来设计组织结构。

实践层面：本章通过引入三湾改编以及华为公司的例子，很好地将课本中的理论知识与外界环境结合起来，激发学生积极有效地将理论知识转化到实践当中去。教师通过实践使学生进一步理解理论知识，相辅相成，为学生搭建了一座“理论到实践，实践到理论”的思维桥梁；同时也促使学生思考组织结构是如何与企业的战略相互作用的，从而推动企业发展。

（3）素质层面

专业素质：理解组织设计中组织结构的类型、影响因素以及适用条件，权力以及集权和分权的重要性，通过对集权与分权的认识，理解民主集中制在现代企业中的具体体现。

职业素养：通过案例，扩展学生视野，让他们理解社会发展对企业管理活动的影响，培养学生的社会责任感和正确的企业权力观和伦理观。

人文素养：案例所设计的问题正是当下企业中非常普遍的管理问题，本章通过将中国的创业史融入现代企业的组织设计，让学生对于中国历史有了更加深入的了解，培养了学生的爱国情怀，将爱国教育融入课堂，因此学生的接受度较高。

（二）案例讨论的准备工作

（1）学生需要预习管理学课程中组织设计的相关知识，对组织结构的形式、类别，权力的类型，集权和分权的含义以及优缺点有初步的认识和了解。

（2）授课教师搜集华为公司的发展历程宣传片，可以起到引出主题、集中学生注意力的作用，同时也促进了课程的进一步顺利展开。

（3）搜集三湾改编的相关资料，包括但不限于视频、音频、图片等，或者可以做一个关于历史事实内容的简单 PPT，在提及组织结构的时候向全班同学展示。

（三）案例分析要点

1. 启发思考题

（1）结合案例，你认为华为目前所采取的组织结构形式是怎么样的，它的发展逻辑是什么?

（2）根据案例内容，分析企业应当如何正确地处理权力问题，并且结合案例说说集权与分权的优缺点。

（3）结合案例，谈谈“实事求是，求真务实”这种革命精神对企业发展的重要性。

2. 分析思路

三个思考题是基于管理学“组织设计”这一知识板块提出的。

组织设计是对企业组织结构的合理规划布置，它依赖于组织形式的存在。当一群具有共同目标的人组成一个团体时，其就是一个组织。当然一个组织如果要想长久存活下去就必须要有相应的组织结构，组织中的每一个人都是一定的角色，企业活动与员工角色相互作用形成了组织结构。

（1）结合案例，你认为华为目前所采取的组织结构形式是怎么样的，它的发展逻辑是什么?

知识点一：组织结构。

引导学生对组织结构的类型进行分析。参考答案如下。

组织结构是组织中人员的分布情况，以及组织从上到下是如何运作的。一般而言，组织的结构是呈动态变化的，随着企业经营业务的不断扩大与发展，组织结构也逐渐从简单变为复杂。最简单的组织结构形式是直线制组织结构，它适用于那些刚刚成立的企业，业务比较简单，只要求能够对客户的要求做出快速及时的反应。随着业务的扩大，逐渐出现了直线职能制、参谋制、混合制、矩阵制等组织结构，如表 3-1 所示。

表 3-1 常见的组织结构

	优点	缺点	适用范围
直线制	权责分明，指挥统一，信息沟通方便，反应快速	对高层管理者要求很高，高度集权，风险极大	小型组织或创业初期的组织
直线参谋制	减轻管理者的负担，既保证了统一指挥，又避免了多重领导	参谋机构和人员相互之间的沟通协调性差，各自的观点具有局限性	简单稳定的环境，在大型企业中也常常使用
职能制	业务专精，思考周密，提高管理水平	不利于行政组织之间的整体协作	外部环境稳定，产品比较单一
直线职能制	既保证了统一指挥，又能发挥参谋人员的作用	部门间缺乏信息交流，系统刚性大	企业规模不大，品种不复杂
事业部制	适应能力强，跨职能的高度协调	产品线之间缺乏协调	环境不稳定，技术非常规
矩阵制	适应性、协作能力强，资源弹性共享	耗费时间，员工的压力大	环境不确定，产品高度依存
网络制	行政成本较低，适应变化的能力强	总部对各承包企业的控制有限	快速发展的行业

华为公司也不例外，1987 年成立初期，公司人数较少，公司业务也只是代理产品，所以那时的组织结构是典型的直线制组织结构，在当时的环境下运作良好。近年来，华为公司不断发展壮大，华为现在的组织结构与之前的组织结构相比，进行了渐进式的演变，转变成以产品线为主导的组织结构。

这一转变的逻辑在于，既保证大平台能够发挥能力作用，又可以增强组织的灵活性，保持对客户需求的快速反应能力，所以华为进一步提出了“以项目为中心”的管理理念，希望通过强矩阵的方式来管理项目。

2012 年，华为划分出了三大运营中心（BG）进行运作，包括运营商网络 BG、企业业务 BG、消费者 BG。各 BG 是面向客户的端到端的运营责任中心，是公司的主力作战部队，对公司的有效增长和效益提升承担责任，对经营目标的达成和各自运营中心的客户满意度负责。各 BG 分别设置经营管理团队（Executive Management Team）负责本 BG 业务的管理，运营中心经营管理团队主任由 BG CEO 担任。服务型 BG（SBG）是为 BG 提供支撑和服务的端到端责任中心，要持续提高效率，降低运作成本。

目前华为已经是一家多元化企业，形成了运营商业务、企业业务、消费者业务三大业务体系，组织结构在未来依然还会保持这样一种矩阵型的组织结构。而这个巨大的矩阵组织结构也是动态的，是随时会跟随着战略的调整而调整的。当企业遭遇外部环境挑战时，这个网络就会收缩并进行叠加；当环境向好，需要扩张时，这个网络就会打开，并进行岗位与人员的扩张，但其基本的业务流程却是会保持相对稳定的。

最近十几年，无论是国际环境还是国内环境都处在一个极速变化的过程中，激烈的竞争也从来就没有停止过，只有不断基于环境的变化而进行战略的及时调整，内部组织结构以及其他的组织能力建设及时跟上，才能原积薄发，这些也是华为在面对未来更加复杂的市场变化时，能保持活力和信心的一种保障。

（2）根据案例内容，分析企业应当如何正确地处理权力问题，并且结合案例说说集权与分权的优缺点。

知识点二：组织权力。

引导学生对组织权力的合理分配进行分析。参考答案如下。

任何组织都会涉及权力的分配问题，特别在组织结构日益庞大和复杂时，这个问题就会变得更加明显和迫切。权力在一定程度上是员工在企业中地位与权威的体现，一般来说，权力与职位的高低是正相关的，职位越高，拥有的权力也就越大，但同时承担的责任也会更多。那么这个时候就会涉及一个问题，即如何合理地分配企业的权力，使其既可以充分地调动员工的积极性，又能够保证企业的各项业务正常开展。

总的来说，权力的分配与企业的经营活动是相关联的。当企业业务简单，经营活动涉及的范围很窄时，权力就不需要过于的分散，这时只要求企业能够迅速地做出反应，权力过于分散会导致效率下降。而当企业业务要求组织具有一定的灵活性时，权力就不应该只集中在高层管理者手中。

这里就涉及权力的集中和分散的问题，在一个企业中，不存在完全的集权或者是完全的分权，如果权力全都被分配下去了，就不存在所谓的领导者，也就不再具有一个组织的形态。集权是指权力全都集中在领导者一人之手，企业任何事务无论大小都是由领导者做出决定。集权的倾向主要与组织的历史和领导的个性相关，也可能就是为了追求效率。但这种过于集中的权力会导致组织对于外界的反应过于迟缓，时间反应成本高，并且不能做到面面俱到，不能及时把握机会，成功地解决问题，反而会降低决策的质量、组织的适应能力以及组织成员的工作热情。

组织的规模性、活动的分散性以及培训管理人员的需要等因素都促进了分权的进一步产生。现代企业经营活动的日益复杂化，要求各大企业能够在这个不断变化的环境中灵活调整，同时高层管理者也不可能兼顾企业所有事项，那么适度的分权就显得尤为重要。分权是指高层领导者将自己的权力部分地下放给下属，而自己起监督和控制的作用。适度的分权有利于组织发展，按照任正非的话来说，就是要让听见炮火的人做决策。机关不了解前线，但是却拥有太多的资源和权力。华为开展了组织结构以及人力资源机制的改革，宗旨是从过去的集权管理，过渡到分权制衡管理，让一线拥有更多的决策权，以适应情况变化，及时做出决策。

（3）结合华为组织结构学习案例，谈谈“实事求是，求真务实”这种革命精神对企业发展的重要性。

知识点三：实事求是，求真务实。

引导学生对实事求是，求真务实的重要性进行分析。参考答案如下。

实事求是是马克思主义的根本观点，是中国共产党人认识世界、改造世界的根本要求，是我们党的基本思想方法、工作方法、领导方法。

西方的管理思想对于中国企业存在一定的影响，越来越多的中国企业开始借鉴国外成功企业的组织结构形式、经营模式等。在这个过程中，有的企业取得了巨大的成功，比如海尔，但是也有的企业前景渺茫，虽然一开始效果显著，但随着时间的推移，组织结构的弊端不断凸显出来。出现这种情况的主要原因在于企业没能充分地理解国外企业的组织结构形式，完全照搬，然而在中国大环境下，其并不一定能够保持同样的组织活力。简而言之就是要实事求是，从组织实际出发，根据当下中国的企业环境去考察国外的组织结构运作是否真的适合企业。这不仅仅是在组织结构方面，其他方面也应这样。我们需要秉持实事求是的态度，在借鉴他人的经验或者方法时，一定要考虑具体情况。

（四）教学组织方式

建议用本案例完成“组织设计”知识点的教学，授课教师也可以根据需要讲授其他相关的知识点。一般安排 3 个课时（120 分钟），案例的教学组织安排如表 3-2 所示。

表 3-2　案例的教学组织安排

学习阶段	学习内容	时间限制	学习目标
课前	要求学生分组，并预习课本内容，查阅三湾改编以及华为发展历史的相关知识	提前 2 天	熟悉案例背景
课中	教师向学生展示华为发展历程的视频	5 分钟	进一步熟悉案例背景
	分组讨论，并完成案例分析报告	30 分钟	结合理论分析问题，小组案例分析报告作为一次平时成绩
	抽取 3 个小组进行发言	20 分钟	结合理论分析问题，言之有物，条理清晰
	进一步讨论，并进行归纳总结，注意思政元素与管理学理论的结合。引导学生学会运用管理学的理论知识解决现实问题	25 分钟	归纳用到的关键理论，并对各组表现做一个简单的点评
课后	请学生继续关注其他党史，下次课回顾提问		增进记忆，回顾知识

（五）总结

在现代企业管理过程中，很多管理者对于组织结构的形式、适用条件以及权力问题都缺乏深刻、具体的认识，对于学生来说更是如此。在学习的过程中，许多同学感觉组织结构过于抽象，难以清楚地区分各种组织结构的适用情形、具体形式以及它们对于组织的优缺点。在本知识点的教学过程中，授课教师可以将同学们十分熟悉的研究对象和发展历史嵌入到日常的教学过程中。一是结合华为公司的组织结构，向学生讲述二维矩阵式组织结构在实践中的运用、它的优缺点和企业是如何加强对该组织结构的控制的；二是从组织设计中的权力内容进行延伸，以华为为例，讲述企业是如何权衡权力的分配，分析集权与分权对企业的影响；三是采用中国历史中具有深远意义的历史事件作为主题分析对象。本案例的学习，可以使得学生对组织设计中抽象的相关概念有更加深入和明确的了解。

参考文献

[1] 程东升，刘丽丽. 华为三十年 从“土狼”到“狮子”的生死蜕变[M]. 贵阳：贵州人民出版社，2016.

[2] 吴晓波. 华为管理变革 [M]. 北京：中信出版社，2017.

[3] 余胜海. 任正非和华为 非常人 非常道 [M]. 武汉：长江文艺出版社，2017.

[4] 景元利. 华为本质 高速成长背后不可复制的十大逻辑 [M]. 北京：金城出版社，2017.

[5] 孙力科. 华为传 [M]. 北京：中国友谊出版公司. 2018.

[6] 彭剑锋，陈春华，周其仁，等. 认知革命　数字生存时代的管理 2018“华夏基石 e 洞察”公众号管理大师文选 [M]. 上海：复旦大学出版社，2018.

[7] 朱丽伟，熊星. 华为极致方法论 任正非经典讲话中的管理精髓 [M]. 深圳：海天出版社，2019.

[8] 李玉琢. 华为岁月之八评华为——评《华为基本法》与华为“狼文化”[J]. 变频器世界，2019 (1)：26.

[9] 华为官网. [EB/OL]. https://www.huawei.com/cn/corporate-information.

[10] 微子网络. 华为 30 年组织架构衍变概览[EB/OL].(2019-10-10).[2020-11-15].http://www.vzidc.com/news/content/66. html.

[11] 何新云. 华为组织结构 30 年演变历程[EB/OL].(2018-5-4).[2020-11-15].https://www.gelonghui.com/p/177817.

[12] 崔馨元. 坚持实事求是必须一以贯之[EB/OL].(2019-8-13).[2020-11-15].http://theory.gmw.cn/2019-08/13/content_33074148. htm.

[13] 本刊记者. 学习贯彻《支部工作条例》全面提高新时代党支部建设质量：中央组织部负责人就印发《中国共产党支部工作条例（试行）》答记者问 [J]. 紫光阁，2018 (12)：17-20.

[14] 何新云.《华为基本法》第三章 基本组织政策 [EB/OL]. (2019-05-16). [2020-11-15]. https://www.gelonghui.com/p/177817.

[15] 何新云. 华为组织 30 年演变[EB/OL].(2018-04-26).[2020-11-15].http://www.huxiu.com/article/241844. html

[16] 李海玲，庄薇. 论民主集中制的现代企业管理 [J]. 淮海工学院学报（社会科学版），2010，8 (9)：18-20.

[17] 蔡云飞. 战略与结构演变研究：以华为技术有限公司为例 [D]. 广东：中山大学，2009.

[18] 习近平. 始终按实事求是的要求办事：在中央党校 2012 年春季学期第二批入学学员开学典礼上的讲话摘要 [J]. 民主与科学，2012，(3)：2-4.

[19] 张继焦. 价值链管理 优化业务流程与组织 提升企业综合竞争能

力［M］. 北京：中国物价出版社，2001.

［20］宋蕾. 华为公司在北美市场的跨文化管理研究［D］. 武汉：武汉理工大学，2012.

［21］任明月. 翻译实践报告——华为《基本法》［D］. 石家庄：河北师范大学，2014.

［22］HR 管理实践. 华为的组织结构变革历程[EB/OL].(2020-3-19).[2020-11-15].https://www.shangyexinzhi.com/article/583223. html.

［23］黄卫伟. 华为组织变革的认知和启示：华为为什么不设事业部制[EB/OL].(2017-03-02).[2020-11-15].https://www. taodocs. com/p-226249594. html.

［24］陈子让. 以通用、华为、海尔为例，详解企业 5 大组织结构设计[EB/OL].(2019-04-03).[2020-11-15]. https://www. jianshu. com/p/6a85c1f8fb9c.

［25］陈子让. 欲激活组织先变结构[EB/OL].(2019-03-27).[2020-11-15].https://www.sohu.com/a/304032058_761946.

［26］全球创新发展网. 华为创新发展案例[EB/OL].(2019-10-13).[2020-11-15].http://www.gidpn.com/page15? article_id=118.

第四章　组织文化

第一部分　案例正文

一、格力电器的发展历程：让世界爱上中国造

格力电器股份有限公司（格力）成立于1991年，与一些在中华人民共和国成立之前的企业相比尚显年轻。但它的发展经历了中国改革开放后大浪淘沙、日新月异的四十年。伴随着中国制造业的崛起和对外贸易的繁荣，格力是中国制造、民族品牌的杰出代表。从年产值不到2 000万元的小厂发展到营业收入超千亿元，集研发、生产、销售、服务于一体的国际化家电龙头企业，格力完成了惊人的成长蜕变。组织文化是支持格力不忘初心，在风雨四十年中砥砺前行的精神内核。面对不同阶段市场环境的变化，格力坚守民族精神，始终以民族制造业的复兴为己任，以强大的责任感和使命感铸就企业文化、迎接挑战，不断更新品牌形象，最终从“中国制造”走向“中国创造”。

1995—2010年，格力空调连续31年产销量位居中国空调行业第一；2005年英国欧睿信息咨询公司数据统计显示，格力空调占据全球空调市场份额首位，高达23.1%。现在，公司现有9万多名员工，其中有1.5万名研发人员和3万多名技术工人。在国内外建有14个生产基地，分别坐落于珠海、重庆、合肥、郑州、武汉、石家庄、芜湖、长沙、杭州、洛阳、南京、成都以及巴西、巴基斯坦。

在塑造品牌形象的过程中，格力坚持与时俱进的品牌思路，针对不同阶段的市场需求及社会现实，格力给品牌不断“注入”新的理念，使得品牌

始终保持着新鲜的生命力。回顾过往，格力的发展主要经历了五个阶段，如图 4-1 所示。

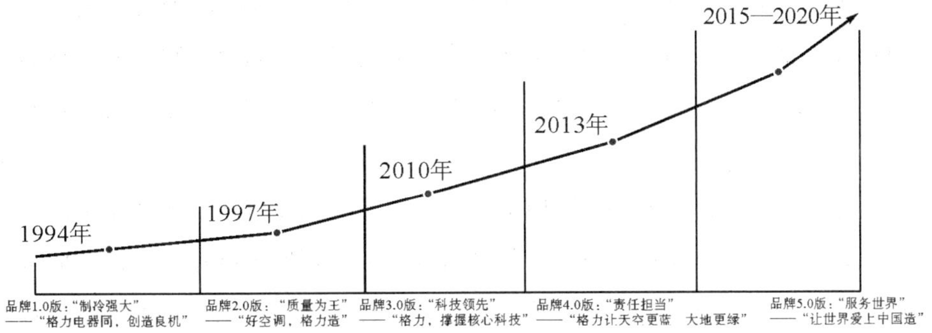

图 4-1 格力发展的五个阶段

资料来源：格力集团官网 http://www.gree.com.cn/about/history。

(一) 1991—1994 年：创业阶段——制冷强大

1991 年，新成立的格力电器是由国有企业海利空调和冠雄塑料两家企业合并重组而成的，是一家默默无闻的小厂，只有一条简陋的、年产量不过 2 万台窗式空调的生产线。这一阶段是格力艰苦创业的时期，朱江洪董事长确立了以家用需求为核心的战略。格力发扬艰苦奋斗、顽强拼搏的精神，克服创业初期的种种困难，研制出了满足当时消费者需求的家用空调，抢占了市场先机，初步树立起格力的品牌形象，为公司后续发展打下良好的基础。

(二) 1995—2005 年：发展阶段——质量为王

在初期的声名鹊起后，格力公司自 1995 年起经历了三年的利润率下降危机。究其原因，除了市场竞争的加剧，一个很关键的因素在于缺乏核心技术，而购买国外制冷技术的专利费又始终居高不下。前阶段靠争取订单扩大生产来提高利润的路子不再有效。为破除困局，避免利润不断削弱又无反抗之力的恶性循环，公司开始以差异化为导向，突出产品高质量和品牌可靠性，致力于以高水准的产品作为格力有别于其他竞争者的名片。因此，在这一阶段，格力以抓质量为中心，提出了“好空调，格力造”“买品质，选格力”的口号。配合现阶段“精品战略”的定位，格力建立和完善了质量管理体系。具体来说，格力出台了“总经理十二条禁令”，引入六西格玛管理方法，推行卓越绩效管理模式，推行“零缺陷工程”。几年的狠抓质量工作，使格力的产品在质量上实现了质的飞跃。2005 年，格力电器率先推行全球最高标准的 6 年免费包修政策。从粗放型的走销量之路转型为走质量之路，奠定了格力产品在品牌口碑上的竞争优势，创出了“格力”这一著名品牌，在消费者中树立了良好的口碑。与此同时，1994 年，董明珠开始主管销售工作，凭借不断创新的营销模式，独创了被誉为“21 世纪经济领域的全新营销模式”的“区域性销售公司”，成为公司制胜市场的“法宝”。1995 年，格力空调的产销量一举跃居全国同行第一。1995—2005 年，格力电器的总营业收入翻了近 10 倍，达到 408.85 亿元，利润翻了 7 翻，达到 14.14 亿元。

格力在这一阶段不再局限于国内家电行业的竞争，而是开始大胆放眼世界，提出了“争创世界第一”的发展目标，加大拓展国际市场力度，向国际化企业发展。2001 年，格力确立了“打造百年企业”的发展目标，投资 2 000 万美元、年产空调达 50 万台的巴西生产基地投入生产。2005 年，公司家用空调销量突破 1 000 万台/套，实现销量世界第一的目标，成为全球家用空调“单打冠军”。

（三）2006—2011 年：壮大阶段——科技领先

在上一阶段中，格力就意识到了核心技术对于企业自主发展、长期生存的重要性。严格的管理制度和成熟的实践经验都论证了核心技术独属于企业私有的重要性。在创业的前期，格力只能从外部购买压缩机和关键部件进行组装，而能创新的部分仅仅为外部面板的设计。而高额的技术购买成本也成为阻碍格力发展的重要瓶颈，剪刀差效益明显，中国企业在空调行业价值链中所处的位置十分不利（如图 4-2 所示）。

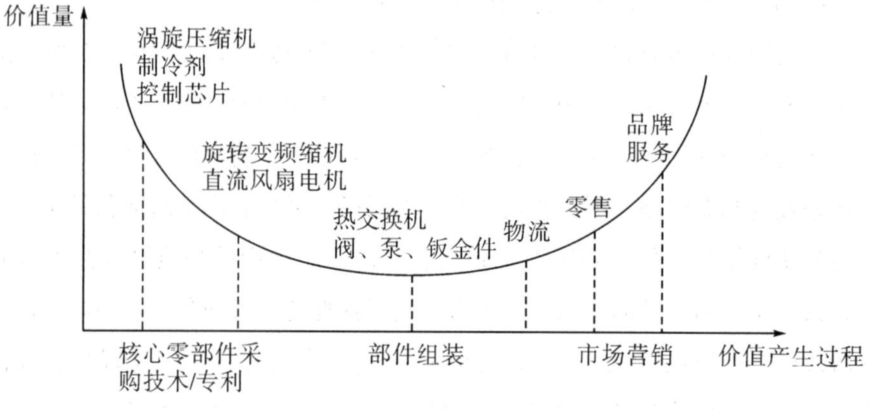

图 4-2 空调行业价值链

三匹变频空调核心零部件的成本比例如表 4-1 所示。

表 4-1　三匹变频空调核心零部件的成本比例

零部件	成本构成比例/%
压缩机	18
变频器	9
制冷剂	4
风扇电机	3
其他零部件	66

因此，拥有自主产权的核心技术是格力彻底解决成本上升问题并从质量保障走向技术领先的必经之路。在稳定公司营收和利润水平后，格力下定决心投入大量人力成本以保证高技术产品的研发，以“科技领先”为新的核心理念，提出口号“格力，掌握核心科技”。仅 2008 年，格力就投入了 10 亿元的研发经费；2009 年，格力建立首个国家级别的“节能环保制冷”研究中心，成为行业标杆；2011 年 7 月，全球第一条碳氢制冷剂 R290 分体式空调的生产线在格力实验成功；2011 年 12 月，全球首台高效直流变频离心机组在格力电器下线，是迄今为止最节能的大型中央空调。格力是中国空调企业中唯一在核心制冷技术上不受制于外国制冷巨头的企业，自行研发的 7 000 多种规格的产品数量排名世界第一。自此，格力迈入世界空调制造的头部队伍。

此外，格力通过强化成本管理，为公司创造最大利润。自此格力的产量、销量、销售收入、市场占有率一直稳居国内行业领头地位，公司效益连年稳步增长，格力突破了利润率的瓶颈，2009 年的利润率直接从 2008 年的 3.36%上升到 6.84%。

同时，在 2005 年成功实现“世界冠军”的目标后，2006 年格力公司提出“打造精品企业、制造精品产品、创立精品品牌”战略，努力实践“弘扬工业精神，追求完美质量，提供专业服务，创造舒适环境”的崇高使命，朝着“缔造全球领先的空调企业，成就格力百年的世界品牌”的愿景奋进。2006 年，格力安琪被国家质检总局授予空调行业唯一的“世界名牌”称号。2010 年，在南非举办的“世界杯”主场馆项目及相关的配套项目由格力负责建设。格力还中标了 2014 年俄罗斯索契冬奥会相关项目及配套。“格力空调，领跑世界”的高速发展时代初见雏形。

（四）2012—2014 年：行业领跑者阶段——责任担当

2012 年，格力电器的利润率上升到 7.4%，总营业收入突破了千亿元。

这个极具纪念意义的里程碑标志着格力从市场的摸索者、竞争者转变为引领者。作为市场的龙头企业，格力的理念很大程度上影响着其他跟随者。格力不忘创业时期为百姓创造更好生活环境的基本愿景，提出了“责任担当”的核心理念。在这一阶段，格力把品牌形象的重心放在了社会责任上，把格力电器的使命上升到为国家、社会、消费者保驾护航的高度。为此，格力具体将品牌愿景设定为：提升国家形象，提升产品形象，保护地球环境，为居民提供更完美的生存空间。品牌的宣传语更直接提出“让天空更蓝，大地更绿”，并呈现了如图 4-3 所示的、沿用至今的格力标志图。

图 4-3　格力标志图

资料来源：格力集团官网，http://www.gree.com.cn/about/history。

（五）2015 年至今：创全球知名品牌阶段——服务世界

在新的时代需求下，格力管理、技术、产品三箭齐发，坚守实体经济，坚持走自力更生、自主创新发展道路，加快实现管理信息化、生产自动化、产品智能化，继续引领全球暖通行业技术发展，在智能装备、通信设备、模具等领域持续发力，创造更多的领先技术，不断满足全球消费者对美好生活的向往，在智能化时代扬帆启航、谱写新篇章。表 4-2 以 2015 年为例，展示了格力电器在自主研发上的卓越成果。

表 4-2　格力的自主研发成果

2015 年 5 月	格力电器大步挺进全球 500 强企业阵营，位居“福布斯全球 2000 强”第 385 名
2015 年 6 月	格力拿下国内 R290 环保冷媒空调首批订单，落户深圳大学，以实际行动推进了空调行业的环保进程
2015 年 6 月	格力光伏直驱变频离心机中标伊朗德黑兰大学空调项目，拿下海外第一单

表4-2(续)

2015 年 8 月	由格力电器自主研发的“百万千瓦级核电水冷离心式冷水机组（定频）”被专家组鉴定为“国际先进”，实现我国自主品牌零的突破
2015 年 9 月	格力光伏直驱变频离心机组获得英国 RAC 制冷行业大奖（RAC Cooling Industry Awards）——年度国际成就大奖，这是中国企业首次获此殊荣

二、 格力电器公司组织文化

组织文化是指一个组织在长期实践活动中形成的具有本组织特征的文化现象，是组织中的全体成员共同接受和共同遵循的价值观念、思维方式、心理预期、行为准则以及工作作风等群体意识的总称。组织文化的力量是格力在竞争激烈的家电行业中一次次脱颖而出，不断在时代的变化中找准品牌定位，从中国走向世界的核心竞争力之一。同时，符合民族精神和时代特点的精神内核也是格力获得员工和消费者认同的关键软实力。

（一）格力电器组织文化体系

一个公司的组织文化不是简单的口号，而是立体的，对公司愿景、使命、价值观的综合体现。同时公司也通过具体的经营活动将文化嵌入公司管理中，内化为组织成员行动的标准，并最终成为公司共享的信念和特征，培养和激发员工的群体意识。接下来本章将从格力的精神内核到具体经营理念来完整呈现格力的组织文化，如图 4-4 所示。

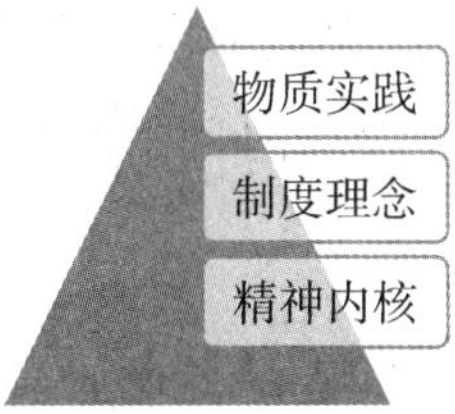

图 4-4 格力的组织文化层次

（二）格力电器组织文化的精神内核

组织文化的精神内核，包括组织的文化基调、宗旨、核心价值理念、基本价值主张、全体员工应认同的企业精神和信念、品牌的文化个性、企业文化积累和建设、组织氛围等，如图 4-5 所示。

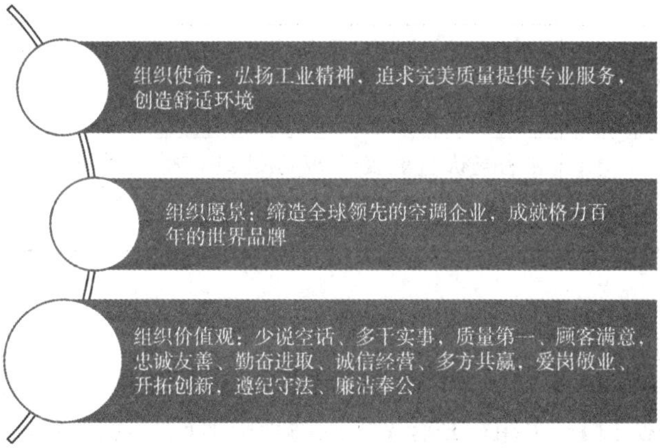

图 4-5　格力组织文化的精神内核

格力电器组织文化的精神内核有以下几个特征。

（1）首要特征：凝聚力。凝聚力使企业集体产生力量，使企业结构稳定。稳定的结构，加上集体的力量，是企业在市场取胜的保证。

（2）核心特征：涵容性。涵容性主要是指企业文化的开放性特征，对世界各国企业文化甚至社会文化都有一种包容的态度。涵容的基础和前提是自尊、自信、自强不息的企业文化个性。这样就需要我们用海纳百川的襟怀和气魄，建成具有中国传统的核心企业文化。

（3）具体表现：适应性。品牌国际化的开路先锋是品牌文化，消费者由心理需求而产生的产品需求，企业必须在产品形象和功能上满足消费者的购买欲望，也就是说，企业必须深入地了解各个国家、各个种族的消费习惯和消费心理，然后使品牌标识、品牌故事、品牌代言、形象识别的载体和品牌内涵的诠释组合在一起，使全球的目标消费群体能够通过传播看懂、听懂、读懂和接受。

（4）作风特征：求真务实。“格力”孕育荷花精神，可以不夸张地讲，格力电器有其独特的经营思想和理念。格力独特的经营思想和理念就是追求务实的精神。格力还有一点就是凡事无小事，对于手头上的每个任务都坚持原则。格力的另一大特点是会总结自己，敢于面对自己，讲诚信、讲真话、做实事。它们的作风即是坚持不懈，格力弘扬“工业精神”。

（三）格力电器组织文化的制度理念和物质实践

制度理念是企业组织文化的中层部分，承上启下，通过对经营的指导将组织愿景、使命和价值观具象化。格力的制度理念主要体现为四个部分，如图 4-6 所示，分别指导公司的经营、管理、人力保障和对外服务。

在组织文化精神内核和制度理念的指导下，格力坚持自主研发、自主生产、自主销售、自主人才培养的物质实践。这些理念不是空中楼阁，而在企业精神内核的指导下，根据格力长期创业的经验总结提炼而来，具有独特的嵌入性和适应性，符合格力成长发展的需要和员工的价值认同。

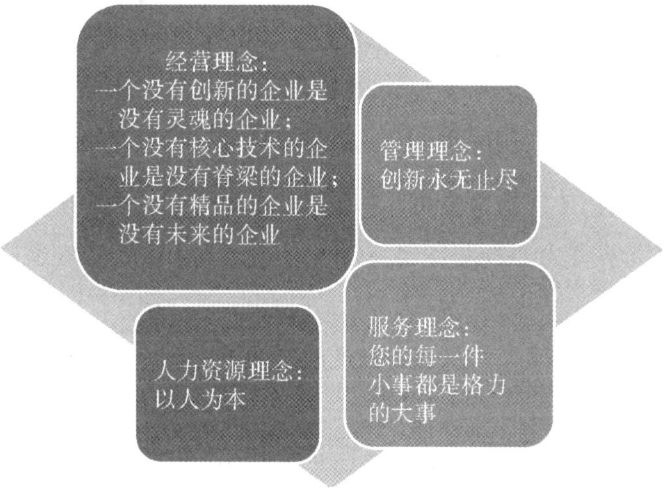

图 4-6　格力的制度理念

在自主研发上，格力始终保持忧患意识和进取精神，认识到只有真正掌握核心科技，才能真正掌握企业的命运，才能实现企业的自主发展。格力电器至 2019 年建有 15 个研究院，共有 96 个研究所、929 个实验室、2 个院士工作站（电机与控制、建筑节能），拥有国家重点实验室、国家工程技术研究中心、国家级工业设计中心、国家认定企业技术中心、机器人工程技术研发中心各 1 个，同时成为国家通报咨询中心研究评议基地。公司提出研发经费“按需投入、不设上限”，仅 2018 年研发投入就达到 72. 68 亿元。经过长期沉淀积累，在 2018 年国家知识产权局排行榜中，格力电器排名全国第六，家电行业第一。至 2019 年共拥有 28 项“国际领先”技术，获得国家科技进步奖 2 项、国家技术发明奖 2 项，中国专利奖金奖 4 项。

在自主生产上，格力电器坚持以标准领先带动质量领先。格力在产品开发和质量控制各环节中，以国家标准、国际标准为门槛，以满足消费者需求为最高标准，仅家用空调就制定了 1 500 余项严于国家标准、国际标准的检验项目，以标准领先带动质量领先，实现产品高标准、高品质、高品位。格力结合自身多年质量管控经验，2012 年首次提出并创建了“T9 质量管理体系”，推动公司质量管理向体系化方向发展。2015 年，该体系获得中国质量协会质量技术一等奖。2016 年，在此基础上形成了“让世界爱上中国造”和格力“完美质量”管理模式。2018 年，“完美质量”管理模式获得质量领域的最高奖项——中国质量奖。2019 年，该模式核心内容 D-CTFP 质量技术创新循环被列入国家标准计划《质量管理 基于顾客需求引领的创新循环指南》（项目编号：20173840-T-469 ）。

在自主销售上，格力通过 3 次营销制度的革新完善，实现了厂家、经销商与消费者的三方共赢，格力对销售公司进行多次整顿，进一步梳理了销售公司的行为规范，树立了“服务于市场、服务于经销商、服务于消费者”的全新宗旨，促使销售公司从早期的单纯产品批发到服务的转变。至 2019 年，格力在全国建有 27 家销售公司、3 万多家终端网点。格力独创的营销模式在当时被学术界称为“21 世纪经济领域的全新营销模式”。在适应市场需求方面，格力“思消费者之所思”，先后开发出：“空调王”——制冷效果最好的空调器；“冷静王”——噪声最低的空调器；三匹窗机——最便宜的空调器。在创造市场方面，格力开发出：灯箱柜式空调，适用于酒吧饭店广告兼制冷；家用灯箱柜机，适用于三室一厅的家庭之用；三匹壁挂机、分体吊顶式空调、分体式天井空调等，适用于黄金地段的商店之用。这些产品的开发，各自有自己的特色和目标市场，形成了较为完整的产品系列，充分显示出专业化经营战略的优势。

资料来源：格力集团官网 http://www.gree.com.cn/about/history。

三、 案例思政元素

（一）民族精神融入精神内核：创新、诚信、以人为本

中国企业的组织文化只有与中华民族的精神相一致才能通过组织文化的塑造进行内在引导。而只有符合民族精神的价值观才能内化为群体认同行为准则和道德规范，形成一种软约束，对每一个组织成员的思想、心理和行为进行约束和规范。格力根据自己所处行业的特征，提炼了几项核心精神并将其融入了企业价值观，获得了员工极大的认同并激发了工作的积极性、主动性和创造性。这些宝贵的精神有：创新、诚信、以人为本。

“创新”是中华民族的宝贵精神，也是格力的灵魂。格力产品是以市场和创新为导向，适应市场需要，同时又根据未来发展潮流创造市场。模仿，作为弱者的生存法则，在很大程度上能够为企业降低成本，规避风险。但是，模仿不可能做大做强，充其量做个市场追随者。与大部分中国家电制造企业一样，格力最早的技术也是“舶来品”，为了发展，2001 年，董事长朱江洪带领团队赴日本购买空调技术，却遭到了日本企业的拒绝，并表示连散件也不卖给中国。这令格力意识到，要拥有自己的核心技术。格力从此确立

了“技术创新，自主研发”的企业长远发展战略。格力电器在产品的研发水平上处于行业领先地位，并坚持“以技术创新抢占制高点”的开发战略，生产一代、构思一代、研制一代，向市场推出众多极具竞争力的空调产品。经过长期沉淀积累，至2019年，格力申请国内专利72 600项，其中发明专利36 329项；累计授权专利41 320项，其中发明专利9 089项，申请国际专利2 306项。在2019年国家知识产权局排行榜上，格力排名全国第六，家电行业第一。格力现拥有30项“国际领先”技术，获得国家科技进步奖2项、国家技术发明奖2项，中国专利奖金奖4项。

“诚信”是格力始终坚持的信念。不欺骗消费者，不打价格战，以质量赢得市场是格力在创业初期就总结出的企业价值观。企业的诚信和产品的质量关乎两个生命，一个是消费者的生命，一个是企业的生命。企业有多高的社会责任感与诚信度，就有多强的市场竞争力。在现代社会，诚信是各种商业活动的最佳竞争手段，是市场经济的灵魂，也是企业家的一张真正的名片。诚信做事，必能韧如江流，动如海啸，赢得的一定是信赖和尊重；诚信为人，必能取信于人，立信于世，收获的一定是朋友和真情。在格力，对消费者、对合作伙伴、对社会、对员工的责任心和爱心，已经超越了经营本身，这是格力人的信念和信仰，同时也构成了格力精神的核心。多年来，格力形成了一个廉洁奉公、纪律严明、诚信为人的团队，以此保证了采购、研发、制造、销售等各个环节对产品、技术、质量等的严谨、严格，以及对消费者的绝对负责。2010年9月，格力作为首批156家质量信誉承诺企业之一、广东企业的唯一代表在“首届中国工业产品质量信誉论坛—— 全球质量承诺倡议活动”倡议书上签字，倡导中国企业恪守责任、诚实守信、重质量、珍视信誉，为中国制造在全球消费者面前树立了良好形象，打破了国际上长期存在的对中国企业的偏见。

“以人为本”的精神充分现在格力对人才的重视上。格力在2019年的新年贺词中提出，“事业为基，人才为本”。人才队伍是第一资源，干部骨干是中流砥柱，企业发展壮大的关键是干部队伍和核心团队建设。格力把五湖四海志同道合、德才兼备、以德为先作为选人用人的根本标准，建立健全选、育、用、留的人才机制，做到公平公正、公开透明、公私分明，努力锻造一支“忠诚、奉献、干净、担当”的高素质干部队伍，积极营造人才辈出、活力迸发的良好环境；鼓励和提倡把干部放到风口浪尖上去摔打锤炼，当先锋、打头阵、挑大梁、立新功，培养历练干部队伍勤于拼搏、乐于奉献、敢于斗争的过硬作风，使更多的“80后”“90后”优秀年轻干部骨干脱颖而出，为格力的百年发展大计源源不断地注入生机和活力。在企业建设发展中，格力始终坚持以员工为中心，以员工的获得感、幸福感、安全感为目标，为员工提供更好的发展平台，积极与员工共享发展成果。这些举措赢得了员工的心，格力员工以到企业为家、以建企业为责、以兴企业为荣，把个人成长与企业发展紧密结合，共同构建休戚与共、甘苦共担的利益共同体、责任共同体、命运共同体，成为格力发展的见证者、开拓者、搏击者。

（二）时代特征指导经营理念：中国梦、世界梦

中国人民是具有伟大梦想精神的人民，中国梦也是世界梦，中华民族的伟大复兴事业也是中国对世界人民和谐幸福生活的愿景。中国企业的国际化过程也是中国梦在经济生产中的实践。随着对外开放的发展，中国企业在国际市场上从模仿、跟随走向主导和引领。格力是中国空调制造业走向世界的旗帜。1998 年，格力空调开始进入巴西市场，凭着产品质量优异和品种规格齐全的优势，格力空调很快就受到巴西消费者的欢迎，当年仅两个半月就在巴西实现销售额 300 多万美元。2000 年，格力空调在巴西的销售额已达 3 000 万美元，一跃成为当地市场占有率第二的空调品牌。这一巨大的市场优势和发展前景，促使格力在巴西投入 2 000 万美元，建成了年生产能力 20 万台的分体空调装配厂。格力空调在巴西的销售网点已遍及 24 个州，共有 300 多家代理商、1 000 多家零售商以及 300 多个服务网点和安装公司。格力空调借助品种齐全、技术精湛的优势，成功进入了巴西圣保罗、里约热内卢、桑多斯、维多利亚等主要城市的大型超市并设立了专卖柜，树立了中国家电精品名牌的形象。

在“走出去”的时代背景下，格力提出要以永不懈怠的精神状态和一往无前的奋斗姿态，阔步踏上 2023 年宏伟蓝图的远大征程，努力为实现“中国梦”和“两个一百年”奋斗目标贡献力量。据此，格力明确将“让世界爱上中国造”作为企业在新时代的历史使命。

第二部分　思政元素理论基础和中国实践

一、 文化自信的内涵和意义： 伟大的时代呼唤伟大精神

（一）民族复兴需要文化复兴

“没有高度的文化自信，没有文化的繁荣，就没有中华民族伟大复兴。”

这是中国共产党第十九次代表大会中习近平总书记提出的重要思想。文化自信是道路自信、理论自信、制度自信的根本。文化自信的提出吹响了中国文化复兴的重要命题，是民族复兴的必要条件和实现途径。这一论断在文化复兴和民族复兴之间架起了桥梁，打通了逻辑。在历史发展的不同阶段，中华民族的伟大复兴作为中华儿女近代以后的共同夙愿，具有不同的内涵。党的十八大作为一个标志性时刻，记录了中国进入了新时代的篇章，预示着民族复兴的内涵和外延都实现了新的拓展。民族复兴在新时代是全方位、全领域、全层面的复兴，不是单方面的发展。这要求我们不仅要有强大的经济、军事、科技等硬实力，而且要有强大的政治、文化、生态等软实力。新时代的中华民族伟大复兴，其内涵已经超出了以往所有时期的目标任务，这是一场全面的复兴、立体的复兴、整体的复兴，必须以先进理念引领、科学思想引导、文化底蕴支撑，否则，民族伟大复兴就会缺失灵魂、缺失动力、缺失根基。文化复兴是软实力的重要实现途径，是民族复兴伟大进程中的根本力量、深沉力量、持久力量，是民族复兴进程中最艰巨、最深刻、最本质的复兴。离开了文化复兴谈民族复兴，这是不全面的、不科学的、不持久的。同时，文化的繁荣对经济、政治、社会等文明进步具有先导作用、支撑作用、推动作用。这就决定了民族复兴不仅要植根于文化复兴之中，而且要依赖于文化复兴水平，甚至取决于文化复兴程度。只有实现了文化复兴，才可能真正实现民族复兴，这也是文化复兴有别于其他复兴的本质所在。

（二）建设组织文化是文化复兴的重要实践

一个民族的文化是一代一代人逐渐积累创造的，跨入新时代，我们这一代人对中华民族的文化应该如何做出贡献？企业是当代中国生产力进步和经济发展的基础组织单位，是实现民族复兴不可或缺的抓手。而企业的组织文化是现代中国文化的重要组成部分，丰富了中国文化内涵，是文化复兴的一部分，并且能将文化复兴和经济繁荣联系起来。要使中华文化在新时代得到丰富、发展、创新，不能忽视的就是企业的组织文化建设。与传统的中国社会文化相比，新时代的中国文化包含了各类亚文化，如行政文化、校园文化、军营文化、医院文化等。企业不仅聚集了最多最有价值的资源，聚集了最新的技术设备和优秀人才，同时也是社会主义核心价值观在基层组织发挥实践作用的载体，因此可以说，企业文化发展的程度影响着国家文化发展的水平，其为中国千年文化走向社会基层寻觅到了有效的方法。

文化怎样武装我们基层的民众，这是一个社会建设者长期关注的难题。在传统社会里，文化的创造活动局限在少数社会精英群体，局限在学者范围内，是象牙塔里的事业。即使在面对半封建半殖民时代的巨大冲突中时，有关文化的争论也多存在于社会精英群体中，而社会基层总是波澜不惊。这种不能对基层产生作用的文化活动，其社会意义也受到很大限制。企业文化作为一种实战性的管理思想，能在企业管理中直接应用，能促使经济不断发展，促进企业精神不断升华，促使价值观不断得到确立认同，最终使得文化复兴真正成为影响每一个普通中国人精神世界的繁荣。综上，新时代中国文化的丰富很大程度与企业文化的发展和巩固相关。在塑造民族信仰体系方面，企业文化功不可没。

（三）组织文化是企业的灵魂

有效发展企业的组织文化能够把国家的大文化和企业微观经济实践结合起来。文化在人们的理解中常常是一种看不见摸不着的存在，它可以愉悦精神生活，陶冶情操，在逆境中给予人力量。然而，人们总是将文化和现代的组织管理割裂开来，把组织的绩效、发展单纯地独立为硬性生产力的发展。这种片面的认知忽略了文化对经济发展的作用。但实践证明，企业文化通过产品和战略等直接作用于企业。文化不仅能升华精神文明，也能创造实实在在的经济价值，文化的经济作用和现代化功用之鱼与熊掌可以兼得。企业的组织文化是可操作的、可应用的手段，是抽象的文化与企业实践结合的概念。这是因为组织文化的发展可以解决企业的两个问题，一个是人的精神需求问题，一个是经营管理的问题，即契合了企业精神和物质两方面文明发展的总体目标。文明是一个社会或组织发展水平达到一定阶段的标志性成果；而文化是一个动态的活动方式，企业文明目标必须通过文化建设活动来实现，通过量变达到质变后就形成一个新的企业文明，再通过文化建设达到一个更高水平的企业文明。我们说企业的组织文化建设为企业文明实现找到了一个有效的实现方式是因为：组织文化首先确立核心精神，再通过制度和物质手段，通过与经营、管理、产品、战略相融合，把文化应用到这些企业的实际工作中。这些实践消除经济和文化之间的隔阂，使文化的力量落地到每个人日常的生产生活中；同时，实现了经济品质的提升，体现了新时代中国企业经济、文化的一体化发展。

有效的文化体系决定了企业的下限和上限。企业的组织文化就其本质而言，是企业的管理文化和经营文化，其核心任务有两个：其一是用组织的价值体系管理企业，凝聚员工意志，形成高度的文化认同和强大的组织力量以达成企业目标；其二是将企业的文化元素融入企业产品和经营之中，提高产品的文化含量和文化品位，使产品有更强劲的竞争力和更广阔的市场，促进企业不断进步。企业如果没有正确的价值体系，就没有底线，没有原则。而员工没有统一、正确的价值指引也会没有方向，可能得过且过，可能各自为政，也可能为图利益伤害他人利益。组织文化不是存在即起效的。只有被认可、内化为员工的信仰才有效用。如果企业文化只是形成理念体系，提炼出企业文化宣言，这样的企业文化注定与企业管理脱节，无法和谐并存，更不要说促进企业绩效的改进。社会愈发展，愈需要加强文化建设，以更好地统一思想、凝聚共识。对于企业组织来说，如何将地域不同、民族不同、文化背景不同的全体员工，凝结成为一个拥有共同理念和价值取向、团结统一、有战斗力的整体，是企业发展到成熟期需要着力解决的重要问题。只有企业文化被信仰之后，企业信仰塑造完成之后，员工对于制度才会有统一的理解，对于行为才会有统一的判断标准，也只有在这时候，企业才会形成管理者所需要和期望的氛围，并且这种氛围能够得到维持和自我培育。因此，组织文化的培育决定了企业生命力的上限。

当下，中国正处在一个伟大的时代。一方面我们正处在全面建设社会主义现代化强国的时代，夺取新时代中国特色主义胜利的关键时刻，一方面我们正面临在国际社会复杂多变中和平崛起并勇担大国责任的挑战。身处这个机遇与挑战并存的时代，中国企业的成长迫切需要以文化培根铸魂，让中国的企业都挺起中国的脊梁，用伟大的精神指引企业在这个伟大的时代里迸发出最强的生命力，在变革中成长。

二、 文化自信的应用： 中国的企业需要中国文化

企业的组织文化是社会文化的缩影，是民族文化延伸到企业的缩影。现代中国企业的组织文化理念虽然是从国外发展起来的，但是在企业文化的创建中，文化的根源依然是中国传统文化。2014 年 5 月 4 日，习近平总书记在北京大学师生座谈会上发表重要讲话，指出：中华文明绵延数千年，有其独特的价值体系。中华优秀传统文化已经成为中华民族的基因，植根在中国人内心，潜移默化地影响着中国人的思想方式和行为方式。这里讲到“中华民族的基因”就是说：我们文明的 DNA，植根在每个中国人的内心，深刻地、潜移默化地影响着我们的思想、行为方式，而中华文明的 DNA，乃是我们实现中国梦、实现中华民族伟大复兴的内在不竭动力。

对于企业组织文化的稳定性和可塑性，不管是国内学者还是国外学者都有着统一的认识：每个企业的文化内核是不同的且唯一的，是在其长期的发展过程中形成的，通过企业的创造者或者榜样性人物塑造出来的。不同企业

的文化内核不具有通用性，且各自形成的独特的组织文化无法被直接模拟。组织文化是处于一定的社会关系以及文化背景之中的。因此，企业文化应当与其所处的文化背景相适应。企业文化的形成是受其组织者或者企业内部榜样的影响而形成的，这些企业成员作为企业文化的主体，也是一定社会时期、一定地域内的社会成员，在其塑造企业文化之前或者之中，他们也同时受到社会文化的影响，接受着社会的传统文化，并将这种传统文化带入到企业的文化建设中。因此，企业文化的建设不可避免地会受到民族文化的影响。传统文化是企业文化的根本。企业文化是不能脱离社会的传统文化而突然产生的，它产生于传统文化又超越了传统文化。

中华民族传统文化是在长期的人类社会进程中形成和发展起来的文化，是我国特有的沿着特定的历史轨道发展和流传的。当前时期的企业文化总会存在着一定程度的中国传统文化的缩影。中国企业的组织文化不能脱离中国传统文化和民族精神，照搬西方企业的组织文化在中国会出现水土不服现象。片面地对西方企业文化价值观的盲目附从，是一种缺乏企业文化自信的自卑心理。一些人在面对西方企业文化入侵时，对本国传统的道德价值取向、文化精神进行质疑和否定，甚至将传统文化中的精华当作现代企业发展的精神枷锁和绊脚石，用西方企业文化来冲击、甚至取代传统文化在企业中的作用。以商品化的人际关系替代人与人之间的道德交往，肯定会导致企业经营的衰败。习近平总书记强调："我们要虚心学习借鉴人类社会创造的一切文明成果，但我们不能数典忘祖，不能照抄照搬别国的发展模式，也绝不会接受外国颐指气使的说教。"只有扎根于中国传统民族精神和文化的组织价值体系才能得到员工的广泛认可，才能让企业在时代的变革中不忘初心，坚守社会责任，以"千磨万击还坚劲，任尔东西南北风"的定力面对艰险，玉汝于成。

我国的传统文化是以儒家文化为核心发展起来的，经过五千多年的发展，形成了许多优秀的传统美德，包括勤劳勇敢、乐于助人、团结友爱、诚实守信等。中华民族传统文化的特征是具有强大影响力和生命力的，即使在时代发展的今天也对企业组织文化的建设提供了沃土。

表 4-3 是对中国传统文化中宝贵精神财富的几点总结。

表 4-3 中国传统文化中的精神财富

文化内涵	在企业中的应用
“团结统一、爱好和平、勤劳勇敢、自强不息”的民族精神	大道至简，实干为要，艰苦奋斗的民族精神体现在每个中华儿女的行动上，这种精神也融入企业的奋斗过程中，企业应将追求卓越、积极进步的精神当作企业文化的主要部分
“仁者爱人”的道德观	重人包含重人心向背和重人才归离。“以人为中心”使企业把对企业硬件设备的重视转移到对人的重视中，这样才能够得到人的支持，才能充分发挥人的积极性和创造性
“义以生利”的利益观	盈利是企业的首要任务也是企业存在的基础，但是企业也是整个社会大环境中的一员。除了经济属性，企业也应该意识到自己的社会属性，重视社会效益。义与利可以共存，但义应当是取利的前提，企业应当培养正确的义与利的关系认知，避免弃义而逐利的行为
“诚信为本”的企业诚信观	“诚信”是中国传统文化中重要的价值体现，代表了一个企业真诚、有信的品质。无信而不立，企业要想赢得市场，就一定要建立起与员工、与客户、与合作者的信任关系

三、 改革开放四十年中国企业组织文化发展的价值与变化

企业文化是20世纪80年代从管理科学中分出的管理理论和方法，初期主要集中于研究企业文化的概念、要素、类型等，随着企业文化理论体系的研究深入，其逐渐发展到包括公司的价值观、共同遵守的行为准则等。经过长时间的发展，企业文化已经形成了完善的理论体系。随着经济全球化的发展，我国企业逐渐加强对企业文化的建设，并取得了一定的成果。随着改革开放的发展，我国五千多年的传统文化对企业文化的建设起到了重要的影响，因此形成了具有中国特色的企业文化。我国企业应建立符合中国国情的、与中国传统文化相结合的企业文化，以促进企业的可持续发展。中国企业的组织文化建设主要经历了以下几个时期，见表4-4。

表 4-4　中国企业的组织文化建设

时期		背景特点	主要内容	代表企业、事件
文化探索阶段	学习苏联时期 （1949—1956 年）	从苏联引进管理模式，模仿苏联马格尼托格尔斯克钢铁厂在管理中总结出的以意识形态和马克思管理两重性原理为指导的“马钢宪法”	1. 以泰勒制和福特制为管理遵循的信条和逻辑。 2. 强调“执行”的企业文化环境，并以科学的企业文化主张指导企业实践	鞍山钢铁厂的孟泰、青岛国棉六厂的郝建秀、齐齐哈尔第二机床厂的马恒昌等基层企业英雄人物的出现
	自我探索时期 （1957—1965 年）	1. 苏联召回专家后，以毛泽东提出的集中领导和群众运动相结合的思路，形成了“工人群众、领导干部和技术人员三结合”，初步形成“两参一改三结合”的企业管理思想。 2. 中国企业文化实践逐渐从一味照搬模仿苏联模式向探索适用于自身发展模式的方向转变	1. 科学管理、民主管理的种子逐渐生根发芽，企业文化探索朝民主化、科学化、本土化方向不断发展完善。 2. 企业开始将文化建设工作与思想政治工作挂钩，并赋予企业员工管理权，推动民主企业文化的探索和发展	鞍钢模式、大庆模式
	破坏和停滞时期 （1966—1978 年）	中华人民共和国成立以来行之有效的管理经验和主张受到质疑，很多企业的规章制度和组织架构被打乱	企业文化建设没有取得大的突破和发展	—
	全面引进与系统建立时期 （1979—1991 年）	1. 1985 年，国家经济委员会颁布《企业管理现代化纲要》，开始引入西方先进企业文化著作，学习同样有类似集体主义文化倾向的日本。 2. 1989 年《经济管理》杂志接连发表两篇讨论组织文化建设的论文，标志着本土学者对组织文化学术研究的开端	1. 大批国有企业开始探索自主经营之路，企业文化建设成为关注焦点，企业文化与企业发展的结合得到实现。 2. 私有企业的文化呈现多样化	1. 石家庄造纸厂实行承包制，打造勇于开拓的企业文化； 2. 浙江海盐衬衫厂的步鑫生创新员工管理，加强企业文化建设，创造步鑫生式管理文化； 3. 上海电机厂以市场为导向，加强客户服务，构建以“扁担电机精神”为核心的企业文化； 4. 年广久“傻子瓜子”所倡导的“傻子精神”成为私营企业文化建设的代表

表4-4(续)

时期		背景特点	主要内容	代表企业、事件
	大规模推广时期(1992—2001年)	1. 党的十四大报告中首次出现企业文化的字眼，这标志企业文化建设已经上升到国家战略高度，在全国范围内被大举推行。 2. 出现一批以企业文化为核心讨论内容的期刊为中国企业文化建设实践提供坚实的理论基础。 3. 2001年，中国共产党成立八十周年大会明确了私营经济是中国特色社会主义经济体制内的一部分。无论国有企业还是私营企业，都开始大刀阔斧地进行市场化改革	1. 企业文化建设与企业经营管理效率的关系被充分认可。 2. 既强调经营型文化，又关注执行型文化。 3. 国家不再是企业唯一的关键利益相关者，企业内部人才、消费者、行业机构、社会团体等利益相关者地位的提升，使企业必须充分考虑内外部各方面因素	1. 邯郸钢铁厂形成“千斤重担人人挑，人人肩上有指标”的文化氛围，增强了员工的企业责任感； 2. 海尔的“激活休克鱼”和文化灌输模式使其在兼并其他企业后形成协同效应； 3. 华为推出《华为基本法》，以企业法的形式确立管理规章制度和狼性企业文化； 4. 万向集团的“奋斗十年添个‘零’”战略目标造就了“人尽其才、物尽其用、钱尽其值、各尽其能”的企业精神
	蓬勃发展时期(2002年至今)	1. 2001年，中国正式加入世贸组织，中国经济发展迎来“全球化”时代。 2. 2013年，习近平总书记提出“一带一路”国际合作倡议，更多的中国企业走出国门进行国际化经营。 3. 2005年，国务院国有资产监督管理委员会下发《关于加强中央企业企业文化建设的指导意见》，强调企业文化的创新和建设。 4. 2012年，习近平总书记提出“中国梦”的概念，随即成为企业界的热议话题，引发企业社会责任的探讨。 5. 2016—2019年，“工匠精神”一词连续四年出现在政府工作报告中，体现国家对“大国工匠”的重视。 6. 中国企业文化研究成果也走出国门，有关中国文化与中国管理情景下的企业文化在重要期刊上发表，对中国乃至世界的企业文化建设实践产生持续、深远的影响	1. 企业文化也更加具有市场化和国际化特征。 2. 强调通过企业文化的创新和建设，实现企业文化与企业发展战略的和谐统一，企业发展与员工发展的和谐统一，企业文化优势与竞争优势的和谐统一。 3. 许多国有企业将“可持续发展”和“为社会做出贡献”等理念注入企业文化价值观。 4. 企业文化建设的方向，即朝着精益化、专业化的方向发展	1. 百度、腾讯、阿里巴巴、小米等企业都开设线上员工论坛和企业论坛,通过“互联网+”模式使企业文化快速传播。 2. 华侨城的“功绩主义文化”和联想的“鸡尾酒文化”都是市场化和国际化企业文化的体现； 3. 东风汽车就将“精益文化”引入企业管理的方方面面，成为国内汽车制造行业的佼佼者

总的来说，经过几十年的摸索，我国建立了具有中国特色的企业组织文化体系，形成了企业发展的强大凝聚力。中华人民共和国成立以后，我们形

成了大庆精神、铁人精神和“两参一改三结合”等精神，还有最近几年形成的高铁精神、航天精神等，这些内容只是企业文化体系中的一部分，相对企业文化理念、制度规范和物质三个层次而言，显得比较分散单一。企业文化理论传入后，大多数企业文化体系不断健全并规范化、系统化，内容及层次也清晰起来。全面系统的企业文化建设，使企业员工精神状态饱满，企业发展后劲倍增、充满活力。

随着市场化改革的深入，企业提高了对人的主体地位的重视，建立了以人为本的思维方式。文化是人的本质规定性，它规定了人作为人的基本特征，文化即人化。在贯彻“以人为本”的管理理念的过程中，企业既关心本公司员工，也关心客户，关心每一个人的成长和需求，帮助每一名员工设计职业生涯规划。我们的企业不再把人看成是简单生理人、物理人，而意识到应当把人看成是具有价值追求的文化主体人。企业运用文化管理以后，化解了人际关系中的很多矛盾，也避免了很多剧烈冲突的爆发，这成为人们普遍接受的管理方式。

同时，企业文化作用的凸显了企业家的文化觉醒，激发了企业家的使命意识和文化担当精神。文化决定心胸，心胸决定格局，格局决定企业成败。企业文化打开了企业家全新的事业视野，使一大批企业家惊喜地发现文化思维原来如此奇妙。他们积极实践，努力把物质商业上升为新时代文化商业。企业家为什么活着？为什么办企业？这些终极追问，事业价值的思考，在纯物质化公司是得不到体现的，企业只有重视企业文化建设才能思考这些问题。企业家在考虑谋利时，谋天下之利而不是一己之利，谋长久之利而不是眼前之利，那么这个企业考虑问题的眼界、心胸就大不一样了。这才是伟大的企业文化，有社会担当、有促进民族发展的责任意识、有经营遵循的崇高精神的企业文化。

四、 新时代中国企业组织文化的挑战： 走出去

我们处在快速变化的时代，企业未来发展不确定性因素增多。企业面临各种形式的重组发展，所以要强调企业文化管理适时升级换代。比如竞争理念，中国企业从计划经济的反对竞争到市场经济的强调竞争，再到今天的“竞合共赢”新理念，时代在发展，文化也在更新。今后的竞争应是“万物并育而不相害，道并行而不相悖”。无竞争则无活力，无合作则无发展，时代需要树立这样的文化理念。

在新时代的门槛上，习近平总书记强调“中国开放的大门不会关闭，

只会越开越大”。“开放、创新、包容”将是中国企业在新时代组织文化建设中长期面对的主题。企业文化在中国走向世界的过程中将成为关键因素。在跨国经营格局不断变革的时代，中国并购国外企业的速度在加快，数量在增加。随着“一带一路”倡议的实施，国际交流合作将成为更多企业的常态性工作。企业要加大跨文化研究和文化理论、文化技术上的准备。跨文化交流合作和文化融合，是关系中国企业国际化事业成败的关键因素。中国的企业文化伴随并推动中国企业走向世界，是中国文化成为世界主流文化的重要组成部分。

组织文化在国际交往中，是一种大众化的强制性行为，因为它附加在产品和服务中被使用和享受，哪个国家的产品好、经营好、服务好，客户就从这个国家的产品、经营、服务中体验并接受优秀的文化。由于组织文化和产品、服务融为一体，传播过程中体现为柔的形式，潜移默化，因此其更易于被受众接纳。中国企业在走出去的时候要放开怀抱，在坚持自己核心精神不动摇的基础上，广泛了解吸纳世界各地的文化精华。文明的繁盛、人类的进步，离不开求同存异、开放包容，离不开文明交流、互学互鉴。历史呼唤着人类文明同放异彩，不同文明应该和谐共生、相得益彰，共同为人类发展提供精神力量。中国企业既要汲取人类文明成果，又要充分展现中国特色、中国风格；既有普通企业文化的共性特征，又有其独特要素。其概括起来可归类为五大核心要素：国际先进的企业文化、社会主义文化、中国传统优秀文化、企业独特文化、地域文化。企业应承担义务，培育和发展企业责任文化。实现本企业与所在国均获得利益的双赢，同时使当地人民生活质量得到改善，甚至使当地传统的生产生活方式得到改进，所在国经济技术得到发展，这是一种国际主义精神，也是企业“走出去”应尽的责任，能够推动建立融洽和谐的文化氛围。文化管理是企业管理的最高层次。企业要正确对待文化差异，以包容的胸怀加强跨文化的沟通与融合。企业要详细了解拟进入国家的市场与文化情况，加强风险识别，辨析文化根源，开展深度比较，找出文化特质，制定规避国际文化风险的对策预案，减少文化冲突和矛盾。

第三部分　案例使用说明

一、 教学用途和教学目标

（一）教学用途

本案例适用于本科生《管理学》第四章“组织文化”第三节“组织文化的塑造”的学习。

（二）教学目标

（1）知识层面

理解概念：组织文化及其构成。

掌握理论：组织文化塑造的过程。

（2）能力层面

教师通过讲解具有中国特色的企业组织文化发展过程，帮助学生理解组织文化对企业的影响，从精神到制度的体现，以及伴随企业发展的变化和提炼。

（3）素质层面

形成专业意识：理解中国背景下组织文化的特点和对实践文化自信的重要意义，特别是中国企业在艰苦奋斗中运用精神利器应对挑战的成就，培养学生关注我国企业文化建设背景以及效果的学习和思考习惯。

提高管理素养：通过案例企业的组织文化塑造指导学生在管理技能上对精神要素和软实力的关注。

二、 案例讨论前的准备工作

（一）学生方面

学生在教师按照《管理学》第四章组织文化的教学讲解基础上，结合本案例企业和进一步挖掘出的我国企业中组织文化特点突出的企业，掌握我国企业在发展过程中对民族精神的继承，以及不同阶段组织文化侧重点的变化。

（二）教师方面

教师在《管理学》教学计划的基础上，可根据学生人数安排小组，做不同分工并展示分享。

三、 案例分析要点

（一）启发思考题

（1）结合案例，分析格力集团在发展进程中经历的不同挑战，以及组织文化在这个过程中的贡献体现在哪些方面？

（2）结合案例，总结格力集团的组织文化由哪些方面构成？相互之间是如何相互支撑、相互协调的？

（3）结合案例，总结格力集团管理组织文化是如何体现民族精神和社会责任感的？

（二）分析思路

（1）理论知识点

组织文化的构成和塑造过程。

组织文化是包括了价值观念、思维方式、心理预期、行为准则等方面的群体意识，具有很强的系统性。从本质上讲，组织文化是一种抽象的意识范畴，但其影响着企业的发展方向和员工工作作风。不同组织的产生和发展都有其自身的特殊环境，受到外部因素和内部因素的影响。其中民族文化是外部影响因素的重要部分，是世界上各民族在长期发展过程中创造和积累起来的具有本民族特征并得到群体认同的文化。从内部因素来说，在企业发展的不同阶段，组织文化会根据组织自身在整个生命周期的阶段特点体现出不同的侧重点。这些文化元素经过价值观选择、认同强化、提炼定格和巩固完善，最终形成企业特有的组织文化并承担着方向引导、凝聚成员、激励约束、辐射社会以及调适新成员的功能。

（2）结合案例，分析格力集团在发展进程中经历的不同挑战，以及组织文化在这个过程中的贡献体现在哪些方面？

参考答案：在艰苦创业阶段，格力以“质量为王”的经营理念作为导向，因而没有掉入价格战的陷阱，并且建立和完善了质量管理体系，从而突出了产品高质量和品牌可靠性。格力致力于以高水准的产品作为有别于其他竞争者的名片，奠定了格力产品在品牌口碑上的竞争优势，创出了“格力”这一著名品牌，在消费者中树立起良好的口碑。在发展阶段，格力以“科技领先”作为新的核心理念，投入大量人力成本为保证高技术产品的研发，突破了西方国家的技术壁垒和因为缺乏核心技术而导致的利润增长天花板，成为中国空调企业中唯一在核心制冷技术上不受制于外国制冷巨头的企业。在领跑行业的阶段，在“让天空更蓝，让大地更绿”的引领下，格力把品牌形象的重心放在了社会责任上，把格力电器的使命上升到对国家、社会、消费者保驾护航的高度，这帮助格力走上可持续发展的道路，引领行业以健康的业态发展，同时也在国际社会上得到更多的认可。

（2）结合案例，总结格力集团的组织文化由哪些方面构成？相互之间是如何相互支撑、相互协调的？

参考答案：格力的企业文化由经营理念、服务理念、企业使命和愿景以及核心价值观构成。在对内的经营理念中，格力把创新作为企业灵魂，把核心技术作为企业脊梁，把精品作为企业的发展驱动力。在对外的服务中，格力把消费者的每一件小事都当作大事。据此，格力将两部分理念提炼为企业的使命，以工业精神、完美质量、专业服务、创造舒适环境为己任来成就百年格力梦。同时，格力的核心价值观是以上理念和使命在指导员工实践上的具体行为标准，这是将精神融入实践，强化认同和巩固完善的必经途径。具体来说，格力将自己的价值观定义为：少说空话、多干实事，质量第一、客户满意，忠诚友善、奋力进取、诚信经营、多方共赢，爱岗敬业、开拓创新，遵纪守法、廉洁奉公。

（3）结合案例，总结格力集团管理组织文化是如何体现民族精神和社会责任感的？

参考答案：民族精神中创新、诚信、以人为本是指导企业实践的三个重要因素。格力集团的成长首先基于对诚信的坚守。以质量为本，对消费者负责是格力在创业初期获得消费者认可的原因，同时，格力以创新为灵魂，直接指出没有核心技术的企业是没有脊梁的企业。格力对创新的追求使得格力集团不止步于加工，更从技术上突破西方的包围，最终让世界爱上“中国造”，从空调行业的跟跑者成为领跑者。而格力的服务理念体现了以人为本的精神，消费者的每一件小事都是格力的大事。此外，绿色理念是格力坚持的准则，体现了格力将以人为本和社会责任融入企业发展的理念。

四、 教学组织方式

课前：案例课前一周布置学生在课前先行做好准备（参见前述“讨论前应做准备”），以本案例为核心对以上“启发思考题”进行预回答，并找一家有类似或差异文化内核的企业作为拓展比较。每个小组选择其中一个思考题，可重复不可空缺。所有小组均需在上课前提交小组书面的案例分析报告，其中被指定做课堂陈述的小组还需准备幻灯片（PPT）并提交电子文档。

课中：案例课（连续 3 节课）开始后，按如下步骤进行。

第一步：小组陈述。每组 15～25 分钟，共约 50 分钟。

第二步：针对“陈述”的讨论，由非陈述组同学对已做陈述提出问题或批评，陈述同学做答辩，约 30 分钟。

第三步：自由讨论，约 20 分钟。

第四步：由学生代表做案例讨论的总结发言，约 10 分钟。

第五步：教师总结并点评，10～30 分钟。

课后：为进一步提高学生对知识的记忆和巩固，教师可安排学生自选一家中国企业以同样的思路分析其组织文化，或与西方企业的组织文化差异进行对比，下次课做回顾和提问。

五、 总结

（1）组织文化是指一个组织在长期的实践活动中形成的具有本组织特征的文化现象，是组织中全体成员共同接受和遵循的价值观念、思维方式、心理预期、行为准则、团队归属感以及工作作风等群体意识的总称。

（2）不同组织的产生和发展都有其自身的特殊环境，因此各组织具有其特定的群体意识，具有独特性、长期性和可塑造性的特征。

（3）选择价值观是塑造良好企业文化的首要任务，价值观不但要体现企业的宗旨和发展战略，而且要与组织文化的各要素协调且适合组织存在的背景，这样才能得到组织成员和社会的认可与接受。

（4）了解中国传统文化和新时代民族伟大复兴的责任作为组织文化核心的必然性和重要性。当代大学生应意识到，中国企业扎根中国大地，为中国经济的繁荣和人民生活水平的提高而存在，与西方企业追逐私利的本性有本质区别。以民族文化为精神武装，以中国梦为导向，是当今时代每一个大学生需具备的基本知识和技能素养。文化复兴是民族复兴的重要组成部分，而企业组织文化的塑造是文化复兴的实践途径。复兴之路刚刚起步，未来还会面临更多的挑战，我们只有坚持奋斗、创新、进取的精神才能把挑战转化为机遇，树立起中国企业对社会负责的形象，把中国梦做成世界梦。

六、 参考文献

［1］刘翠霞. 中国道路与文化自信：访北京大学习近平新时代中国特色社会主义思想研究院副院长韩毓海教授［J］. 行政管理改革，2020（11）：1－12.

［2］刘刚，殷建瓴，刘静．中国企业文化70年：实践发展与理论构建［J］．经济管理，2019，41（10）：194-208.

［3］姬杨平．格力电器品牌发展战略研究［D］．河南师范大学，2017.

［4］井稚惠．中国传统文化对企业文化构建的影响［J］．北方经贸，2020（10）：133-135.

［5］孟凡驰．改革开放40年企业文化的价值和未来的发展［J］．企业文明，2019（1）：36-39.

［6］钱津．论现时代企业文化管理变革及发展趋势［J］．经济与管理评论，2020（6）：48-63.

［7］唐任伍，马宁．中国企业文化自信与企业发展［J］．企业文明，2018（8）：29-31.

［8］杨朝晖．构建与国际化战略相适应的企业文化［J］．对外传播，2017（9）：28-30.

［9］郑华兴．格力电器公司战略转型研究［D］．泉州：华侨大学，2017.

第五章　激励

第一部分　案例正文

一、 腾讯的发展历程

1. 公司简介

腾讯于1998年11月在中国深圳成立，2004年6月在香港联合交易所主板上市。腾讯以技术丰富互联网用户的生活，通过社交平台微信和QQ促进用户联系，并助其连接数字内容和生活服务；通过高效广告平台，协助品牌和市场营销者触达数以亿计的中国消费者；通过金融科技及企业服务，促进合作伙伴业务发展，助力实现数字化升级。腾讯大力投资于人才队伍建设，推动科技创新，积极参与互联网行业协同发展。

腾讯公司的愿景及使命：用户为本，科技向善，一切以用户价值为依归，将社会责任融入产品及服务之中；推动科技创新与文化传承，助力各行各业升级，促进社会的可持续发展。企业文化及价值观：正直——坚守底线，以德为先，坦诚公正不唯上；进取——无功便是过，勇于突破有担当；协作——开放协同，持续进化；创造——超越创新，探索未来。

2. 公司发展历程

腾讯公司发展历程见表5-1。

表5-1　腾讯公司发展历程

时间	重要事件
1998年	11月腾讯在深圳成立

表5-1(续)

时间	重要事件
1999 年	2 月 QQ 诞生 4 月推出移动电邮
2000 年	6 月推出手机 QQ 8 月推出移动增值服务（MVAS） 11 月推出提供聊天优惠功能的包月服务 QQ 会员
2001 年	6 月获得 MIH 投资 6 月推出互联网增值服务（IVAS） 2 月 QQ 最高同时在线用户账户数超越 100 万
2003 年	11 月推出综合门户网站腾讯网 www.qq.com 9 月推出首款企业实时通信产品腾讯通（“RTX”） 8 月推出休闲游戏平台“QQ 游戏” 5 月推出 QQ 邮箱 1 月推出在线装扮产品 QQ 秀
2004 年	12 月测试首款自主研发的中型休闲游戏 QQ 堂 8 月 QQ 游戏成为中国最大的休闲游戏平台，最高同时在线账户数超越 100 万 6 月腾讯控股在香港联合交易所主板上市，股票代码 0700. HK
2005 年	12 月推出首款自研开发的大型多人同时在线游戏 QQ 幻想 7 月推出在线音乐平台 QQ 音乐 5 月推出社交网络平台 QQ 空间 3 月收购中国领先的电邮客户端软件开发商 Foxmail
2006 年	6 月腾讯网 www.qq.com 成为中国第一门户网站
2007 年	6 月成立腾讯公益慈善基金会，推动公益慈善项目
2008 年	6 月腾讯控股成为香港恒生指数成分股之一
2009 年	6 月腾讯游戏成为中国最大的网络游戏平台 1 月推出国际版 QQ
2010 年	3 月 QQ 最高同时在线账户数超过 1 亿
2011 年	11 月腾讯控股获标准普尔 BBB+评级和穆迪 Baa1 评级 6 月发布公司级开放平台战略 3 月推出腾讯视频 v.qq.com 2 月战略投资 Riot Games 1 月成立腾讯产业共赢基金 1 月推出微信
2012 年	3 月微信用户数超过 1 亿
2013 年	12 月成为全球收入最高的游戏开发商和运营商 11 月发布“连接一切”与“互联网+”战略 9 月腾讯云正式对外推出云服务 8 月推出微信支付，微信和 QQ 手机版游戏中心 6 月腾讯控股获标准普尔上调评级至 A-

表5-1(续)

时间	重要事件
2014 年	12 月成立联营公司微众银行 4 月 QQ 最高同时在线账户数超过 2 亿 3 月腾讯控股获穆迪上调评级至 A3 3 月战略投资京东集团 1 月推出微信红包、理财通，且除夕当日微信红包收发总量近 2 000 万次
2015 年	10 月成为新美大集团的战略股东 9 月腾讯公司慈善基金会联合全球知名机构发起全球首个互联网公益日，99 公益日为期三天，在腾讯公益平台上共筹得善款近 1.3 亿元人民币 9 月成立腾讯影业和企鹅影业 3 月成立阅文集团 2 月除夕当日微信红包收发总量达到 10.1 亿次
2016 年	12 月腾讯移动支付月活跃账户及日均交易笔数均超过 6 亿 10 月成立联营公司微民保险 7 月成立腾讯音乐娱乐集团 6 月战略投资 Supercell
2017 年	11 月承建医疗影像国家人工智能开放创新平台 11 月旗下阅文集团在香港联合交易所主板上市，股票代码 0772. HK 1 月自主研发全球创新的微信小程序正式上线
2018 年	12 月腾讯移动支付年日均交易笔数超过 10 亿笔 12 月旗下腾讯音乐娱乐集团在美国纽约证券交易所上市，股票代码 TME 11 月腾讯基金会投入 10 亿启动奖金创立“科学探索奖”支持基础科学和前沿技术领域的年青科学家 9 月企业战略升级，扎根消费互联网，拥抱产业互联网 6 月腾讯移动支付月活跃账户数超过 8 亿 1 月微信和 WeChat 全球月活跃账户数超过 10 亿
2019 年	12 月腾讯云全年收入超过 170 亿人民币，付费客户数破百万 11 月发布“科技向善”新愿景 9 月腾讯视频付费会员数突破 1 亿 5 月合资公司获香港金融管理局颁发虚拟银行牌照 4 月腾讯根据全球中期票据计划发行本金总额 60 亿美元的票据
2020 年	5 月腾讯根据全球中期票据计划发行本金总额 60 亿美元的票据，包括首次发行的 40 年期票据 2~3 月设立 15 亿人民币“抗击新型冠状病毒感染肺炎疫情综合保障基金”及 1 亿美元“腾讯全球战疫基金”

资料来源：Tencent 腾讯官网：https://www.tencent.com/zh-cn/about.html#about-con-6。

腾讯的发展历程主要分为三个阶段（栾惠、吕拉昌、黄茹，2019）。

第一个阶段是 1998 年至 2001 年——腾讯的成立与融资。1998 年腾讯公司成立，办公地点在深圳华北强赛格科技创业园。1999 年，腾讯参加在深圳市举办的第一届高交会，宣传展示即时通信软件 QQ，引起一些风投公司的兴趣。2000 年 4 月，腾讯与美国 IDG 和香港盈科数码公司签订投资协议，获得了 220 万元的风险投资。伴随 QQ 用户的急剧增长，服务器需求量大增，融资资金主要用于购置服务器，QQ 业务缺少盈利模式，公司再次面临资金问题。但腾讯凭借急增的用户数量与今后的盈利可能性，得到南非MIH 投资公司的估值 6 000 万美元，第二次获得融资机会，维持了公司的发展与运营。

第二个阶段是 2002 年至 2010 年——腾讯的上市与成熟。2004 年 6 月份腾讯在香港联合交易所主板公开上市，是第一家在香港主板上市的中国互联网公司。2005 年，腾讯 QQ 与 MSN 在即时通信的竞争中获得胜利，确立了其在中国即时通信领域不可动摇的地位。上市后的腾讯调整组织架构，凭借QQ 超大的流量和巨大的用户黏性，进军互联网各个领域，先后进入游戏、网购、搜索引擎等领域。此后腾讯战略调整，从封闭逐渐走向开放，打造开放平台，为广大应用开发者提供用户平台、开发接口、硬件支持、资源推广与运营等便利，腾讯与开发者采用分成的商业模式，吸纳各类富于创新的应用，推崇开放与分享精神。

第三个阶段是 2011 年至今——腾讯走向“开放、共享”的未来。2011年腾讯在北京召开了“开放共赢成就梦想”的合作伙伴大会，在会上马化腾表示，一直以来，腾讯的梦想是打造一个“在线生活”的互联网平台，让所有人的沟通没有障碍、更加通畅，现在腾讯想和其第三方合作伙伴一起，打一个“没有疆界、共同分享的互联网新生态”。同年腾讯成立产业共赢基金，通过资本参股，为互联网及相关行业的优秀创新企业提供资金支持，以资本推动开放。腾讯发布“开放平台”战略，以共享的理念将原先封闭的公司内部资源转而向外部的第三方合作者无偿开放，包括 API、社交组建、营销工具及 QQ 登录等，实践着更加开放的承诺。值得一提的是，2020 年腾讯为抗击新型冠状病毒病疫情，设立 15 亿元“抗击新型冠状病毒感染肺炎疫情综合保障基金”及 1 亿美元“腾讯全球战疫基金”。

3. 腾讯公司的主要业务

腾讯的主要业务分为两个板块：一是面对用户，二是面对企业。

面对用户的业务包括四个部分。一是通信与社交：腾讯从连接人与人出发，开发和提供功能丰富、易于使用的即时通信和社交平台，以创新的方式让沟通、分享和交流变得更便捷、生动和个性化，丰富人们的生活。二是数字内容：腾讯不断探索更适合未来趋势的多元化社交娱乐融合体，基于优质内容，以技术为驱动引擎，透过跨屏幕、多平台、多形态的模式，为互联网用户提供多元化、多维度的内容，以满足用户的不同娱乐体验。三是金融科技服务：腾讯金融科技秉承合规、精品、风控、开放、有所为有所不为的发展理念，以微信支付和 QQ 钱包两大平台为基础，致力于连接人与金融，构建金融开放生态，与合作伙伴携手为全球用户提供移动支付、财富管理、信贷服务、证券投资等创新金融服务。四是腾讯工具：腾讯为用户提供多种工具性软件，帮助用户快速直接地解决网络安全管理、快捷浏览、定位出行、应用管理、电子邮件等具体需求。

面对企业的业务包括三个部分。一是腾讯广告：腾讯广告基于海量商业数据、营销技术与专业服务能力，提供一体化数字化营销方案，致力于高效的营销解决方案，构建品牌与用户的美好连接，为客户提供高效的营销解决方案。二是腾讯云：腾讯倾力打造的云服务品牌，为客户提供领先的云产品与云服务。依托遍布全球的数据中心，腾讯云将云计算、大数据、人工智能、物联网、安全等先进技术与智慧产业业务场景相结合，同时面向金融、教育、医疗、零售、工业、交通、能源、广电等领域，打造全面的智慧行业解决方案。三是智慧产业：腾讯作为“数字化助手”，利用云、AI、大数据分析、安全、支付、小程序、LBS 等多种前沿互联网平台服务与技术，帮助各行各业进行数字化升级，打造智慧产业方案，不仅为他们节省成本、提高效率，还帮助客户找到新商业模式或者盈利增长点，构建连接用户与商业的智慧产业新生态。目前，腾讯已经在金融、零售、民生服务、旅游、医疗、出行和教育等产业展开布局。

二、 腾讯与员工共同成长

1. 人才是腾讯最宝贵的财富

人才是腾讯最宝贵的财富。腾讯一直高度重视员工的发展，不仅为员工设计专业和管理的双通道职业发展路径，让员工的能力得到更聚焦更清晰的发展，同时也让每个人的成长贡献能够通过职级体系得到及时明确的体现。腾讯为员工的成长提供了培育环境，成立了腾讯学院；同时为员工提供了良好的办公环境以及支持员工发展的多元文化环境；腾讯也举办了丰富多彩的员工活动来激发员工创造活力，提升员工获得感及幸福感。

人才的成长地——腾讯学院。腾讯学院成立于 2007 年，标志着腾讯为员工打造专业的成长发展之路，为企业打造学习型组织进入新的里程碑。以成为“互联网行业最受尊敬的企业大学”为愿景，腾讯通过设计职业发展通道和对应的完善培训体系，努力成为腾讯员工的成长顾问与业务团队的发展伙伴，为腾讯的现在和未来培养人才。

员工成长的办公环境。作为腾讯全球新总部，腾讯滨海大厦于 2017 年

10 月正式启用。这是一座集数字化、智能化于一体的智慧大厦。这座“互联互通”的大厦，象征着互联网将各个角落互相连通，更体现了腾讯是一家专注连接人与人、人和服务以及未来人和设备的互联网高科技企业。除此以外，腾讯在北京、上海、成都、广州等多个城市以及美国、韩国等多个海外国家建立了分支机构，并为当地员工打造了舒适、创新，体现腾讯文化特色的办公环境。

员工发展的多元文化环境。腾讯一直以来坚持提供平等、透明、无歧视的工作环境，对不同性别、国籍、民族、宗教信仰的员工给予充分尊重，禁止同事间开冒犯性的玩笑或展示冒犯性的物品；同时，严格遵守国家相关规定，维护员工利益，共同创造一个平等、和谐、多元文化融合发展的工作环境。腾讯每年会开展很多员工活动来展示企业文化，如表 5-2 所示。

表 5-2　腾讯的员工活动

员工活动	活动内容
员工大会	每年年底举行的员工大会和新年晚会都是腾讯年度最重要的盛会，在员工大会上，向员工传递公司战略、业务布局与管理思路，并表彰优秀团队
公司年会	自腾讯创立以来，每年年底，全体员工欢聚一堂，凝聚才华与激情创作出一个个精彩的节目，增加同事之间的感情，同时激励员工在新的一年里再接再厉
腾讯文化日	每年的 11 月 11 日，是腾讯的生日，也是所有腾讯人的节日。这一天，全体腾讯员工都会穿着由腾讯人自己设计的特色文化衫，摆出创意造型拍合影，以及参加总办 Link Time 等传统活动，共同庆祝公司的生日，将文化不断传承下去
腾讯志愿者	腾讯志愿者是腾讯员工自主发起的志愿者组织。员工在业余时间以丰富多样的方式参与公益活动，践行社会责任和科技向善
踏春日	腾讯在每年的 4 月，面向员工和家人组织公益徒步活动，不仅能强身健体、增进与家人之间的感情，还能传递爱与社会责任
形象店	腾讯形象店被腾讯员工亲切地称为“爱马哥”（Image 的谐音），是腾讯员工休憩和交流的地方，也是我们对外开放，集中展示周边产品的场所
文体协会	为关爱员工健康，丰富业余生活，腾讯成立了舞蹈、音乐、篮球、足球、羽毛球、桌游、戏剧社等数百种文体协会

注：表格内容来自腾讯官网整理得到。

2. 腾讯人才管理关键——三大方法+四大理念

腾讯的人才管理的核心是以人为本，这也是人力资源所有工作的基础。腾讯创始人马化腾曾说：“对于腾讯而言，业务和资金都不是最重要的，业务可以拓展和更换，资金可以吸引和调配，唯有人才是不可轻易替代的，人才是腾讯最宝贵的财富”。对于传统企业而言，腾讯的业务特点有所不同，许多互联网公司的特点都是人最重要，把员工放在第一位。腾讯公司采用与公司业务紧密结合、去中心化、扁平化管理、层层迭代的方式保障信息流通透明化和畅通化，从而保证员工能够被充分尊重并获得一定程度的授权，腾讯用这样的方式来培养员工和激励员工。腾讯人才管理关键有三大方法和四大理念，见表 5-3 和表 5-4。

表 5-3 三大方法：培养员工、调动员工激情、文化的力量

培养员工	腾讯非常重视人才的筛选和人才的培养管理。腾讯公司以产品为主，在进行人才招聘时，注重找到“有梦想的实力派”。“有梦想的实力派”是指：只要你的实力够好，在腾讯就没有不可能。所以，进行毕业生校园招聘时，腾讯注重挑选有潜力做产品经理的人才。 对于基层、中层和高层干部的后备培养，腾讯也有各自的计划。中层干部后备计划叫“飞龙计划”——从拓展眼界（组织员工走出去，跟行业最优秀企业交流）到岗位进行实践，将公司在战略、产品和管理方面最需要解决的课题交给这些员工，并且为其配备导师。 基层干部后备计划叫“潜龙计划”，高层后备干部也有专门的培养计划。每到年度年底，公司会做全体干部的盘点，根据情况制改进计划。腾讯前几年提出“新攀登计划”，是针对专业技术人员晋升专家的后备培养计划，与管理人才培养形成“双通道”晋升机制
调动员工激情	组织架构的创新：公司采取工作室创业模式，保持员工的“战斗力”，事实证明这种方式对激发员工的创业热情行之有效。公司为员工营造了一个创业环境，员工与其到外面创业，不如在工作室创业。每个创业工作室都有用人权、考核权、财务权、激励权，创业工作室就像一个一个小公司，这种模式令员工每天都处于一种创业激情的状态，有效解决了员工工作热情不足的问题，更大的作用是进一步激发了公司创新的内在活力。 人才活水政策：在腾讯公司，只要员工本人发起辞职，又有单位接收，其所在单位必须在三个月之内无条件还人。腾讯通过这种方式，极大地促进了有效竞争，激发了人才活力，人才活水政策的最大特点是在整个公司内盘活人才，人尽其才
文化的力量	腾讯企业文化及价值观是正直——坚守底线，以德为先，坦诚公正不唯上；进取——无功便是过，勇于突破有担当；协作——开放协同，持续进化；创造——超越创新，探索未来。优秀的企业文化能够在无形中发挥着导向功能，为企业和员工提供努力的方向；企业文化也有着激励和鼓舞的作用，诱发员工的潜能；同时还利于加强员工的凝聚力，为实现目标共同努力，有助于实现腾讯与员工共同成长。 腾讯在企业文化建设方面，通过情感的维系和感恩的情怀，“腾讯”这两个字已经变成一个标签，或者说是一个坐标，在时间和空间的维度上，已经成为一个精神的内核，不断吸引着员工心向往之。腾讯的企业文化在腾讯管理过程中起到了非常重要的作用，员工对正直、进取、合作、创新的理解高度统一且高度认同。在这样的情况下，每个人都是产品的主人、企业的主人，管理者更多充当的是协调者的角色，为员工服务，共同创造价值

表 5-4　四大理念：关心员工成长、强化执行能力、追求高效和谐、平衡激励约束

关心员工成长	腾讯重视员工的兴趣和专长，以良好的工作条件、完善的员工培训计划、职业生涯规划通道，促进员工个人职业的发展。重视企业文化管理，以健康简单的人际关系，严肃活泼的工作气氛，畅快透明的沟通方式，促进员工满意度的不断提高，激发员工潜能，使员工追求个人与公司共同成长
强化执行能力	强力执行是腾讯在管理上的核心原则之一。良好的执行力，要依靠优秀的机制、规范的制度、精诚的合作、有效地激励、感人的榜样，但最重要的，要依靠每位腾讯人对公司的热爱和对工作的负责精神。谋定而后动才能果断执行，要善于总结反思，执行力才能不断完善
追求高效和谐	由于公司规模扩大，腾讯必须形成规范高效的管理机制，保持较高的公司系统运作效率，腾讯根据公司发展阶段和业务变化，动态优化企业的管理，形成和谐有序的内部环境，在高效和谐的环境氛围下，坚持结果导向的管理原则，有效支持公司经营目标的实现
平衡激励约束	腾讯能够根据工作贡献和成果，形成差异化的激励机制，有效激发员工的主观能动性和创造性，在大力推动员工了解制度并理解和认同的基础上，强化制度的有效实施，形成有效的内部约束机制。强调激励与约束相结合，保持平衡有度，为实现内部管理提供有力保障

3. 腾讯如何将关心员工落到实处

腾讯将关心员工落到实处，一方面体现在经济上的帮助。2011 年 4 月 25 日，腾讯 CEO 马化腾在一封邮件中称，为了加大员工调薪力度，员工的薪酬不仅与公司业绩、个人绩效等因素挂钩，还要参考国内 CPI（居民消费价格指数）增速等外界因素。除此之外，腾讯还设立“腾讯安居基金”，3 年内投入 10 亿元，为首次置业的腾讯正式员工提供一定额度的免息住房贷款。在外部市场激烈而又残酷的竞争中，腾讯的这一系列的举措无疑让身处腾讯的员工们的心中产生些许温暖和感动。

另一方面，腾讯深刻意识到员工在企业中除了关注经济方面的因素之外，员工更为关注的就是自身的成长以及工作中的环境氛围。腾讯设计了合理的人才发展通道，根据员工不同的发展需要和成长路径为其员工规划了管理与专业两条发展通道。在纵向上，腾讯为员工搭建职业发展阶梯，指引员工的发展目标，体现了对员工能力发展的期望与要求。在横向上，按能力与职责相近的原则，腾讯为不同能力的员工设计了不同的职业发展通道，按照不同的通道/职位建立员工专业技术能力标准。在职级评定中，腾讯鼓励员工充分参与，结合业绩与能力评估，并确保评定过程的客观与公平公正，提高评估的规范专业性。

腾讯始终把人才作为公司最宝贵的财富，结合三大方法和四大理念关注员工的成长和发展，并将关心员工这件事落到实处，切实提高、充实员工们

的获得感、幸福感和安全感，有效鼓舞和激励员工，激发了员工们的创造活力和工作热情，实现了企业与员工共同成长的效果，达到员工与企业双赢的目的。

三、 案例思政元素

1. 使人民获得感、幸福感、安全感更加充实、更有保障、更可持续

2020 年，“十四五”规划提出：“坚持把实现好、维护好、发展好最广大人民群众的根本利益作为发展的出发点和落脚点，尽力而为、量力而行，健全基本公共服务体系，完善共建共治共享的社会治理制度，扎实推动共同富裕，不断增强人民群众获得感、幸福感、安全感，促进人的全面发展和社会全面进步。”由此可见，获得感已经成为评价社会治理成效和民众社会生活质量的一把重要标尺，而获得感的概念结构包含五个维度：获得内容、获得环境、获得途径、获得体验和获得共享（谭旭运，董洪杰，张跃，王俊秀，2020）。获得感强调个体需求被满足，得不到满足的需求是激励问题的出发点，需求被满足的过程亦为激励发生作用的过程。

企业需要关注员工获得感、幸福感、安全感的实现。为了更好地满足员工个性化、多样化的需要，使员工获得感、幸福感、安全感更加充实、更有保障，腾讯公司在管理过程中综合使用物质激励、精神激励以及情感激励等多种激励方式。

物质激励保障员工物质需求，增强员工获得感，鼓励员工积极工作，腾讯在设计员工薪酬时，使其不仅与公司业绩、个人绩效等因素挂钩，还参考国内 CPI 增幅加大等外界因素，并设立了“腾讯安居基金”，为首次置业的腾讯正式员工提供一定额度的免息住房贷款，这些举措集中体现了物质激励，能够有效满足员工需求，激发员工工作活力。腾讯通过精神激励满足员工心理上的需求，设置创业工作室，充分赋予员工尊重和自由度，令员工感觉自己受人爱护和被人理解，有承认感，需要受到重视，增强员工安全感。腾讯在情感激励方面加强与职工的感情沟通，将“腾讯”两个字深深烙印在每位员工们的情感世界中，使“腾讯人”有“腾讯情”，使员工始终保持良好的情绪以激发其工作热情，加强管理者与员工之间以及员工之间的沟通与协调，提升员工幸福感。

2. 获得内容：以人为本，满足人民需求

获得感的基础是获得内容，包括物质需求、成就需求和社会需求的满足。以人为本的管理的基本原则就是重视人的需要、以鼓励员工为主、培养

员工、组织设计以人为中心，以实现人的全面发展为目标。“以人为本”的文化管理，是以高素质的员工为中心，把员工自我价值的实现，与企业的发展目标相融合，把管理制度的强制性实施，改变为员工自觉遵守和执行，这是对严格规范管理的升华。激励机制是“以人为本”的管理机制的首要组成部分，管理者应找准员工的真正需要，对员工进行激励，并将满足员工需要的措施与组织目标的实现有效的结合，让员工与组织均有效实现“获得感”。

“以人为本”在企业中的具体体现就是以人为中心开展各项工作，把人看作是企业最具活力，最具能动性和创造性的资源，腾讯也深刻的意识到了这一点。在互联网新经济时代，企业要认识到人力是能够创造更多价值的资源而不是成本，要把注意力放在如何开发人才、合理使用人才、有效管理人才的工作上，建立健全激励机制，要挖掘人的潜能，使人力发挥更大的作用，创造更大的收益；同时要把尊重员工的利益，由“控制”“管理”“处罚”变为“尊重”“关心”，要重视员工物质和精神双方面的需要，为员工创造宽松的工作环境，从而留住和吸引更多优秀人才（王淑晶，2006）。正如腾讯 CEO 马化腾所说：“对于腾讯而言，业务和资金都不是最重要的，业务可以拓展和更换，资金可以吸引和调配，唯有人才是不可轻易替代的，人才是腾讯最宝贵的财富”。正是因为将“人才”作为腾讯最宝贵的财富，也将人才视为公司核心竞争力之一，腾讯才能够真正做到“以人为本”“以员工为本”，积极努力挖掘和满足员工不同层次的需求。也正因如此，腾讯才能够将关心员工落到实处，真正为员工的切身利益着想，重视员工的兴趣和专长，以良好的工作条件、完善的员工培训计划，促进员工个人职业的发展，使员工的满意度不断提高，激发员工潜能，使员工追求个人与公司共同成长。

3. 获得环境：营造公平公正的社会氛围

中国特色社会主义进入新时代，我国社会主要矛盾已经转化为人民日益增长的美好生活需要和不平衡不充分的发展之间的矛盾。为解决这一矛盾，我国既要努力实现发展更平衡更充分，又要不断缩小收入分配差距，让人们更多更公平地分享经济社会发展成果。社会公平正义以及良好的社会信任范围是民众获得幸福感、安全感的客观条件。我国需要建设体现效率、促进公平的收入分配体系，推进基本公共服务均等化，使收入分配更合理更有序，增进发展平衡性，进而不断解决社会主要矛盾，促进经济高质量发展。为此，我国要处理好公平与效率的关系，既要体现效率，调动各种要素所有者的积极性和创造性，让一切创造社会财富的源泉充分涌流，继续做大“蛋糕”；又要着力缩小收入分配差距，使收入分配更加合理，体现社会公平正义，保障人民的获得感、提升人民的幸福感、加深人民的安全感。

为了保障员工的获得感和安全感，有效提升员工的信任感和幸福感，腾讯在公司内部打造了一个公平公正的良性竞争环境，一方面能够有效激励员工努力提高业绩，提升工作效率，另一方面能够确保公平公正，避免“黑箱操作”等不公平现象的发生，提升员工对于公司制度的信任感。例如：在职级评定中，腾讯鼓励员工充分参与，结合业绩与能力评估，并确保评定过程的客观与公平公正，提高评估的规范专业性。在与员工切身利益紧密相关的部分，腾讯坚持做到整个流程的公平公正，保障每一位员工的切身利益，不让任何一位员工遭受不公平的待遇。

4. 获得途径：充分发挥人的主体能动性

马克思指出，“将大力发展生产力以满足社会全体成员的需要”并实现“人的自由而全面的发展”，其本质内涵是在社会发展过程中促进人的潜能释放，发挥人的主体性作用。发挥人的主体性作用在我国就是保障人民当家作主，民众参与权、表达权等民主政治权利的实现和提升能够在当家作主中实现公平正义和人的尊严，也是民生目标等需求内容得以实现的重要保障（曹现强，2017）。党的十八届三中全会公布的《中共中央关于全面深化改革若干重大问题的决定》中提出，要“允许混合所有制经济实行企业员工持股，形成资本所有者和劳动者利益共同体”，从而明确了公司要将员工纳入企业治理结构中，改善劳动关系的改革思路。

对于企业，在新形势下，企业要想长远发展，就必须坚持“发展为了职工、发展依靠职工”的理念，健全企业民主管理制度，落实职工群众的知情权、参与权、表达权、监督权，唤醒职工的主人翁意识，在共同发展中相互促进（彭婧，2020）。职工参与管理是一种激励的手段，能够满足归属的需求和受人赞赏的需求，尤其给人以存在感和成就感。腾讯也意识到了这一点，让职工通过参与管理来满足员工高层次的心理需求，使员工意识到自己对于企业的重要性与价值，将个人发展目标与企业发展目标相统一。腾讯采取“工作室创业模式”，为员工营造了一个创业环境，激发员工的创业热情。每个创业工作室都有用人权、考核权、财务权、激励权，创业工作室就像一个一个小公司，这种模式令员工每天都处于一种创业激情的状态，有效解决了员工工作热情不足的问题，除此之外也进一步激发了公司创新的内在活力。腾讯利用这种模式让员工充分参与到公司的建设管理当中，强化了员工主人翁意识和使命感，能够激励员工主动积极自觉为公司付出，有效激发员工的主观能动性和创造性，因为员工与公司的利益是一致的，员工与企业能够一起成长，一起变好。

5. 获得共享：构建全民共建共享的社会治理格局

“构建全民共建共享的社会治理格局”是党的十八届五中全会在全面深化改革背景下提出的一项重要战略任务。作为当前中国社会治理领域一次全面系统的结构化调整和精细化修正，全民共建共享社会治理格局聚焦于参与主体的“全民性”、过程涵盖的“共建性”和目标锁定的“共享性”。构建全民共建共享的社会治理格局需要构筑社会利益均衡整合机制。首先，我们必须构建有效的利益表达、利益整合和利益均衡机制，真实反映、切实尊重和兼顾维护各社会阶层、群体的利益，努力构筑全民共享发展成果的社会利益格局。其次，我们要从社会公众最关心、最直接、最现实的利益问题入手，积极回应公众在教育、就业、医疗、环境等重点领域的诉求，以提升基本公共服务的共享度和满意度为主。最后，我们要秉持改革发展成本由社会成员共担的原则，借助强化再分配调节机制、健全社会保障体系等途径，对利益受损群体给予合理的利益补偿，消减其相对剥夺感，使全体公民都能够在共建共享的社会治理格局中有更多获得感。

在企业中，要形成员工与企业的命运共同体，腾讯强调公司与员工一起成长，这正是形成员工与企业命运共同体的重要过程。为什么需要强调形成命运共同体与共享呢？一方面共享发展是我国推动社会进步的重要发展理念，是提升我国全民获得感的根本需要，反映了个人利益的满足与社会利益实现的统一；另一方面共享可以激发个体更多地回报社会和与他人分享的行为。腾讯打造了员工与企业的命运共同体，坚持关心员工，与员工共同成长、一起进步，支持和鼓励员工做出更多的利他行为、回报社会，互惠感恩。例如：“腾讯志愿者”是腾讯员工自主发起的志愿者组织，员工在业余时间以丰富多样的方式参与公益活动，践行社会责任和科技向善。而“踏春日”是腾讯在每年的四月，面向员工及其家人组织公益徒步活动，不仅能强身健体、增进员工与家人之间的感情，还能传递爱与社会责任。这些活动能够使得腾讯的员工表现出积极的社会参与意愿、较高的社会责任感和公益取向，并能够因此产生更积极的获得感体验。在这种环境下，员工自身需求得以满足后，能够进一步推动公司目标的实现，促进员工与企业的命运共同体的进步和发展。

第二部分　思政元素理论基础和中国实践

一、理论基础

1. 实现中华民族伟大复兴的中国梦

2015 年 9 月，习近平接受《华尔街日报》采访中对“中国梦”进行了阐述：“中国梦最根本的是实现中国人民的美好生活。关于这个问题，需要从历史和现实两个向度来认识。1840 年鸦片战争之后，中华民族经历了长达一个世纪的社会动荡、外族侵略、战争磨难，但中国人民始终自强不息、顽强斗争，从未放弃对美好梦想的向往和追求。看待当今中国，一定要深刻认识中国近代以后所遭受的民族苦难，一定要深刻认识这种长期的民族苦难给中国人民精神世界带来的深刻影响。所以我们说，实现中华民族伟大复兴的中国梦是近代以来中华民族最伟大的梦想。中国梦是中华民族的梦，也是每个中国人的梦。中国梦不是镜中花、水中月，不是空洞的口号，其最深沉的根基在中国人民心中。”

2017 年 10 月，习近平在中国共产党第十九次全国代表大会上的报告中曾这样谈道：“大道之行，天下为公。站立在九百六十多万平方公里的广袤土地上，吸吮着五千多年中华民族漫长奋斗积累的文化养分，拥有十三亿多中国人民聚合的磅礴之力，我们走中国特色社会主义道路，具有无比广阔的时代舞台，具有无比深厚的历史底蕴，具有无比强大的前进定力。全党全国各族人民要紧密团结在党中央周围，高举中国特色社会主义伟大旗帜，锐意进取，埋头苦干，为实现推进现代化建设、完成祖国统一、维护世界和平与促进共同发展三大历史任务，为决胜全面建成小康社会、夺取新时代中国特色社会主义伟大胜利、实现中华民族伟大复兴的中国梦、实现人民对美好生活的向往继续奋斗！”

中国梦深深激励着每一个中国人。习近平总书记在多个场合、多次提及“中国梦”，在党的十九大报告中“中国梦”更是出现 13 次之多。实现中华民族伟大复兴是近代以来中华民族最伟大的梦想。中国共产党一经成立，就把实现共产主义作为党的最高理想和最终目标，义无反顾地肩负起实现中华民族伟大复兴的历史使命，团结带领人民进行了艰苦卓绝的斗争，谱写了气吞山河的壮丽史诗。使命呼唤担当，使命引领未来。中国共产党不负人民重托、无愧历史选择，在新时代中国特色社会主义的伟大实践中，坚持党的坚强领导和顽强奋斗，激励全体中华儿女不断奋进，凝聚起同心共筑中国梦的磅礴力量。

2. 社会主义核心价值观

伟大时代呼唤伟大精神，崇高事业需要榜样引领。当前，全国各族人民正在为实现中华民族伟大复兴的中国梦而奋斗。我国正按照培育和践行社会主义核心价值体系的要求，高度重视和切实加强道德建设，倡导富强、民主、文明、和谐、自由、平等、公正、法治、爱国、敬业、诚信、友善的社会主义核心价值观，培育知荣辱、讲正气、作奉献、促和谐的良好风尚。2014 年 2 月，习近平在主持十八届中央政治局第十三次集体学习时的讲话中阐述了核心价值观的重要意义："核心价值观是文化软实力的灵魂、文化软实力建设的重点。这是决定文化性质和方向的最深层次要素。一个国家的文化软实力，从根本上说，取决于其核心价值观的生命力、凝聚力、感召力。培育和弘扬核心价值观，有效整合社会意识，是社会系统得以正常运转、社会秩序得以有效维护的重要途径，也是国家治理体系和治理能力的重要方面。历史和现实都表明，构建具有强大感召力的核心价值观，关系社会和谐稳定，关系国家长治久安。"

2014 年 5 月，习近平在北京大学师生座谈会上的讲话中谈道："富强、民主、文明、和谐，自由、平等、公正、法治，爱国、敬业、诚信、友善，传承着中国优秀传统文化的基因，寄托着近代以来中国人民上下求索、历经千辛万苦确立的理想和信念，也承载着我们每个人的美好愿景。我们要在全社会牢固树立社会主义核心价值观，全体人民一起努力，通过持之以恒的奋斗，把我们的国家建设得更加富强、更加民主、更加文明、更加和谐、更加美丽，让中华民族以更加自信、更加自强的姿态屹立于世界民族之林。"中华民族伟大复兴的中国梦引领着我们每一位中华儿女艰苦奋斗，社会主义核心价值观在实现伟大中国梦的道路上展现了其重要的生命力、凝聚力、感召力，深深鼓舞着我们每一个为民族复兴而不懈奋斗的追梦人。

3. 四个全面的战略布局

党的十八大以来，以习近平同志为核心的党中央从坚持和发展中国特色社会主义全局出发，提出并形成了全面建成小康社会、全面深化改革、全面依法治国、全面从严治党的战略布局，确立了新形势下党和国家工作的战略目标和战略举措，为实现"两个一百年"奋斗目标、实现中华民族伟大复兴的中国梦提供了理论指导和实践指南。习近平总书记在中共十八届二中全会第二次全体会议上的讲话中提出："把'四个全面'战略布局落到实处当前，国际形势依然复杂多变，国内改革发展稳定任务依然艰巨繁重，我们具有做好工作的许多有利条件，但也面对着许多严峻挑战。特别是要看到，解决我国经济社会发展的突出矛盾和问题，需要我们付出长期艰苦的努力，不可能一蹴而就。全党同志要增强忧患意识和风险意识、保持清醒头脑，增强工作前瞻性、进取性、创造性，全面推进社会主义经济建设、政治建设、文化建设、社会建设、生态文明建设，推进党的建设新的伟大工程，团结带领全党全国各族人民为全面建成小康社会而奋斗。"

"四个全面"的战略布局，实质上回答了怎样实现社会主义现代化和中华民族伟大复兴这一问题，是实现社会主义现代化和中华民族伟大复兴的中国梦的理论指导、行动指南和总体方略。2015 年 3 月，在博鳌亚洲论坛年会上，习近平庄重宣示："中国人民正在按照全面建成小康社会、全面深化改革、全面依法治国、全面从严治党的战略布局，齐心协力为实现'两个一百年'奋斗目标、实现中华民族伟大复兴的中国梦而奋斗。"由此可见，实现中华民族伟大复兴的中国梦需要牢牢把握"四个全面"——全面建成小康社会、全面深化改革、全面依法治国、全面从严治党的战略布局。"四个全面"的战略布局是适合我国经济社会发展的，因为它是我国根据国情发展的现实需要提出来的，也是我国从人民群众的热切期待与切实需求中得出来的，更是为推动解决我国面临的突出矛盾和问题而提出来的。

4. 四个自信

四个自信即中国特色社会主义道路自信、理论自信、制度自信、文化自信，道路自信是对发展方向和未来命运的自信。坚持道路自信就是要坚定走中国特色社会主义道路，这是实现社会主义现代化的必由之路，是为近代历史反复证明的客观真理，是党领导人民从胜利走向胜利的根本保证，也是中华民族走向繁荣富强、中国人民幸福生活的根本保证。理论自信是对马克思主义理论特别是中国特色社会主义理论体系的科学性、真理性的自信。坚持理论自信就是要坚定对共产党执政规律、社会主义建设规律、人类社会发展规律认识的自信，就是要坚定实现中华民族伟大复兴、创造人民美好生活的自信。制度自信是对中国特色社会主义制度具有制度优势的自信。坚持制度自信就是要相信社会主义制度具有巨大优越性，相信社会主义制度能够推动发展、维护稳定，能够保障人民群众的自由平等权利和人身财产权利。文化自信是对中国特色社会主义文化先进性的自信。坚持文化自信就是要激发党和人民对中华优秀传统文化的历史自豪感，在全社会形成对社会主义核心价值观的普遍共识和价值认同。

“四个自信”由习近平总书记在庆祝中国共产党成立95周年大会上提出，是对党的十八大提出的中国特色社会主义“三个自信”的创造性拓展和完善。“四个自信”是一个有机统一体，既相对独立，又相辅相成。在此之前，2014年全国两会期间，习近平参加贵州代表团审议时说“体现一个国家综合实力最核心的、最高层的，还是文化软实力，这事关一个民族精气神的凝聚。我们要坚持道路自信、理论自信、制度自信，最根本的还有一个文化自信。中华民族历来对自己的文化有着强烈的认同感和自豪感，只是到了近代沦为殖民地半殖民地时，文化自信、国民自信受到极大损伤。中国人民在长期的革命斗争中，选择了中国共产党、选择了社会主义制度，走上了改革开放的正确道路，开创了建设中国特色社会主义的新的时期，正在为实现中华民族伟大复兴的中国梦而努力奋斗。”如今，我国在中国共产党的带领下实现了跨越式的飞速发展，比历史上任何一个时刻都更加接近中华民族伟大复兴的中国梦的实现，在这种情况下，我们中华儿女更应该倍感自豪、充满自信，深受激励和鼓舞，积极向上，为美好的明天奋斗不息。

5. 使人民获得感、幸福感、安全感更加充实、更有保障、更可持续

习近平同志在党的十九大报告中提出，提高保障和改善民生水平，加强和创新社会治理，必须始终把人民利益摆在至高无上的地位，让改革发展成果更多更公平惠及全体人民，朝着实现全体人民共同富裕不断迈进；不断满足人民日益增长的美好生活需要，不断促进社会公平正义，形成有效的社会治理、良好的社会秩序，使人民获得感、幸福感、安全感更加充实、更有保障、更可持续。获得感既是幸福感的前提和基础，也是安全感的重要保障。

十九届五中全会也提出，我国在未来一段时期内要继续改善人民生活品质，提高社会建设水平。坚持把实现好、维护好、发展好最广大人民根本利益作为发展的出发点和落脚点，尽力而为、量力而行，健全基本公共服务体系，完善共建共治共享的社会治理制度，扎实推动共同富裕，不断增强人民群众获得感、幸福感、安全感，促进人的全面发展和社会全面进步。我国要提高人民收入水平，强化就业优先政策，建设高质量教育体系，健全多层次社会保障体系，全面推进健康中国建设，实施积极应对人口老龄化国家战略，加强和创新社会治理。人民的幸福感、获得感与国家的繁荣富强紧密相连，国家发展了，人民的物质文化生活需要就能够得到更加充分的满足，人民的幸福感、获得感也能够有所提升，这也将成为激励人民努力奋斗、坚持不懈为实现中华民族伟大复兴中国梦的动力源泉。

6. 构建人类命运共同体

2013 年，习近平总书记首次提出构建人类命运共同体的倡议，近年来，中国同世界各国的友好合作不断拓展，人类命运共同体理念得到越来越多人的支持和赞同，这一倡议正在从理念转化为行动。习近平同志在党的十九大报告中提出，坚持和平发展道路，推动构建人类命运共同体。强调中国共产党始终把为人类做出新的更大的贡献作为自己的使命。中国将高举和平、发展、合作、共赢的旗帜，恪守维护世界和平、促进共同发展的外交政策宗旨，坚定不移在和平共处五项原则基础上发展同各国的友好合作，推动建设相互尊重、公平正义、合作共赢的新型国际关系。坚持推动构建人类命运共同体，是习近平新时代中国特色社会主义外交思想的重要内容，是习近平新时代中国特色社会主义思想的重要组成部分。

当前，世界正处于大发展大变革大调整时期，和平与发展仍然是时代主题。同时，世界面临的不稳定性不确定性突出，人类面临许多共同挑战。各国人民应当同心协力，构建人类命运共同体，建设持久和平、普遍安全、共同繁荣、开放包容、清洁美丽的世界。各国要相互尊重、平等协商，坚决摒弃冷战思维和强权政治，走对话而不对抗、结伴而不结盟的国与国交往新路。要坚持以对话解决争端、以协商化解分歧，统筹应对传统和非传统安全威胁，反对一切形式的恐怖主义；要同舟共济，促进贸易和投资自由化便利化，推动经济全球化朝着更加开放、包容、普惠、平衡、共赢的方向发展；要尊重世界文明多样性，以文明交流超越文明隔阂、文明互鉴超越文明冲突、文明共存超越文明优越。要坚持环境友好，合作应对气候变化，保护好人类赖以生存的地球家园。

二、 伟大的中国实践

1. 制度层面的激励

国家在人才队伍建设方面，党的十九大报告指出，坚持严管和厚爱结合、激励和约束并重，完善干部考核评价机制，建立激励机制和容错纠错机制，旗帜鲜明为那些敢于担当、踏实做事、不谋私利的干部撑腰鼓劲。中共中央办公厅日前印发的《关于进一步激励广大干部新时代新担当新作为的意见》，紧扣中国特色社会主义新时代的新要求，旨在充分调动和激发干部队伍的积极性、主动性、创造性，是激励广大干部在新时代勇于担当、奋发有为的重要举措。

习近平总书记指出："经过改革开放近 40 年的发展，我国社会生产力水平明显提高；人民生活显著改善，对美好生活的向往更加强烈，人民群众的需要呈现多样化多层次多方面的特点，期盼有更好的教育、更稳定的工作、更满意的收入、更可靠的社会保障、更高水平的医疗卫生服务、更舒适的居住条件、更优美的环境、更丰富的精神文化生活。”这八个“更”字表明，过去主要解决的是“有没有”的问题，现在要重点解决“好不好”的问题。解决“好不好”的问题需要各级干部真抓实干，高质量、高水平地干事创业，其中，激励机制发挥着十分重要的作用。

国家对于干部考核建立激励机制，为那些敢于担当、踏实做事、不谋私利的好干部们撑腰鼓劲，这体现了国家层面上对于激励机制的科学有效应用，同时也彰显了激励机制在人才队伍建设过程中的重要性。类似的，我们企业层面想要员工积极付出，高质量、高水平地干工作需要做好激励，我们员工队伍建设也需要坚持坚持严管和厚爱结合、激励和约束并重：一方面严格遵循公司规章制度管理的同时建立一定程度的“容错机制”，体现严管与厚爱结合；另一方面针对不同员工的不同需求进行激励的同时做好奖惩结合，体现鼓励与约束并重。

2. 物质层面的激励

2015 年 11 月 27 日至 28 日，中央扶贫开发工作会议在北京召开。中共中央总书记、国家主席、中央军委主席习近平强调，消除贫困、改善民生、逐步实现共同富裕，是社会主义的本质要求，是中国共产党的重要使命。2015 年 11 月 29 日，《中共中央 国务院关于打赢脱贫攻坚战的决定》正式发布。2019 年 3 月 5 日，国务院总理李克强在发布的 2019 年国务院政府工作报告中提出，打好精准脱贫攻坚战。2020 年 5 月 22 日，国务院总理李克强在发布的 2020 年国务院政府工作报告中提出，2020 年要优先稳就业保民生，坚决打赢脱贫攻坚战，努力实现全面建成小康社会目标任务。

为打赢脱贫攻坚战，党和国家建立完善鼓励激励机制，将社会组织开展专项行动、助力脱贫攻坚纳入督查考评范围，作为“三比一创”、党组织“评星晋级、争创双强”活动、等级评估、落实党建工作奖补资金和社会组织负责人、党组织书记评先评优、担任“两代表一委员”的重要内容和考评指标，激发社会组织党组织和党员投身脱贫攻坚决胜战的积极性、主动性。脱贫攻坚是保障和改善民生水平的一项重要工作，是实现 2020 年全面建成小康社会的重要前提。我们党和国家在脱贫攻坚工作实施过程中给予基层党员干部及群众充分有效的培训和补贴来进行物质激励，鼓舞党员群众撸起袖子加油干，打好脱贫攻坚战。

党和国家一方面强化贫困村党组织运行保障。健全以财政投入为主的多元化党建经费投入保障机制，足额保障贫困村干部基本报酬、村级组织办公经费、服务群众专项经费、党员活动经费，每个贫困村党组织服务群众专项经费每年不低于一定限额。争取省资金支持，加大市管党费、以奖代补资金拨付力度，支持贫困村新建、改建村级活动场所，进一步整合利用各类资源，提升综合功能，提高贫困村党组织服务凝聚群众能力。另一方面狠抓培训强本领。国务院扶贫组下发《2020 年脱贫攻坚教育培训计划》，要求各村和机关职能站对党建促脱贫、防疫知识、健康扶贫、乡村振兴、发展壮大村集体经济、扶贫政策等培训内容，充分准备授课内容，按任务要求进行培训。针对新冠肺炎疫情的特殊情况，党和国家建立脱贫攻坚“四支队伍”培训微信群，在线随时解答学员提出的问题，第一时间将国家新政及防疫等知识送达党政干部及脱贫攻坚“四支队伍”。

3. 精神层面的激励

（1）抗疫英雄，时代榜样

新冠肺炎疫情是百年来全球发生的最严重的传染病大流行，是中华人民共和国成立以来遭遇的传播速度最快、感染范围最广、防控难度最大的重大突发公共卫生事件。病毒突袭而至，疫情来势汹汹，人民生命安全和身体健康面临严重威胁。我们党和国家坚持人民至上、生命至上，以坚定果敢的勇气和坚忍不拔的决心，同时间赛跑、与病魔较量，迅速打响疫情防控的人民战争、总体战、阻击战，统筹推进疫情防控和经济社会发展工作，抓紧恢复生产生活秩序，取得显著成效。中国的抗疫斗争，充分展现了中国精神、中国力量、中国担当。

2020 年 9 月 8 日，全国抗击新冠肺炎疫情表彰大会隆重召开，向做出杰出贡献的功勋模范人物颁授共和国勋章和国家荣誉称号奖章，表彰抗疫先进个人和先进集体，弘扬伟大抗疫精神，为决胜全面建成小康社会、夺取新时代中国特色社会主义伟大胜利而不懈奋斗。习近平同志在会上这样说道：“面对突如其来的严重疫情，广大医务人员白衣为甲、逆行出征，舍生忘死挽救生命。全国数百万名医务人员奋战在抗疫一线，给病毒肆虐的漫漫黑夜带来了光明，生死救援情景感天动地！人民军队医务人员牢记我军宗旨，视疫情为命令，召之即来，来之能战，战之能胜。广大医务人员用血肉之躯筑起阻击病毒的钢铁长城，挽救了一个又一个垂危生命，诠释了医者仁心和大爱无疆！广大医务人员是最美的天使，是新时代最可爱的人！他们的名字和功绩，国家不会忘记，人民不会忘记，历史不会忘记，将永远铭刻在共和国的丰碑上!”抗疫英雄事迹感动着每一个中国人，榜样力量激励着每一位中华儿女，抗疫精神在每一个人心里熠熠生辉，不灭不息。

在过去将近一年的时间里，我们党团结带领全国各族人民，进行了一场惊心动魄的抗疫大战，经受了一场艰苦卓绝的历史大考，付出巨大努力，取得抗击新冠肺炎疫情斗争重大战略成果。在这场同严重疫情的殊死较量中，涌现了一大批抗疫英雄，时代榜样，集中展现了中国人民和中华民族以敢于斗争、敢于胜利的大无畏气概，铸就了生命至上、举国同心、舍生忘死、尊重科学、命运与共的伟大抗疫精神。伟大的抗疫精神激励、鼓舞着全国各族人民奋勇向前、无私奉献、不怕牺牲，积极为抗疫工作贡献自己的坚定力量。

（2）共商共筑人类命运共同体。

习近平主席在“共商共筑人类命运共同体”高级别会议发表的主旨演讲上提出：我们要坚持共建共享，建设一个普遍安全的世界。各方应该树立共同、综合、合作、可持续的安全观。中国发展得益于国际社会，中国也为全球发展做出了贡献，中国将继续奉行互利共赢的开放战略，将自身发展机遇同世界各国分享，欢迎各国搭乘中国发展的“顺风车”。我们也要坚持合作共赢，建设一个共同繁荣的世界。我们要引导经济全球化健康发展，加强协调、完善治理，推动建设一个开放、包容、普惠、平衡、共赢的经济全球化，着力解决公平公正问题。当今世界，各国相互依存、休戚与共，我们要继承和弘扬联合国宪章的宗旨和原则，构建以合作共赢为核心的新型国际关系，打造人类命运共同体。

“和实生物，同则不继”。中国传统文化崇尚和合共生，主张和而不同。“求同存异”“和而不同”作为中国传统文化思想中处理人际关系的方法论，对于维持人与人之间的和谐交往具有独特的辩证智慧，对于国家之间的交往亦然。中国积极倡导构建人类命运共同体，旨在能够实现互利互惠，共享共赢。中国经济的飞速发展离不开世界，现在也欢迎大家搭乘中国发展的列车，“众人拾柴火焰高”。中国愿意为周边国家提供共同发展的机遇和空间，正所谓“独行快，众行远”。我们期待各方秉持共商、共建、共享原则，携手应对世界经济面临的挑战，开创发展新机遇，谋求发展新动力，拓展发展新空间，实现优势互补、互利共赢，不断朝着人类命运共同体方向迈进。正如习近平同志所说，中国优秀传统文化讲求言必信、行必果，中国说过的话、承诺的事，一定会做到、一定会兑现。

构建人类命运共同体，各国命运与共，休戚相关。在此次疫情当中，中国做法、中国速度、中国方案均集中体现了中国人民和衷共济、爱好和平的道义担当。正如习近平同志在全国抗击新冠肺炎疫情表彰大会上的讲话中所说："大道不孤，大爱无疆。我们秉承"天下一家"的理念，不仅对中国人民生命安全和身体健康负责，也对全球公共卫生事业尽责。我们发起了中华人民共和国成立以来援助时间最集中、涉及范围最广的紧急人道主义行动，为全球疫情防控注入源源不断的动力，充分展示了讲信义、重情义、扬正义、守道义的大国形象，生动诠释了为世界谋大同、推动构建人类命运共同体的大国担当。"历史和现实都告诉我们，只要国际社会秉持人类命运共同体理念，坚持多边主义、走团结合作之路，世界各国人民就一定能够携手应对各种全球性问题，共建美好地球家园。

第三部分　案例使用说明

一、 教学用途和教学目标

1. 教学用途

本案例适用于本科生《管理学》"激励"章节。

2. 教学目标

（1）知识层面

理解概念：激励、获得感。

掌握理论：获得感、幸福感、安全感在企业层面的激励作用。

（2）能力层面

教师通过对获得感、幸福感、安全感在企业层面激励作用的讲解，帮助学生系统掌握激励在企业运行发展过程中的重要作用和对提升人民获得感的重要意义。

（3）素质层面

拓展时政视野：理解激励在企业运行发展过程中的重要作用和对提升人民获得感的重要意义，特别是新时代背景下强调其能使人民获得感、幸福感、安全感更加充实、更有保障、更可持续，培养学生关注我国企业激励方式、措施以及效果的学习和思考习惯。

提高管理素养：通过案例讲解企业的成长路径和激励方法。

二、 案例讨论前的准备工作

1. 学生方面

学生在教师按照《管理学》教学计划讲解的基础上，可以结合本案例以及进一步信息获取，掌握我国企业的激励方法、案例等。

2. 教师方面

教师在《管理学》教学计划的基础上，可根据学生人数安排小组，并做不同分工和展示分享要求。

三、 案例分析要点

1. 启发思考题

（1）结合案例，分析腾讯公司是如何做到与员工共同成长的？体现在哪些方面？

（2）结合案例，谈谈腾讯公司坚持“人才是最宝贵的财富”这一理念有什么价值？

2. 分析思路

（1）理论知识点

以人为本；使人民获得感、幸福感、安全感更加充实、更有保障、更可持续

（2）参考答案

（1）结合案例，分析腾讯公司是如何做到与员工共同成长的？体现在哪些方面？

参考答案：人才的成长地——腾讯学院：腾讯通过设计职业发展通道和对应的完善培训体系，努力成为腾讯员工的成长顾问与业务团队的发展伙伴，为腾讯的现在和未来培养人才。员工成长的办公环境：一座集数字化、智能化于一体的智慧大厦。这座“互联互通”的大厦，象征着互联网将各个角落互相连通，更体现了腾讯是一家专注连接人与人、人和服务以及未来人和设备的互联网高科技企业。员工发展的多元文化环境。腾讯一直以来坚持提供平等、透明、无歧视的工作环境，对不同性别、国籍、民族、宗教信仰的员工给予充分尊重；同时，严格遵守国家相关规定，维护员工利益，共同创造一个平等、和谐、多元文化融合发展的工作环境。丰富多彩的员工活动等。

（2）结合案例，谈谈腾讯公司坚持“人才是最宝贵的财富”这一理念

有什么价值?

参考答案：腾讯始终把人才作为公司最宝贵的财富，结合三大方法和四大理念关注员工的成长和发展，并将关心员工这件事落到实处，切实提高、充实员工们的获得感、幸福感和安全感，有效鼓舞和激励员工，有助于激发员工们的创造活力和工作热情，有利于实现企业与员工共同成长的效果，达到员工与企业双赢的目的。

四、教学组织方式

课前：案例课前一周布置学生先行做好准备（参见前述“讨论前应做准备”），特别强调需认真阅读案例材料。所有小组均需在上课前提交小组书面的案例分析报告，其中被指定做课堂陈述的小组还需准备幻灯片（PPT）并提交电子文档。

课中：案例课（连续 3 节课）开始后，按如下步骤进行。

第一步：小组陈述。每组 15~25 分钟，共约 50 分钟。

第二步：针对“陈述”的讨论，由非陈述组同学对已做陈述提出问题或批评，陈述同学做答辩，约 30 分钟。

第三步：自由讨论，约 20 分钟。

第四步：由学生代表作案例讨论的总结发言，约 10 分钟。

第五步：教师总结并点评，10~30 分钟。

课后：为进一步提高知识的记忆和巩固，教师可安排学生自选一家互联网企业进行关注，下次课做回顾和提问。

五、总结

（1）激励就是组织及其个人通过设计适当的奖酬形式和工作环境，以一定的行为规范和惩罚性措施，借助信息沟通来激发、引导、保持和规范组织及其个人的行为，以有效地实现组织及个人目标。

（2）组织是指一群人为了实现某个共同目标而结合起来协同行动的集合体。

（3）理解激励在企业运行发展过程中的重要作用和对提升人民获得感的重要意义，特别是在强调使人民获得感、幸福感、安全感更加充实、更有保障、更可持续的新时代背景下，激励是当今时代每一个大学生学好管理学的必备板块。

2020 年，“十四五”规划提出：“坚持把实现好、维护好、发展好最广大人民群众的根本利益作为发展的出发点和落脚点，尽力而为、量力而行，健全基本公共服务体系，完善共建共治共享的社会治理制度，扎实推动共同富裕，不断增强人民群众获得感、幸福感、安全感，促进人的全面发展和社会全面进步。”获得感已经成为评价社会治理成效和民众社会生活质量的一把重要标尺，而获得感的概念结构包含五个维度：获得内容、获得环境、获得途径、获得体验和获得共享。获得感强调个体需求被满足，得不到满足的需求是激励的出发点，需求被满足的过程亦为激励发生作用的过程。

企业需要关注员工获得感、幸福感、安全感的实现。为了更好地满足员工个性化、多样化的需要，使员工获得感、幸福感、安全感更加充实、更有保障，腾讯公司在管理过程中综合使用物质激励、精神激励以及情感激励等多种激励方式。

第六章　领导

第一部分　案例正文

一、 福耀集团美国工厂的发展历程

福耀集团，全称福耀玻璃工业集团股份有限公司，1987 年成立于中国福州，专注于生产汽车安全玻璃，是目前国内规模最大、技术水平最高的汽车玻璃生产供应商。截至 2019 年，其官网数据显示，福耀集团汽车安全玻璃全球市场占有率（市占率）约 25%，国内市占率逾 60%，福耀集团发展大事记见表 6-1。

表 6-1　福耀集团发展大事记

年份	主要事项
1987 年 6 月	福耀玻璃成立
1989 年 5 月	开始向香港配件市场出口汽车玻璃
1989 年 7 月	向广州标致出售汽车玻璃，业务拓展至配套汽车玻璃市场
1991 年 9 月	向加拿大 TCG International Inc 出口汽车玻璃，业务范围开始拓展至发达国家配件市场
1992 年 6 月	改制为股份有限公司
1993 年 6 月	获准在上海证券交易所挂牌上市
1993—1994 年	于香港成立多家子公司
1994 年 12 月	成立美国绿榕玻璃工业有限公司，进行海外扩张
1995 年	组建福耀玻璃工业集团股份有限公司
2000 年 9 月	注册长春分公司，迈出全国性跨省区生产网络第一步

表6-1(续)

年份	主要事项
2002 年 10 月	与国外汽车制造商（Hyundai Mobis（Hong Kong）Company）签订第一份配套汽车玻璃销售协议
2003 年	拓展浮法玻璃项目，抓住汽车玻璃上游话语权
2005 年 3 月	福耀（北美）有限公司注册成立全面取代原美国绿榕玻璃工业有限公司在北美的福耀汽车玻璃销售业务
2005 年 5 月	与德国奥迪签订汽车玻璃配套供货协议，标志着福耀玻璃已掌握高难度技术
2006—2008 年	在德国、韩国、日本及美国成立子公司
2011 年	与俄罗斯卡陆加州政府签署汽车玻璃生产项目协议
2013 年	福耀玻璃宣布在美国俄亥俄州建设工厂的计划
2014 年	买下美国通用汽车位于俄亥俄州代顿市的一家装配厂并改造为玻璃制造厂
2014 年 7 月	收购世界汽车玻璃巨头 PPG 公司旗下芒山（Mt. Zion）工厂浮法玻璃生产基地
2015 年 3 月	成功发售福耀玻璃 H 股
2015 年 7 月	美国代顿工厂建成，芒山工厂浮法玻璃生产线开始供应原片玻璃
2016 年 10 月	福耀美国汽车玻璃工厂竣工投产
2017 年 3 月	福耀欧洲公司在德国奠基
2017 年 9 月	集汽车玻璃和相关产品的研发、生产、销售为一体的“超级工厂”在苏州动工
2018 年 9 月	福耀欧洲新厂正式投产
2019 年 1 月	获批收购德国 SAM 资产，提升汽车玻璃集成化能力

早在 2007 年，福耀玻璃的国内市占率已达 60%，但与 2019 年的辉煌数据相比，2007 年福耀玻璃的全球市场占有率可谓是铢两分寸，仅有 3%，“走出去”是福耀集团未来成长的必经之道。

2012 年，通用汽车公司向福耀玻璃发来订单邀请，前提是 2017 年前福耀玻璃必须建立一个位于美国的玻璃工厂。

海外投产迫在眉睫，福耀玻璃创始人兼董事长曹德旺开始研究中美建厂的成本差异。经过研究，曹德旺发现美国建厂具有一定的成本优势，能够从土地、能源、税收、物流等问题上为企业节省一大笔费用：“首先，中国有增值税，美国没有。其次，虽然美国的人工成本很高，占营业成本的 40%，中国这一项仅占 20%，但是中国企业缴纳的保险比例很高，美国是按照应付工资的 11%缴，占营业成本的 4.4%，我们的‘五险一金’按照应付工资的 40%缴，占营业成本的 8%。虽然我们的工资比它低一半，但这样算下来，我们比美国又高了接近4%，再加上汽车玻璃的增值税，这就在12%左右。最后，美国能源价格比中国低，天然气价格是中国的1/5，电价格只有中国的40%，汽油价格只有中国的一半，运输成本和物流成本都比较低。那些基础材料，价格又便宜4%～5%，总体算下来便宜16%～17%。如果我把玻璃从国内运到美国去，运费成本还要再增加15%～20%。”福耀中美成本对比见表6-2。

表6-2 福耀中美成本对比［单位：百万元（人民币）;%］①

	国内汽车玻璃成本占比	国内汽车玻璃成本	变化幅度	美国汽车玻璃成本占比	美国汽车玻璃成本
纯碱	6.1%	691	-17%	5.1%	570
硅砂	0.7%	76	0%	0.7%	76
PVB	13.7%	1 541	0%	13.7%	1 541
天然气	11.1%	1 251	-75%	2.8%	313
电力	7.6%	856	-40%	4.6%	513
人工	18.6%	2 093	240%	63.1%	7 115
制造	20.1%	2 263	20%	24.1%	2 715
其他	22.2%	2 504	0%	22.2%	2 504
总成本	100.0%	11 274		136.1%	15 348
营业收入		17 868	36%		24 122
毛利率		36.9%			36.4%

内外推动之下，曹德旺肩负起出海寻求建厂良机、良地的重任，扩大海外业务市场成为福耀玻璃发展的必然选择。

2013年，曹德旺在同时考察了阿拉巴马、田纳西、肯塔基和密歇根等地后，最终选择了位于“铁锈带”俄亥俄州代顿市莫瑞恩区的一座废弃于2008年的通用汽车工厂。在与当地政府协商后，福耀玻璃获得了来自俄亥俄州政府和莫瑞恩区政府的承诺，只要工厂雇佣的美国员工超过1 500人，州政府和区政府为福耀玻璃分别提供五年至少100万～180万和1 300万～1 500万美元的就业补贴。此外，莫瑞恩还免去了福耀办公楼15年的产权税。各种优惠合计，为福耀玻璃节省了将近3 000万美元的工厂成本。至此，福耀玻璃的美国工厂开始轰轰烈烈地发展起来。福耀美国汽车玻璃工厂发展历程见表6-3。

① 鲁大师. 美国工厂：一个非典型的制造业故事［J］. 资源再生，2019（08）：63-68.

表 6-3　福耀美国汽车玻璃工厂发展历程

年份	主要事项
2013	决定在美国俄亥俄州独自组建福耀玻璃美国有限公司，拟投资 2 亿美元建设汽车安全玻璃项目
2014	成立俄亥俄州代顿福耀玻璃制造厂，收购 PPG 公司旗下位于伊利诺伊州芒山（Mt. Zion）工厂两条浮法玻璃工业生产线
2015	俄亥俄州汽车玻璃项目一期建成，设计产能 300 万套；伊利诺伊芒山工厂浮法玻璃项目开始生产玻璃原片
2016	俄亥俄州福耀汽车玻璃工厂竣工投产，计划建成年产 2 200 万平方米的生产规模；芒山工厂生产线完成升级改造，可生产满足汽车玻璃要求的各种厚度及颜色的浮法玻璃，年产量达 28 万吨
2017	福耀玻璃美国有限公司扭亏为盈，量价同步提升

美国作为全球最重要的汽车消费市场和生产国，一直在福耀的发展战略中占有重要地位。早在 20 世纪 90 年代，福耀已在美国设立营销机构进行品牌国际化宣传，在美国市场的年销售额近 4 亿美元，是福特、通用、克莱斯勒、卡特彼勒等美国知名车企的供应商。步入 21 世纪以来，福耀逐渐向海外进行规模化的投资。2014 年至今，福耀每年在海内外的在建工程多达 20 余个，福耀美国工厂的玻璃项目从 2014 年至 2017 年连续四年被列为福耀年报“重要在建工程”之列，且投入的预算数年年走高，具体如图 6-1 所示。

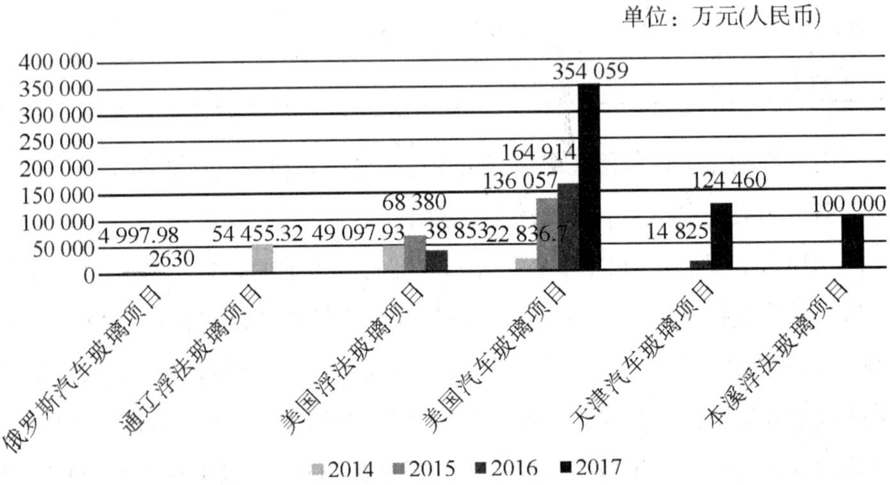

图 6-1　2014—2017 年福耀集团重要在建工程每期投资增加额（数据来源：福耀年报）

然而，福耀玻璃美国工厂的发展并非一帆风顺。在项目投产的 2016 年，福耀美国公司当年销售了 90 万套产品，亏损了 4 161 万美元（约合 2.9 亿元人民币），这背后的原因，除却工厂建设初期的供需问题外，还包括中美企业领导模式和管理方式之间的矛盾。

2016年10月，福耀玻璃俄亥俄州代顿市莫瑞恩工厂举行竣工庆典，曹德旺在庆典媒体会议上直言道："我们不愿意看到工会在这里发展，因为工会影响劳动效率，直接造成损失。"曹德旺的"工会威胁论"随即引起舆论哗然，中美企业的文化裂缝初现端倪，而在工厂之后的运行中，这种不同价值观之间的矛盾愈演愈烈。

曹德旺发现，美国工厂中中国工人和美国工人的工作态度和工作效率形成了鲜明对比。中国工人沉默、勤劳，有较强的工作韧性与工作责任心，而美国工人似乎陷入了"生产速度"与"产品质量"之间的矛盾陷阱，他们难以适应中国管理式下的工作强度和工作氛围，部分工人甚至开始联合UAW（全美汽车工人联合会）进行投诉和游行。

2017年1月到10月，福耀美国汽车玻璃工厂亏损了4 000万美金。与此同时，福耀收到了11起针对工厂生产环境的安全诉讼，并被美国联邦职业安全与卫生署罚款，还被《纽约时报》公开指责劳动条件恶劣。一时间，福耀美国工厂的形象跌入谷底，工厂产能也受到工会抗议影响而波动。

曹德旺认识到了中美双方工作价值观之间的差异。一方面，他邀请福耀美国工厂的中层外籍领导到中国福建福清的福耀汽车玻璃工厂进行参观学习；另一方面，曹德旺进行了大刀阔斧的高管团队重组，他解雇了总裁约翰·高蒂尔（John Gauthier）和副总裁戴维·伯罗斯（David Burrows），提高高管团队中中国管理者的比例，将美国工厂的负责人换成在中国待了26年、美国待了27年的刘道川。

刘道川在曹德旺的支持下，采取了果断的处理措施：①为服从工厂规章制度的员工提供"每小时涨薪2美元"的物质奖励，向美国工人传递"工会不能当饭吃"的观念；②咨询LRI（反工会咨询组织），让专业人士对标工会组织进行沟通；③针对性开除顽固的刺头分子。

2017年11月，美国劳资委决定组织一场解决"福耀是否需要成立工会"的核心争议的官方投票，莫瑞恩工厂的工人以868票对444票，近乎2∶1的比例否决了成立工会的动议，至此，福耀美国工厂成立以来最大的劳资风波落下帷幕。

在工会工人争端不断的同时，福耀并没有停止对美国工厂的投资和扩建。截至2017年年底，福耀美国工厂的年产能约为550万套，产能利用率约70%，销售量达到200万套，基本实现了扭亏为盈，具体见图6-2。

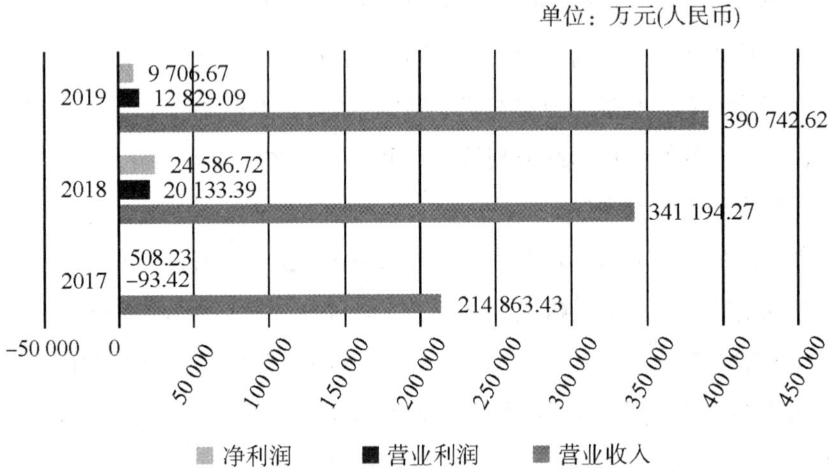

图 6-2　福耀美国近三年营业收入及利润变化（数据来源：福耀年报）①

截至 2020 年，福耀年报公布 2019 年福耀玻璃实现营收 211.04 亿元，同比增长 4.35%，实现利润总额人民币 32.31 亿元，归属于上市公司股东的净利润 29.0 亿元；福耀玻璃美国有限公司的营业收入相比 2018 年同期增长了 14.5%，实现营收 39.07 亿元。

如今，福耀集团在美国伊利诺伊州建有汽车级浮法玻璃工厂，在俄亥俄州建成年产 2 200 万平米的汽车安全玻璃产能（折合 550 万套），其莫瑞恩工厂成为全球最大的汽车玻璃单体工厂，可提供全美四分之一的汽车玻璃配套需求。

通过福耀美国工厂，福耀将成为美国汽车产业链上的重要一环，将为深化中美经贸合作做出应有的贡献。

二、 曹德旺的企业家责任观

（1）曹德旺的企业家身份认识。

2017 年 6 月，曹德旺在《局面》的专访中提到，他现在所做的一切，不是为了金钱和享受，而是为了中国能够在人民的共同努力之下强大起来。他认为，企业家必须有这样的境界和胸怀，“国家因为有你而强大，社会因为有你而进步，人民因为有你而富强。”

①国家因为有你而强大。

1984 年，承包地方玻璃厂、主营水表和手表玻璃业务的曹德旺偶然得

① 福耀玻璃美国有限公司 100%控股福耀玻璃伊利诺伊有限公司及福耀美国 C 资产公司，上述披露的福耀玻璃美国有限公司财务数据为其合并财务报表的数据。

知，同为玻璃产物的中国汽车玻璃市场被外资牢牢垄断，一片成本仅仅几十元钱的汽车玻璃市价高达上千元。曹德旺当机立断，1985 年迅速将玻璃厂主业转向汽车安全玻璃，以日本汽车玻璃四分之一的价格出售，改变中国汽车玻璃市场完全依赖进口的历史。

1987 年，福耀集团成立，集团目标设定为“为中国人做一片属于自己的玻璃”。曹德旺说，这片玻璃，能够满足中国所有的工业经济发展的技术的需要，能够在国际上卖得很稳，让全世界可以感受到中国人到智慧。

“适应市场需求就是高科技发展的方向，顺应时代发展要求就是企业家应该做的事情。”这是曹德旺对市场需求和企业家责任最朴实的认识。在他的带领下，福耀集团建立以市场和产品为导向的研发机制，确立“安全舒适、智能控制、节能环保、美观时尚、集成总成”五大产品研发方向。

据福耀官网资料，福耀集团已在中国 16 个省市以及美国、俄罗斯、德国、日本、韩国等 11 个国家和地区建立现代化生产基地和商务机构，并在中国、美国、德国三国六地设立全球玻璃研发设计中心。位于福清总部的集团设计中心同时兼备“研发大脑”功能，向福耀在全球的设计中心和生产基地提供 DFMEA（故障模式和影响分析）、设计规范制定和培训课程、海外设计中心的技术支持及人才培养。

“企业家必须有担当，适应市场并走在国际市场的前沿。”曹德旺不忘“为中国人做一块属于自己的玻璃”的初心，进入“工业 4.0”时代，福耀集团目标升级为“为全球客户提供一片有‘灵魂’的玻璃”。

2019 年，福耀集团研发投入人民币 8.13 亿元，占营业收入比例为 3.85%，远超竞争对手的 2%。2019 年年底，公司拥有研发人员 3 972 名，占员工总数的 14.86%。

截至 2020 年上半年，福耀集团共申请专利 1 829 件，其中发明专利 714 件。已授权专利 1 349 件，其中发明专利 354 件；国家技术发明奖、福建省科技进步奖等奖项收入囊中；高附加值产品占比持续提升，目前高附加值产品约占公司汽车玻璃三成收入。

福耀集团发展至今，始终坚持“发展自我、兼善天下”的核心理念，这与掌门人曹德旺与生俱来的使命感密不可分。2009 年，在“安永全球企业家大奖”获奖致辞中，曹德旺说：“坚持企业家的使命感和责任感，不以物欲为目的的挑战极限，挑战尖端，保证企业长期持续有效的改进创新。”他总结了一句话，“作为企业家必须有国家观念，企业家要做的就是让国家利益最大化。”

在曹德旺的带领下，福耀集团抓创新、增品种、提品质、创品牌，从最早的“为中国人做一片汽车玻璃”到“树立汽车玻璃供应商的典范”，再到“福耀全球”，将透明的事业做到极致，打破外资对于行业的垄断话语权，成为中国乃至世界汽车玻璃行业的标杆企业。福耀集团一直在追求通过自我的发展贡献客户、企业、产业、员工和社会，为企业报效国家提供了良好的典范。

②社会因为有你而进步。

2009年，曹德旺获得安永全球企业家大奖，是该奖项设立以来，首位获此殊荣的华人企业家。这不仅是对曹德旺领导的福耀集团的肯定，更是对曹德旺本人企业家责任、企业家精神的赞扬。

曹德旺曾经说过，“做企业家要想真正获得社会的认可、公众的认可，参与慈善事业是不可或缺的。”他表示，企业家若没有责任感，充其量是富豪。做慈善不是富人的专利，“只要每个人有心去帮助别人，这就是在做慈善。”

曹德旺认为慈善不是投资，做慈善是为了让社会更和谐。他对社会始终抱着感恩的心态，通过自己的力量来帮助社会。2010年，曹德旺发起河仁慈善基金会，并于次年携妻子正式宣布向河仁慈善基金会捐赠所持福耀集团3亿股股权，总价值35.49亿元，合曹德旺所持福耀股份的一半。河仁慈善基金会成为中国目前资产规模最大的公益慈善基金会，是全国第一也是唯一经由国务院审批、以金融资产（股票）创办的全国性非公募基金会。

2020年1月，新冠肺炎疫情暴发，曹德旺在第一时间召开集团紧急会议，组织全集团投入新冠阻击战，并在1月30日经由河仁慈善基金会捐赠1亿元，专项用于抗击疫情工作。福耀集团发挥跨国企业优势，迅速在德国、法国、美国、日本等国和地区积极筹措防疫物资242万件，并第一时间协调航班紧急发回国内。

据统计，截至2020年9月，曹德旺当年累计捐款15.4亿元，而从1983年第一次捐款至今，曹德旺累计个人捐款已超过120亿元人民币。

这些捐款流向了西藏、贵州、四川、甘肃、新疆、云南、福建、宁夏、江西等十多个省（自治区、直辖市），参与资助了专项赈灾、贫困生资助、医疗救助等10多个类别的120多个公益项目。

2019年10月17日，全国脱贫攻坚奖表彰大会暨先进事迹报告会在北京举行，曹德旺荣获2019年“全国脱贫攻坚奖奉献奖”。而在此之前，曹德旺曾入选“改革开放40周年杰出企业家”，两次获得“中国首善”，六次获得中华慈善奖。

无数嘉奖荣誉傍身，曹德旺并未以此为傲，“慈善的终极目的就是构建和谐稳定的社会秩序。慈善不仅仅是捐钱，更是一个人的品德，必须具备悲悯之心，才会真心地帮助别人。”他始终坚持“义利相济”的中国商道，“我不认为我对慈善做了什么”“但我最开心的就是，我让自己有一颗爱心，始终与贫困的弱势群体在一起，这是我真正的追求”。

③人民因为有你而富足。

2015 年 11 月，中央扶贫开发工作会议在北京召开。习近平总书记强调，消除贫困、改善民生、逐步实现共同富裕，是社会主义的本质要求，是中国共产党的重要使命。

《中共中央国务院关于打赢脱贫攻坚战的决定》发布后，曹德旺发起的河仁慈善基金积极响应中央发起的 5 年脱贫攻坚号召。

自 2016 年起，河仁慈善基金会和中央统战部有关司局发起“联村帮扶”活动，支持福建省、贵州省和湖北省三省联村帮扶 10 个村。每个村每年给予资金 100 万元，每省每年支持资金 3 000 万元，三省三年共 9 000 万元，其资金主要用于发展经济脱贫一批的项目。

“企业家一定要尽责。”这是曹德旺常挂在嘴边的一句话。2015 年，曹德旺参与了由全国工商联与国务院扶贫办、中国光彩事业促进会共同发起“万企帮万村”精准扶贫行动，帮扶贫困地区发展产业、脱贫致富。

“如果只是捐钱，钱花完了很快就没有了，要用商业的头脑策划，思考怎么才能从根本上帮农民解决贫困。”2019 年 9 月，曹德旺在赴贵州考察扶贫项目时发出了这样的感叹。贵州具备发展安顺辣椒和金刺梨产业的良好条件，曹德旺认为应该帮助当地农户进一步提升农产品的质量，形成优势品牌，实现自我造血。

“从根本上解决贫困”是曹德旺扶贫的重要理念，他认为，“他们有的因灾致贫，有的因学致贫，有的因残致贫，有的因骗致贫，我们应该想办法帮助他们，从解决这些问题入手，杜绝他们的贫困。”

2018 年，曹德旺到西藏昌都市考察，了解当地藏族同胞因病致贫、因病返贫的相关情况后，随即组织河仁慈善基金会与中西部 3 个省份签订健康扶贫三年攻坚框架协议，计划在 2018—2020 年，筹集 4 亿元，重点资助“三区三州”（三区：西藏自治区、新疆维吾尔族自治区及青海、甘肃、四川、云南 4 个省份的藏区。三州：凉山州、怒江州、临夏州）的深度贫困地区、特殊贫困人群，开展地方病预防救治工作。

同时，曹德旺认为，资助贫困地区加强教育文化设施建设，帮助贫困学子读书识字，增加学识，提高技能，是摆脱贫困、切断贫困代际传递的根本之举。因此，他出资助力高校图书馆建设，在厦门大学、福建医科大学、南京大学、西北农林大学等高校设立了“曹德旺助学金”，捐资江西革命老区吉安职业技术学院 2 000 万元建设图文信息中心，资助新疆和田地区 1 200 万元用于修建中学，资助南疆 1 700 万元用于 340 所农村学校购置饮水净化设备。

2019 年 10 月 17 日，全国脱贫攻坚奖表彰大会暨先进事迹报告会在北京举行，曹德旺荣获当年“全国脱贫攻坚奖奉献奖”。在曹德旺看来，企业家参与“光彩事业”不单要求慈善救济，尽天道，也要尽商道，真正帮贫困人口解决贫困，就要“各种手段都上”，企业家尽责，还在于所做的事情要减轻社会负担。

（2）曹德旺的四个自信

2018 年 4 月 8 日—11 日，博鳌亚洲论坛 2018 年年会在海南博鳌举行。曹德旺应邀出席。在与诸多政商领袖展开的高峰对话中，曹德旺提出，中国商道的精髓就在于义利相济，中国企业要发展必须建立自信。

曹德旺认为，自信是一种素质，是一种修养。“企业家培养自信，一要学会敬天，二要学会爱人。你能够做到这些肯定会有自信。第三你有一种自强不息的精神，再加上一个非常高的境界——追求报国为民的理念。”他提出了四个企业家自信的建议。

第一，文化自信。

在接受仲伟志采访时，曹德旺提到自己对于企业家文化自信的认识，“我认为在中国做企业家，首先必须具备文化自信。你要有信仰。你读了很多的书，领教了、受教了中国的传统文化，还要应用到实践上面去。这就是你的底蕴。企业家必须有这个底蕴，这个叫文化自信。”

文化自信体现为坚持中国古文化所倡导的商道，即“义利相济”。“义”是要承担责任，把自己应该做的地方做到位；“利”是要让大家都得到利益，只有和别人共享共赢，才能把路越走越宽。

曹德旺认为真正的企业家讲究的就是人本主义，以人为本，尊重他人，对所有的合作伙伴，客户以及员工，都要尊重，善待。

他认为，文化是一种信仰，也需要技术专业的支持，即相信科技，文化自信需要科学性的支撑。

第二，行为自信。

这是曹父留给曹德旺的告诫，“我们也许管不了别人，但是管得了自己。对别人的事情多鼓掌，都说好，这是积德；即使有看不顺眼的地方，不说话，不表态，这是修养。”

行为自信，让自己所有做的事情都问心无愧，无可挑剔。

曹德旺坚持玻璃主业，2018 年接受新京报采访时，他谈到坚持有所为，有所不为的观点，“有所为，就是带着我会成功的信念，坚定不移地做大做强主业，把做玻璃这件事坚持做下去。有所不为，就是不被周围影响，不改变福耀坚持做大做强主业这一发展目标。比如，福耀不往互联网、房地产的方向发展。为什么？因为我知道，我的精力有限、我的资金有限、我的经验有限，要把我所有的精力、资金、经验都全部动员到发展主业这一位置上，而不是被其他的东西分散。”

在与《中外管理》的访谈中，曹德旺还谈道：“中国自古以来提倡的是中庸之道，就是要我们本着谦虚、诚信、尊重天下人的原则来做事，做好我们每一件事，不管是在人前还是人后，白天做还是黑夜做，每件事都能做到表里如一，始终如一，多好，这才是中庸之道。”

曹德旺的坚守初心，是他行为自信的来源。他做到了自己所提倡的“企业家要敢作敢当，不要盲目扩张，遇到事情勇于承担后果，行为自负”，做到敬天爱人，尊重大自然，不做有损他人的事情，不做违反法律法规的事情，遵纪守法、依法治企，守护好员工利益、供应商利益、客户利益、政府利益。

第三，能力自信。

能力自信是相信自己的决策适合企业发展。

曹德旺说：“企业家的事业是风险事业，借林黛玉葬花时唱的一段台词：‘一年三百六十日，风刀霜剑严相逼’，这就是企业家的真实处境，因此我给大家的建议是，创业一定要小心。企业管理是一个综合性的学科，我承包工厂之前，学了会计，学了质量管理，我现在可以很自豪地说，在福耀集团，我可以胜任的不单是董事长，我可以出任财务总监，会计总监，质量总监，人力资源总监，我有这个水平。这样才能够把我的企业搞得风生水起。”

企业家在战略决策跟管理方面，要有足够的智慧，具有前瞻性的判断，企业家的决策能力和公司治理能力必须符合企业的发展需要。

从最初的水表玻璃、手表玻璃业务，到汽车安全玻璃业务的转变，再到浮法玻璃生产线的购买和美国玻璃工厂的建设，曹德旺具有前瞻性的判断，以果敢的态度决断，抓住商机，提前布局，引领福耀集团一路前进，直至成为全球性行业前列企业。

第四，政治自信。

政治自信即指企业发展方向与国家和地区政府决策保持一致，不管是在海外，还是国内，做企业的都应身先士卒。

曹德旺认为，坚持政治自信，先学会相信。企业应首先相信政府的伟大，国家机构的权威，要紧跟着政策和规定走，保持与政府政策的一致步调。

他相信保证企业做好而且屹立不倒的关键在于敬天爱人。“天”就是法律法规，以及风俗制度和习惯。作为企业家，需要明确这些都是不可冒犯的，遵守法律法规是大方向，只有遵纪守法地去做事，企业家内心才能安定，如此才有了敬业的基础。“爱人”则在于对社会的承诺：无论是客户、你的员工还是政府部门，都是需要去尊重的，企业家应有感恩之心，挣到钱就应该回报社会，回报人们，这是必须要做的历史担当。

2015 年 11 月，习近平总书记主持召开中央财经领导小组第十一次会议，研究经济结构性改革和城市工作。同年，曹德旺加快推进福耀集团生产制造的创新和转型之路，提出将智能制造手段融入产品研发、生产和服务过程，提升生产效率和质量。曹德旺说：“中央提出推进供给侧结构性改革，我们提出‘让工业 4.0 在福耀落户’，以创新驱动为支撑，实现智能生产，既补了短板，也降低了成本，这就是供给侧改革在福耀的具体实践。”

企业家要拥护党和政府的领导，始终保持正确的发展动机，尊重法律、遵守法规，遵循国家会因你而强大，社会会因你而进步，人民会因你而富足的发展理念，这就是政治自信的力量源泉。

三、 案例的思政元素

（1）走出去：中国企业跨文化领导力的提升。

随着中国经济的转型升级和经济全球化的趋势所向，中国企业“走出去”的步伐越发加快。2013 年，习近平总书记提出建设丝绸之路经济带和 21 世纪海上丝绸之路的倡议，这为中国企业进一步“走出去”提供了前所未有的契机。

“一带一路”建设是一项复杂而宏大的长期工程，其困难不仅在于工程资金的多少与工程建设的难易程度，还在于跨国工程间的文化差异以及文化冲突，跨文化沟通能力成为跨国公司取得成功的关键。

2016 年 10 月，福耀集团在美国俄亥俄州投资 6 亿美元建成的工厂正式投产，建成全球最大的汽车玻璃单体工厂，为当地提供 2 500 余个就业岗位，成为美国制造业“铁锈带”耀眼的明星企业。

工厂建设之初，中美文化冲突便出现端倪，曹德旺坚持拒绝成立美国式工会组织，他认为高福利与高效率不可共存，效益应与效率保持一致，而美国式工会的入驻，将导致赘余岗位的增加，降低劳动效率。

曹德旺的坚持不可谓不智慧，这是美国本土制造企业也常遇到的经营困境。曹德旺秉持“全球思维、本地行动”的指导原则，实行东道国人力资源本地化管理，启用复合文化背景的人才，克服语言障碍、思维方式等文化差异的不利因素影响，同时实施跨文化培训计划，邀请美国工厂的中层领导前往中国进行参观学习，组织美国工厂的中美工人共同活动，进而减少双方的“文化震颤”。

2017 年 11 月，福耀美国工厂的工人以近乎 2∶1 的比例否决了成立工会的动议，曹德旺的坚持得到了认可。福耀玻璃美国工厂最终实现了经济上的互赢互惠与文化上的互融互通并行，在“中国企业走出去”的同时，传递好了中国声音，讲好了中国故事。

2020 年 7 月，习近平总书记在企业家座谈会上强调，“中国开放的大门不会关闭，只会越开越大。以国内大循环为主体，绝不是关起门来封闭运行，而是通过发挥内需潜力，使国内市场和国际市场更好联通，更好利用国际国内两个市场、两种资源，实现更加强劲可持续的发展。从长远看，经济全球化仍是历史潮流，各国分工合作、互利共赢是长期趋势。我们要站在历史正确的一边，坚持深化改革、扩大开放，加强科技领域开放合作，推动建设开放型世界经济，推动构建人类命运共同体。”

在国内国际双循环相互促进的新发展格局之下，中国企业仍不能放松“走出去”步伐的节奏与紧迫感。“全球化是所有企业的终极目标”，曹德旺董事长曾在接受采访时说到，企业不断壮大以后，必须国际化，才能体现出它的终极目标，只有它的价值实现了，才是一个非常伟大的事业。

（2）本领恐慌。

“本领恐慌”出自 1939 年毛泽东同志在延安的一次在职干部教育动员大会，他在讲话中提道：“我们队伍里边有一种恐慌，不是经济恐慌，也不是政治恐慌，而是本领恐慌。”

2013 年，习近平总书记在中央党校建校 80 周年庆祝大会上又一次提出“本领恐慌”问题，强调指出，本领恐慌在党内相当一个范围、相当一个时期都是存在的。

习近平总书记提到，“本领不是天生的，是要通过学习和实践来获得的。当今时代，知识更新周期大大缩短，各种新知识、新情况、新事物层出不穷。有人研究过，18 世纪以前，知识更新速度为 90 年左右翻一番；20 世纪 90 年代以来，知识更新加速到 3~5 年翻一番。近 50 年来，人类社会创造的知识比过去 3000 年的总和还要多。还有人说，在农耕时代，一个人读几年书，就可以用一辈子；在工业经济时代，一个人读十几年书，才够用一辈子；到了知识经济时代，一个人必须学习一辈子，才能跟上时代前进的脚步。如果我们不努力提高各方面的知识素养，不自觉学习各种科学文化知识，不主动加快知识更新、优化知识结构、拓宽眼界和视野，那就难以增强本领，也就没有办法赢得主动、赢得优势、赢得未来。”

这不仅是对党员干部的警醒与鞭策，同样也是在督促包括企业家在内的社会大众。

在各种科技迅速更新迭代的当下，物联网、云计算和人工智能等新兴科技与经济社会发展呈现越来越深度的融合趋势，企业所面临的形势和身负的任务也不断发生深刻变化，这对企业和企业领导者提出了终身学习、不断创新的要求。

曹德旺曾经在一次访谈时分享了书籍《康熙大帝》的读后感，他总结康熙一代帝业的建成离不开其少年好学，青年勤学，壮年苦学，成年博学以致晚年通学。学习需要紧迫感和恒心。曹德旺自身按此实践，提高能力自信，也领导福耀集团坚持学习、不断创新。

2014 年，曹德旺提出让工业 4.0 落户福耀。他提出“技术领先、智能生产”两大战略，即通过自动化和信息化不断融合，搭建数字化的链接通道，打通研发、生产、管控、销售等各个环节，实现定制化产品、自动化制造、智能化运营。之后的几年间，福耀集团根据自身特点，发展“提升高附加值功能化汽车玻璃制造的智能工厂”的建设模式，遵循总体规划、分步推进的策略，初步实现了大规模定制生产智造转型。

正如习近平总书记所说，“过去学的本领只有一点点，今天用一些，明天用一些，渐渐告罄了”，身处日新月异的科技时代，企业家与企业同样普遍存在缺乏新形势下做好工作的本领的问题。面对新情况新问题，企业家应有本领不够的危机感。企业家只有不断增强自身本领，不断带领企业增强本领，才能为我们党“两个一百年”的奋斗目标助力，才能为中华民族伟大复兴的“中国梦”的实现贡献应有的力量。

（3）公仆式领导、团结式领导

2008 年 4 月，习近平在宁夏考察时提出了领导干部应培养和树立的六种意识：信仰意识、公仆意识、自省意识、敬畏意识、程序意识和民主意识。

公仆意识指心中有民、一切为民。习近平强调，我们党是中国工人阶级的先锋队，同时也是中国人民和中华民族的先锋队，党的性质和宗旨决定了领导干部必须干干净净为国家和人民工作。领导干部要做到干干净净干事，最根本的是要加强修养、提升境界，牢固树立正确的世界观、人生观和价值观。

2017 年 10 月 25 日，习近平总书记在十九届中共中央政治局常委同中外记者见面时再次强调了共产党人的公仆本色，“实践充分证明，中国共产党能够带领人民进行伟大的社会革命，也能够进行伟大的自我革命。我们要永葆蓬勃朝气，永远做人民公仆、时代先锋、民族脊梁。全面从严治党永远在路上，不能有任何喘口气、歇歇脚的念头。”

公仆型的领导理念在福耀的企业文化中同样有所体现。曹德旺曾说：“企业是人做的，在所有的企业要素中，人是最关键的，坚持人本主义文化理念是企业成败兴衰的关键之所在。”而在福耀发展的数十年间，曹德旺也始终坚持“以人为本”的管理思想，塑造关爱员工的企业文化，努力构建和谐、双赢的劳动关系。

2013 年，福耀集团成立爱心基金管理委员会，发扬爱心互助的团队合作精神。委员会通过公司和个人捐赠，设立互助、互济专项爱心资金，帮助因特殊问题而产生临时的重大困难的员工，提高员工保障水平，传递企业爱心文化。

福耀美国工厂建成后，曹德旺注重员工的个人发展与不同背景下的文化融合。福耀集团多次派出中国工厂的资深专家赴美国对当地员工进行技术培训，也先后组织工厂中层领导与美国员工前往中国工厂进行学习，通过培训和学习增进彼此的理解和沟通，增进工厂的团结凝聚力。

这也是习近平总书记所强调的组织团结的重要性，他在《之江新语》“打好团结牌”一文中说，“懂团结是真聪明，会团结是真本领。团结出凝聚力，出战斗力，出新的生产力，也出干部。在团结问题上，‘一把手’更应带好头，起好表率作用。那些‘孤家寡人’、包打天下的‘超人’，是不能长久的。只有靠‘众人拾柴’和‘三个臭皮匠’之力，靠大家帮衬，工作才能做好。”

第二部分　思政元素理论基础和中国实践

一、 跨文化领导力内涵

1. 以树立对外开放观念为前提

马克思主义政治经济学认为，人类社会最终将从各民族的历史走向世界历史。现在，我国同世界的联系空前紧密，我国经济对世界经济的影响、世界经济对我国经济的影响都是前所未有的。在经济全球化深入发展的条件下，我们不可能关起门来搞建设，而是要善于统筹国内国际两个大局，利用好国际国内两个市场、两种资源；要顺应我国经济深度融入世界经济的趋势，发展更高层次的开放型经济，积极参与全球经济治理，促进国际经济秩序朝着平等公正、合作共赢的方向发展。同时，我们要坚决维护我国发展利益，积极防范各种风险，确保国家经济安全。这其中有很多理论和实践问题需要深入研究。（习近平总书记2015年11月23日在十八届中央政治局第二十八次集体学习时的讲话）

对外开放是我国的基本国策，是推动我国经济社会发展的重要动力。当今世界正经历百年未有之大变局，新一轮科技革命和产业变革蓬勃兴起，从长远看，经济全球化仍是历史潮流，各国分工合作、互利共赢是长期趋势，中国开放的大门不会关闭，只会越开越大。

2020年两会期间，习近平总书记指出："以国内大循环为主体，绝不是关起门来封闭运行，而是通过发挥内需潜力，使国内市场和国际市场更好联通，更好利用国际国内两个市场、两种资源，实现更加强劲可持续的发展。""我们要站在历史正确的一边，坚持深化改革、扩大开放，加强科技领域开放合作，推动建设开放型世界经济，推动构建人类命运共同体。"

实施高水平对外开放，需坚持包容开放，探索求同存异、包容共生的国际发展合作新途径。当今世界，开放包容、多元互鉴是主基调。中国的对外开放，秉持的是共商共建共享原则，不是封闭的、排他的，而是开放的、包容的；不是中国一家独奏，而是世界各国的合唱。（《中国特色社会主义理论与实践研究》第三章）

2020年7月21日，习近平在企业家座谈会上的讲话指出："改革开放以来，我国经济发展取得举世瞩目的成就，同广大企业家大力弘扬创新精神是分不开的。”

改革开放以来，一大批有胆识、勇创新的企业家茁壮成长，形成了具有鲜明时代特征、民族特色、世界水准的中国企业家队伍。企业家要带领企业战胜当前的困难，走向更辉煌的未来，就要在爱国、创新、诚信、社会责任和国际视野等方面不断提升自己，努力成为新时代构建新发展格局、建设现代化经济体系、推动高质量发展的生力军；要增强爱国情怀，把企业发展同国家繁荣、民族兴盛、人民幸福紧密结合在一起，主动为国担当、为国分忧，带领企业奋力拼搏、力争一流，实现质量更好、效益更高、竞争力更强、影响力更大的发展；要勇于创新，做创新发展的探索者、组织者、引领者，勇于推动生产组织创新、技术创新、市场创新，重视技术研发和人力资本投入，有效调动员工创造力，努力把企业打造成为强大的创新主体；要做诚信守法的表率，带动全社会道德素质和文明程度提升；要承担社会责任，努力稳定就业岗位，关心员工健康，同员工携手渡过难关；要拓展国际视野，立足中国，放眼世界，提高把握国际市场动向和需求特点的能力，提高把握国际规则能力，提高国际市场开拓能力，提高防范国际市场风险能力，带动企业在更高水平的对外开放中实现更好发展。[习近平在企业家座谈会上的讲话（2020 年 7 月 21 日）来源：《人民日报》]

2. 携手共进需要求同存异，开放包容

2017 年 12 月 1 日，习近平总书记在中国共产党与世界政党高层对话会上发表的主旨讲话指出：“中国有句古话：‘万物并育而不相害，道并行而不相悖。’文明的繁盛、人类的进步，离不开求同存异、开放包容，离不开文明交流、互学互鉴。历史呼唤着人类文明同放异彩，不同文明应该和谐共生、相得益彰，共同为人类发展提供精神力量。我们应该坚持世界是丰富多彩的、文明是多样的理念，让人类创造的各种文明交相辉映，编织出斑斓绚丽的图画，共同消除现实生活中的文化壁垒，共同抵制妨碍人类心灵互动的观念纰缪，共同打破阻碍人类交往的精神隔阂，让各种文明和谐共存，让人人享有文化滋养。”

2019 年 6 月 28 日，二十国集团领导人峰会，习近平总书记发表了关于世界经济形势和贸易问题的发言《携手共进，合力打造高质量世界经济》，他指出：“坚持伙伴精神，妥善处理分歧。二十国集团成员汇聚了主要发达经济体和新兴市场经济体，经济总量占世界近 90%。我们处在不同发展阶段，在一些问题上存在利益差异和观点分歧很正常。关键是要弘扬伙伴精神，本着相互尊重、相互信任态度，平等协商、求同存异、管控分歧、扩大共识。”

3. 坚定文化自信，以我为主，兼收并蓄

在党的十九大报告中，习近平总书记提道：“坚定文化自信，推动社会主义文化繁荣兴盛。加强中外人文交流，以我为主、兼收并蓄。推进国际传播能力建设，讲好中国故事，展现真实、立体、全面的中国，提高国家文化软实力。”

习近平总书记指出，党的十八大以来，我们提出践行“正确义利观”，推动构建以“合作共赢”为核心的“新型国际关系”、打造“人类命运共同体”，打造遍布全球的“伙伴关系网络”，倡导“共同、综合、合作、可持续”的安全观，这些理念得到国际社会广泛欢迎。我们要继续向国际社会阐释中国关于推动全球治理体系变革的理念，坚持要合作而不要对抗，要“双赢、多赢、共赢”而不要“单赢”，不断寻求“最大公约数”、扩大合作面，引导各方形成共识，加强协调合作，共同推动全球治理体系变革。

“和合”思想是包括儒家思想在内的中国传统思想文化中最富生命力的文化内核和因子，“和合”之境也是中华民族数千年来追求的理想境界。

习近平总书记对中华“和合”文明有精深独到的见解，他说：“这种‘贵和尚中、善解能容、厚德载物、和而不同’的宽容品格，是我们民族所追求的一种文化理念。自然与社会的和谐，个体与群体的和谐，我们民族的理想正在于此，我们民族的凝聚力、创造力也正基于此，甚至还可以毫不夸张地说，我们中华民族传统文化的精神也正是在于这种伟大的和谐思想。”

2015 年 12 月 30 日，习近平总书记在主持十八届中央政治局第二十九次集体学习时强调：“要努力从中华民族世世代代形成和积累的优秀传统文化中汲取营养和智慧，延续文化基因，萃取思想精华，展现精神魅力。”中国企业领导应善于从中华优秀传统文化中汲取用人智慧，形成符合中国企业实情的领导方式。

习近平强调，中华优秀传统文化是我们最深厚的文化软实力，也是中国特色社会主义植根的文化沃土。每个国家和民族的历史传统、文化积淀、基本国情不同，其发展道路必然有着自己的特色。一个国家的治理体系和治理能力是与这个国家的历史传承和文化传统密切相关的。解决中国的问题只能在中国大地上探寻适合自己的道路和办法。数千年来，中华民族走着一条不同于其他国家和民族的文明发展道路。我们开辟了中国特色社会主义道路不是偶然的，是我国历史传承和文化传统决定的。我们推进国家治理体系和治理能力现代化，当然要学习和借鉴人类文明的一切优秀成果，但不是照搬其他国家的政治理念和制度模式，而是要从我国的现实条件出发来创造性前进。

4. 加强多元互动，互利共赢，互学互鉴

2017 年 5 月 14 日，习近平总书记在“一带一路”国际合作高峰论坛开幕式上发表主旨演讲，在总结近年“一带一路”建设经验基础上，指出了未来发展的五大方向：一是将其建成“和平之路”。要构建以“合作共赢”为核心的“新型国际关系”，打造“对话不对抗、结伴不结盟”的伙伴关系。要着力推进反恐，标本兼治，消除贫困落后和社会不公。二是将其建成“繁荣之路”。要聚焦发展这个根本性问题，释放各国发展潜力，实现“经济大融合、发展大联动、成果大共享”。三是将其建成“开放之路”。要打造开放型合作平台，维护和发展开放型世界经济，共同创造有利于开放发展的环境，推动构建公正、合理、透明的国际经贸投资规则体系。四是将其建成“创新之路”。要坚持创新驱动发展，加强在“前沿领域”合作，连接成“21 世纪的数字丝绸之路”。五是将其建成“文明之路”。要“以文明交流超越文明隔阂、文明互鉴超越文明冲突、文明共存超越文明优越”，推动各国相互理解、相互尊重、相互信任。

2019 年 4 月 26 日，习近平总书记在第二届“一带一路”国际合作高峰论坛开幕式上的主旨演讲中指出：“我们要积极架设不同文明互学互鉴的桥梁，深入开展教育、科学、文化、体育、旅游、卫生、考古等各领域人文合作，加强议会、政党、民间组织往来，密切妇女、青年、残疾人等群体交流，形成多元互动的人文交流格局。”

5. 生产力与生产关系

习近平总书记在纪念马克思诞辰 200 周年大会上发表重要讲话时指出，“学习马克思，就要学习和实践马克思主义关于生产力和生产关系的思想”“我们要勇于全面深化改革，自觉通过调整生产关系激发社会生产力发展活力，自觉通过完善上层建筑适应经济基础发展要求，让中国特色社会主义更加符合规律地向前发展”。

生产力决定着生产关系。生产力是内容，生产关系是生产力的社会形式，生产关系一定要与一定历史阶段的生产力状况相适应、相适合，这是社会历史发展的规律。

“人们所达到的生产力的总和决定着社会状况。”生产力和生产关系、经济基础和上层建筑相互作用、相互制约，支配着整个社会发展进程。解放和发展社会生产力是社会主义的本质要求，是中国共产党人竭力探索、着力解决的重大问题。中华人民共和国成立以来特别是改革开放以来，在不到70年的时间内，我们党带领人民坚定不移解放和发展社会生产力，走完了西方几百年的发展历程，推动我国快速成为世界第二大经济体。我们要勇于全面深化改革，自觉通过调整生产关系激发社会生产力发展活力，自觉通过完善上层建筑适应经济基础发展要求，让中国特色社会主义更加符合规律地向前发展”。①

二、 脱贫攻坚提出时代背景及内涵

2020年10月，中国共产党第十九届中央委员会第五次全体会议公报提出2035年基本实现社会主义现代化远景目标：“人民生活更加美好，人的全面发展、全体人民共同富裕取得更为明显的实质性进展。”

“全体人民共同富裕”的战略目标与脱贫攻坚战略目标具有一脉相承性和内在统一性。打赢脱贫攻坚战，将在中华民族几千年历史发展中首次整体消除绝对贫困现象，这是党践行以人民为中心发展思想的集中体现。

习近平总书记深刻指出：反贫困是古今中外治国理政的一件大事。消除贫困、改善民生、逐步实现共同富裕，是社会主义的本质要求，是我们党的根本宗旨。②

党的十八大以来，我国围绕精准扶贫精准脱贫，坚持以人民为中心的发展思想，以改革为扶贫脱贫动力，创新扶贫体制机制，明确到2020年我国现行标准下农村贫困人口实现脱贫、贫困县全部摘帽、解决区域性整体贫困的目标任务。

“十三五”期间，在以习近平同志为核心的党中央坚强领导下，我国以前所未有的力度和规模推进扶贫攻坚。贫困人口从2012年年底的9 899万人减到2019年年底的551万人，贫困发生率由10.2%降至0.6%，连续7年每年减贫1 000万人以上。2020年脱贫攻坚任务完成后，我国将有1亿左右贫困人口实现脱贫，将消除现行标准下绝对贫困，创造了人类反贫困史上的中国奇迹。

---

① http://jhsjk.people.cn/article/29966415 习近平在纪念马克思诞辰200周年大会上的讲话

② 《在中央扶贫开发工作会议上的讲话》（2015年11月27日），《十八大以来重要文献选编》（下），中央文献出版社2018年版，第31页

第三部分　案例使用说明

一、 教学用途和教学目标

1. 教学用途

本案例适用于本科生《管理学》“领导”章节。

2. 教学目标

（1）知识层面

理解概念：领导的性质与作用

掌握理论：领导方式及其理论

（2）能力层面

教师通过对领导的性质、作用，以及不同情境下领导具备能力要求的讲解，帮助学生深入了解领导的概念和相关理论，进一步掌握领导有效性实质和中国企业领导者的领导艺术。

（3）素质层面

形成专业意识：理解国内国外双循环、经济全球化仍是历史潮流的大背景下，中国企业领导者的素质要求和责任担当，发展学生关注时事、结合国际国内形势思考管理学理论的学习兴趣和学习习惯。

提高管理素养：教师通过福耀玻璃集团领导者曹德旺的案例，帮助学生了解具体情境中领导的方式和作用。

二、 案例讨论前的准备工作

（1）学生方面：学生可以结合本案例进行课前学习，对领导概念、领导分类等相关知识进行提前的了解与掌握。

（2）教师方面：教师在讲解《管理学》教学计划的基础上，可根据学生人数安排小组，并做不同分工和展示分享要求。

三、 案例分析要点

1. 启发思考题

①结合案例和领导者的相关理论，分析福耀集团美国工厂能够成功的原因是什么？

②结合案例，分析福耀集团领导者曹德旺的领导艺术，总结跨国中国企业领导者应具备哪些素质？

2. 分析思路

（1）理论知识点

领导的含义与作用，领导方式与领导艺术。

（2）参考答案

①结合案例和领导者的相关理论，分析福耀集团美国工厂能够成功的原因是什么？

参考答案：

福耀集团具有明确的愿景："为全球客户提供一片有'灵魂'的玻璃"，在全球化背景下，不确定性因素增加，企业领导人梳理明确的企业愿景，为企业指明前行的方向。在复杂的多元文化环境中，企业领导人采取权变领导方式，以"全球思维、本地行动"为行为准则，保持文化定力，以中华民族文化作为深厚根基，在尊重美方员工文化差异、保持有效沟通的同时，坚持中国企业的文化特色和管理模式；落实跨文化培训计划、创新人才培养方式的制度，培养复合文化背景的企业人才，知人善任，提升福耀玻璃美国工厂管理的规范性与有效性。

②结合案例，分析福耀集团领导者曹德旺的领导艺术，总结跨国的中国企业领导者应具备哪些素质？

参考答案：

企业领导人应具有建立愿景的能力。当前中国处于近代以来最好的发展时期，世界处于百年未有之大变局，两者同步交织、相互激荡，企业领导人应对企业愿景有更为清晰的认识，能够根据企业发展方向为员工建立愿景，激励员工。企业领导人应具备坚持学习的能力。创新是引领发展的第一动力，企业家创新活动是推动企业创新发展的关键，在全球化竞争的当代，唯有创新者胜。企业领导人应具备澎湃的爱国情怀。优秀企业家必须对国家、对民族怀有崇高使命感和强烈责任感。企业家爱国有多种实现形式，但首先是办好一流企业，带领企业奋力拼搏、力争一流，实现质量更好、效益更高、竞争力更强、影响力更大的发展。

四、 教学组织方式

课前：案例课前一周布置学生在课前做好准备（参见前述"讨论前应做准备"），特别强调需认真阅读案例材料。所有小组均需在上课前提交小组书面的案例分析报告，其中被指定做课堂陈述的小组还需准备幻灯片（PPT）并提交电子文档。

课中：案例课（连续 3 节课）开始后，按如下步骤进行：

第一步：小组陈述。每组 15~25 分钟，共约 50 分钟。

第二步：针对“陈述”的讨论，由非陈述组同学对已做陈述提出问题或批评，陈述同学做答辩，约 30 分钟。

第三步：自由讨论，约 20 分钟。

第四步：由学生代表作案例讨论的总结发言，10 分钟。

第五步：教师总结并点评，约 10~30 分钟。

课后：为进一步提高知识的记忆和巩固，可安排学生自选一家国有企业进行关注，下次课做回顾和提问。

五、 总结

（1）领导是指指挥、带领、引导和鼓励部下为实现目标而努力的过程，领导的本质就是被领导者的追随和服从。

（2）在带领、引导和鼓舞部下为实现组织目标而努力的过程中，领导者要具体发挥指挥、协调和激励三个方面的作用。

（3）了解领导者素质和领导方式应用，是推进大学生领导品质和形成个人领导艺术形成的有效途径。

2020 年 7 月，习近平总书记在企业家座谈会上说道：“改革开放以来，一大批有胆识、勇创新的企业家茁壮成长，形成了具有鲜明时代特征、民族特色、世界水准的中国企业家队伍。企业家要带领企业战胜当前的困难，走向更辉煌的未来，就要在爱国、创新、诚信、社会责任和国际视野等方面不断提升自己，努力成为新时代构建新发展格局、建设现代化经济体系、推动高质量发展的生力军。”

百舸争流，奋楫者先。新科技革命和产业变革的时代浪潮奔腾而至，企业领导者应深刻领会习近平总书记相关讲话精神，勇担新时代中国发展的生力军角色责任，做到爱国、创新、诚信、担责、拓展国际视野，弘扬优秀企业家精神，更好应对百年未有之大变革的发展挑战。

第七章　控制

第一部分　案例正文

一、 鞍钢集团的发展历程

鞍山钢铁集团公司是中华人民共和国第一个恢复建设的大型钢铁联合企业和最早建成的钢铁生产基地，为国家经济建设和钢铁事业的发展做出巨大贡献，被誉为“新中国钢铁工业的摇篮”、“共和国钢铁工业的长子”。2010年5月，鞍山钢铁集团公司和攀钢集团有限公司联合重组成立鞍钢集团。2019年，鞍钢集团以236.19亿美元的营业收入第六次进入世界500强，位列榜单第385位，创历史新高。鞍钢集团作为中央直管大型企业之一，在中国东北、西南、华北、东南、华南等地，拥有七大各具特色的生产基地，并有效掌控着位于中国辽宁、四川和澳洲卡拉拉的丰富铁矿资源，是中国最具资源优势的钢铁企业。其产品销售覆盖全球60多个国家和地区，26家境外公司及机构、500多家国内外客户及合作伙伴，年进出口贸易额超过50亿美元。

鞍钢集团以成为“最具国际影响力的钢铁企业集团”为企业愿景，以“制造更优材料、创造更美生活”为集团使命，高举习近平新时代中国特色社会主义思想伟大旗帜，深入贯彻落实党的十九大和十九届二中、三中全会精神，树牢“四个意识”，坚定“四个自信”，坚决做到“两个维护”，坚持和加强党的全面领导，践行新发展理念，全方位扩大开放，深化改革创新，加快转型升级，做强做优做大，为把鞍钢建设成为中国钢铁行业高质量发展的“排头兵”、具有全球竞争力的世界一流企业而奋斗。

（一）1906—1948 年，从鞍山制铁所到鞍山钢铁公司的创立

1906 年，日本为加强对东北的政治和经济侵略，于大连设立了南满洲铁道株式会社（简称满铁），作为在经济上侵略中国东北地区的大本营。

1909 年 8 月，满铁派人对鞍山地区进行非法的秘密探矿，先后调查了十余座铁矿山，并发现了大石桥菱镁矿、烟台粘土矿等资源，发现鞍山地区是开矿建厂冶炼钢铁的宝地。满铁总裁中村雄次郎提出掠夺鞍山地区钢铁资源的计划，组建中日合办振兴铁矿无限公司。

1916 年 7 月中日合办振兴铁矿无限公司总局在奉天成立，在千山设采矿总局，两年后总局迁鞍山；1917 年获得了 8 个矿区的开采权；1921 年又获得 3 个矿区的开采权。仅在 1926—1933 年采量 480 万吨。该总局经营到 1940 年宣布解散，并入昭和制钢所。

1933 年，日本政府在军部支持下，将原定在朝鲜兴建的昭和制钢所改迁鞍山，在鞍山制铁所已有基础上，兴建制钢厂、轧材厂，成立鞍山钢铁集团公司钢铁联合企业。昭和制钢所成立前与满铁签订了继续雇用原鞍山制铁所全部工作人员的协议，从而兼并了鞍山制铁所。

1948 年 12 月 26 日，鞍山钢铁公司成立。李大璋任经理，杨春茂任监委。此前，东北行政委员会辽东办事处于 4 月 4 日设立了鞍山钢铁厂，郝希英任厂长，负责工厂的接管和生产恢复等工作。

（二）1949—1953 年，为夺取“三大工程”胜利贡献力量

1949 年 2 月 20 日，鞍山市召开献交器材庆功大会，奖励功臣 133 名，其中特等功臣 3 名、大功 26 名、小功 104 名，先进集体 1 个。自 1948 年 12 月开展献交器材运动以来，全市共献交各类器材 1 123 种，212 674 件，价值 108 亿元（东北币）。

1949 年 6 月 27 日，炼铁厂 2 号高炉炼出中华人民共和国第一炉铁水，标志着鞍钢全面恢复生产。

1951 年 10 月 1 日，鞍钢商标由中央私营企业局核准注册，成为钢铁行业在中华人民共和国工商管理部门注册的第一枚商标。

1952 年 9 月 14 日，小型轧钢厂工人张明山创造精轧机“反围盘”成功。鞍钢掀起机械化自动化运动热潮。

1953 年 4 月，机械总厂工具车间青年刨工王崇伦创造“万能工具胎”成功。他一年完成四年一个月零十七天的生产定额，被誉为“走在时间前面的人”。

1953 年 12 月，毛泽东同志复信鞍钢全体职工时指出：“三大工程”提前完成建设工程并开始生产，“是一九五三年我国重工业发展中的巨大事件。”周恩来同志题词：“大型轧钢厂、无缝钢管厂、七号炼铁炉的开工生产，是我国社会主义工业化建设中的重大胜利。”

1953 年 12 月 26 日，鞍钢举行“三大工程”开工典礼。12 月 27 日，《人民日报》就“三大工程”开工发表社论，题为《我国工业建设的伟大胜利》。

（三）1954—1999 年，创立“鞍钢宪法”，不断突破和革新

1960 年 3 月 22 日，毛泽东主席在中共鞍山市委《关于工业战线上的技术革新和技术革命运动开展情况的报告》上做出批示：鞍钢创造了鞍钢宪法。当时，毛泽东把“两参一改三结合”的管理制度称之为鞍钢宪法，指示要求大中企业，一切大城市都要把它当作一个学习文件，有领导地“实行伟大的马克思列宁主义的城乡经济技术革命运动”。

1961 年 1 月，鞍钢试制成功 603 钢板。5 月 24 日通过国防科委鉴定。1965 年 2 月 10 日，国家科委主任聂荣臻颁发国家一等发明证书。

1962 年中央试验室 426 研究室投入使用。该室是我国冶金系统第一个同位素应用研究实验室。

1970 年 12 月 4 日，鞍钢自行设计、制造的第一座 150 吨转炉在第三炼钢厂建成投产。

1971 年 10 月 1 日，炼铁厂容积为 2 025 立方米的 11 号高炉建成投产。

1974 年 6 月，鞍钢矿研所、弓长岭铁矿与宣化风动机械厂共同研制成功我国第一台大型采矿设备 QZ-250 潜孔钻机，并于 1978 年获全国科学大会科研成果奖。

1975 年 10 月 15 日，中共辽宁省委转发中共中央、国务院关于同意成立鞍山钢铁公司，建立鞍钢党委、革委会的批复。

1979 年，鞍钢与北京钢院研制成功 F93 钢定型转产，应用于我国第一颗人造地球卫星。

1982 年 3 月 29 日，鞍钢研制成功“7103”深潜器用 402-S 钢，经冶金工业部鉴定转产。

1983 年 6 月 16 日，第三炼钢厂 1 号转炉采用顶底复合吹炼新技术试验成功，并于 1985 年获国家科技进步二等奖。

1985 年 12 月 31 日，鞍钢从美国引进的彩色涂层钢板机组竣工投产，生产出我国第一卷彩色涂层钢板。

1987 年 1 月 1 日，鞍钢线材股份有限公司正式成立，是鞍钢第一家股份制企业，拥有国内第一条高速线材生产线。

1989 年 10 月 2 日，国家统计局运用国际通行标准，对 1988 年大中型企业进行综合评估，鞍钢位居全国 500 家大型企业榜首。

1991 年 9 月 5 日，鞍钢 200 万吨板坯连铸机工程竣工投产。该工程获“国家重大技术装备特等奖”。

1994 年 11 月，厚板厂按美国标准生产的近 2 万吨优质钢材运抵大连港，发往美国。这是鞍钢产品首次进入美国市场。

1995 年，鞍钢造船用型钢通过美国、中国、挪威、德国、英国五国高级验船师的型式试验和现场检查，取得了五国船级社船用钢材认可证书。

1997 年 5 月 7 日，鞍钢新轧创立暨第一次股东大会在东山宾馆举行。7 月 24 日，鞍钢新轧 8.9 亿 H 股在香港联合交易所上市。12 月 25 日，鞍钢新轧 2.85 亿 A 股在深圳证券交易所上市。

（四）2000—2009 年，淘汰旧工艺，实现现代化改造

2000 年 12 月 25 日零时，鞍钢正式淘汰了开工以来持续了 51 年的模铸工艺，实现了炼钢全连铸。

2001 年 2 月 8 日，鞍钢新轧钢股份有限公司与德国蒂森克虏伯钢铁股份有限公司合资建立生产热镀锌板公司协议在大连草签。这是国内钢铁行业最大中外合资项目，也是第一条中外合资钢材深加工生产线。

2002 年 3 月 1 日，鞍钢 1 700 中薄板坯连铸连轧生产线通过国家验收，成为国内首条自行设计、制造、技术总负责并拥有全部知识产权的短流程热轧带钢生产线。荣获冶金科学技术特等奖。该条产线技术、装备于 2004 年成套输出到济钢。

2004 年 10 月，鞍钢与承制三峡右岸电站水轮机的两家企业签订供应 12 000 吨蜗壳钢板合同，成为独家供货单位，打破了国外对此产品的垄断。

2006 年 1 月 25 日，鞍钢新轧钢股份有限公司向鞍钢集团公司定向增发 29.7 亿股的流通 A 股，收购新钢铁公司资产，钢铁主业实现整体上市。9 月 25 日，鞍钢新轧钢股份有限公司正式更名为鞍钢股份有限公司。

2006 年 5 月 17 日，鞍钢举行西部板材精品基地全线竣工投产仪式。2006 年 12 月 15 日，鞍钢最后一座老高炉——6 号高炉停炉，鞍钢全面完成东部老区全流程工艺装备的现代化改造。

2007 年 4 月 18 日，由鞍钢、凌钢共同出资建设的鞍凌钢铁项目在朝阳举行开工奠基仪式。

（五）2010年至今，联合重组，国际化发展

2010年5月20日，国务院国资委正式同意鞍钢与攀钢实行联合重组。7月28日，鞍攀重组大会在京举行。

2011年2月，鞍钢集团公司与英国斯坦科集团在比利时布鲁塞尔签署协议，成立鞍钢英国控股公司，联合收购英国USS加工中心。

2011年12月22日，攀钢西昌钒钛资源综合利用项目竣工。

2013年，鞍钢集团公司完成了集团总部和鞍山钢铁、攀钢两个区域公司的组建工作。

2013年9月26日，中国共产党鞍钢集团公司第一次党员代表大会隆重召开。会议提出了今后一个时期鞍钢集团发展的指导思想、发展战略、总体思路和建设最具国际竞争力的跨国钢铁集团，成为中国钢铁行业的“排头兵”的奋斗目标。

（信息来源：鞍钢集团官网 http://www.ansteelgroup.com/gywm/fzlc）

二、“鞍钢宪法” 提出背景

（一）“鞍钢宪法”的提出：60年前的勇敢探索

“鞍钢宪法”是毛泽东改革企业管理体制思想中具有代表性的思想，是毛泽东为了摆脱苏联企业管理模式，结合中国企业的实际提出的具有中国特色的企业管理道路的重要探索，是毛泽东经济管理体制改革思想的重要内容。“鞍钢宪法”以20世纪60年代我国钢铁建设赶超战略为背景，对苏联的“马钢宪法”进行了改进，用于提升鞍山钢铁公司的企业管理和生产效率，可谓当代中国本土的第一个企业管理思想。

1. 重工业优先背景下企业管理诉求的兴起

20世纪50年代，国际上主要国家已进入从轻工业主导到重工业主导的工业化发展阶段，以钢铁为代表的重工业产品成为支撑经济发展与体现国家竞争实力的关键指标。我国作为后发国家，因重工业落后已在近代饱受压迫。因此自中华人民共和国成立伊始，我国便将自主优先发展重工业、特别是钢铁产业确立为一项基本国策。在实现途径上，我国极为重视内涵式增长，进而产生了强烈的提升企业管理的思想诉求。该诉求的一个标志是，1950年2月6日《人民日报》发表重要社论《学习管理企业》，核心思想即主张在企业中建立“统一的、合理的、科学的制度”。社论指出，为了帮助国家克服困难，工业企业应“节省原料材料，爱护机器，提高劳动生产率，以减低产品成本费”，从效率上改进生产。

2. 苏联“马钢宪法”的引进及其思想缺陷

1953 开始，我国开始进行大规模建设，鞍钢作为当时我国最大的工业生产基地受到党和领导的高度重视。由于在发展初期，同为社会主义阵营、同样施行计划经济的苏联便成为我国工业学习模仿的对象。根据两国有关协议，大量的苏联专家参与到中国各个领域的建设，苏联专家的企业管理模式，也在中国企业管理中开始推行。在这种时代背景下，1953 年鞍钢的三大工程，由苏联提供设计及成套设备，由我国自行建设安装，鞍钢在企业管理上也以苏联最大的钢铁冶金企业马格尼托哥尔斯克公司（简称“马钢”）为标准。马钢在第二次世界大战至 60 年代中发展迅速，因此鞍山钢铁公司在生产技术、工艺操作流程、经营管理系统、和管理方法等方面全盘效仿马钢的模式。学习苏联的生产技术，向苏联专家请教企业管理方法，对当时鞍钢的生产发展来说是必须要走的一条路。

鞍山钢铁公司以马钢管理模式为基础，开始进行大规模的建设，对破除旧思想的残余，促进鞍钢生产建设的发展确实发挥了一定的积极作用。但在发展建设的过程中，人们逐步发现马钢管理模式存在严重的弊端，不适合鞍山钢铁建设的快速发展。针对这一问题，辽宁省原常委、秘书长罗定枫在回忆当时的情景时曾谈到：自被调入鞍钢工作，大家就全面投入到生产实践当中，在车间生产和企业管理等问题上一直请教苏联专家。在这个过程中也学到了很多新的东西，但随着生产实践的发展，大家逐步发现苏联马钢的管理模式不适合中国国情。

“马钢宪法”要求由国家经济机关委派厂长负责企业具体的生产行政工作，厂长拥有企业相关事宜的最终决定权，即“一长制”。马钢宪法其核心在于实行集权化管理，搞物质刺激，依靠少数专家和繁琐的规章制度，不搞群众性的技术革命。这一管理规范在苏联得到了高度认可。但随着中国社会主义建设的快速发展，苏联专家在鞍钢执行的“马钢宪法”越来越不适应当时的情况。1953 年中央财政经济委员会向中共中央提交《关于国营工矿企业管理问题的报告》，表明工矿企业普遍存在的问题之一就是管理落后，领导钻研业务的少，官僚主义的多，因而对“马钢企业的管理体制及指导思想感到很不对劲”。鞍钢干部职工对其引发的官僚主义很不满意，具有强烈创新精神的鞍钢人，实际上一直在设法突破“马钢宪法”的束缚。

3. 本土化的尝试：“鞍钢宪法”的提出和推行

20 世纪 50 年代我国在社会主义建设的问题上已经明确呈现出本土化趋向，为创建本土化的企业管理思想提供了基础。毛泽东本人一直酝酿着脱离苏联模式，探索适合中国国情的社会主义建设道路。具体落实到企业管理层面，毛泽东还在探索过程中，在 1959 年 12 月至 1960 年 2 月读苏联《政治经济学（教科书）》时已明确形成了“两参一改三结合”的思想。

1953—1955 年，鞍钢共制定了 243 种技术标准以及 417 中技术规程，建立了有关质量监督的规章，但并没有出现效果显著的管理经验。“一五”计划五年期间，通过“两参一改三结合”的推行，鞍钢铁产量 1 090. 86 万吨，钢 846. 81 万吨，钢材 566. 99 万吨，分别占全国同期总产量的 54. 3%、50. 8%、42. 91%。品种也由 1952 年的 32 类 378 种增加到 98 类 710 种。鞍钢所产的钢铁，几乎支援到全国每个角落，五年鞍钢累计上缴利税 25. 55 亿元，是政府同期给鞍钢投资的 1. 65 倍。从 20 世纪 50 年代后期起，苏联政府撕毁合同、撤走专家，鞍钢产能上出现大起大落。1960 年年初，毛泽东提出了“鞍钢宪法”的原则，1961—1966 年，鞍钢在“鞍钢宪法”的指导下，主要技术经济指标全部超过历史水平，在全国同行业中保持领先地位，1966 年，鞍钢的产值达到 25 亿元，产钢 506 万吨、铁 461 万吨、钢材 267 万吨，上缴利税 13 亿元（其中利润 11. 5 亿元），成为鞍钢发展史上的“黄金时代”之一。而“鞍钢宪法”也在全国范围内推广开来。

（二）鞍钢宪法的内容：两参一改三结合

“鞍钢宪法”是我国现代企业管理史上的重要里程碑。“两参一改三结合”是“鞍钢宪法”最具时代意义和理论意义的观点。作为一项企业民主管理制度，其原则是比较简明的，主要内容是干部参加劳动，工人参加管理，改革不合理的规章制度，工人、干部和技术人员三结合。而其主要支点是职工参加民主管理和改革不合理的规章制度。其具体内容如下：

1. “两参”：干部参加劳动和工人参加管理

“鞍钢宪法”反对领导者脱离生产和经营一线的管理，要求管理者融合到下属员工和基层工作中，一边从事生产经营，一边进行现场管理，出现问题及时疏通和指导；而工人不仅是生产者也应当是企业生产和运营的管理者，应当参与企业的管理工作，具有企业主人翁的意识。

干部参加劳动克服了领导上的官僚主义与主观主义，能及时发现与解决生产上的问题，推动了生产的发展；而且进一步密切了干部与工人的关系，有助于解决管理者与被管理者的矛盾。这一制度有利于进一步发挥各种组织的作用，使干部在管理的过程中学习与掌握专业的生产技术，将政治与技术有机统一起来。

工人参加管理的具体形式包括：在部门范围内，按生产特点划分若干生产小组，以生产小组为单位，组内管理工作由员工分工负责；在小组分工时，由工人自己讨论，民主分工，不由领导指定；在生产中，普通员工通过对各项统计记录进行分析，发现与解决生产上的各种问题。

2. “一改”：改革不合理的规章制度

改革不合理的规章制度，主要解决管理工作中存在的四个方面的问题：一是权力过多地集中在厂长一级，很多生产上的问题车间无权处理，增加了办事的层次，拖长了解决问题的时间，结果是包得多，办不好；二是过分强调互相制约，在一个互相联系的生产企业里，出现了许多人为的矛盾，造成了关系紧张，互相不信任；三是管理工作自上而下的行政命令，不依靠员工的主动性和自觉性，缺乏群众基础；四是工作追求形式，管理脱离生产、脱离实际。

改革的主要方法：一是每个人把自己的工作全面铺开，逐项研究，然后把改革措施和效果记在“记工卡”上；二是对于那些牵动面较大的工作，则采取“一人提出，大家研究，实际表演，现场观摩”的方法。制度改革，树立了经营管理工作为生产服务的意识，创造了一些便利于生产、便利于工作、便利于干部参加劳动的方法，调整了不合理的职责范围，下放了一部分权力，减少了办事层次，工作效率大为提高。同时，这从管理制度上为干部参加劳动、工人参加管理创造了有利条件。

3. “三结合”：工人、干部、技术人员三结合的群体协作模式

“三结合”实际上是“两参一改”的深化，其要求打破泰罗制过分细化的流水线分工和等级控制的本位主义、官僚主义，围绕生产和经营的核心问题开展团队合作，发挥集体主义精神，通过群众智慧进行技术创新。

“三结合”的协作模式包括：一条龙协作赛、技术表演赛、技术研究小组和职工代表大会等。“鞍钢宪法”是鞍钢在生产实践中探索出来，随后上升到理论高度的、适合中国国情的企业管理制度。它从根本上否定了福特制僵化、死板的管理方法，主张管理者和被管理者打破群体身份的界限，互相深入了解，强调在企业中不仅要有横向的民主，还要有纵向的民主，各个层级的人员协调合作，共同参与产品生产和经营管理，从而对企业运作中出现的纰漏和不合理的制度能及时发现并协商解决。“鞍钢宪法”对提高大型企业的内部信息交流能力、技术革新能力、集体学习能力和适应环境变化能力有着积极作用。

（三）“鞍钢宪法”与企业内部控制：企业内部规则的确立

“鞍钢宪法”的生产管理方式，属于内部控制的“宪法化”。在内部控

制制度这一“宪法”框架下，尽可能地限制组织和人的“无知”和惰怠带给组织的伤害，给予员工更多“创造的自由”，使他们的自发秩序得以更多地发挥和扩散，而不只是让内部控制制度作为一个“控制”器。它更应该是能降低组织“非理想状态”发生概率，并能激发员工奋进的动力，在实现组织目标的同时实现个人目标，使企业目标和个人目标的“交集”最大化。在企业内部，这种内部控制“宪法化”的主要意义可能有以下几点：

第一，通过树立企业规则系统的“根本大法”，构建企业内部良好秩序。

第二，在公司经营的大政方针上，立足于公司的发展历程、成功经验以及对标杆企业先进管理理念和方法的引进，对诸多类似于真理的核心价值观、经营理念和风格、人力资源政策、约束措施等以成文的方式确定下来，以过去与当下的确定性应对未来的不确定性。

第三，尽量减少企业人治的成分，增加法治成分，以内部规则的确定性（以内部控制制度“宪法化”的形式固定下来）应对未来的不确定性并克服集体无意识的问题。

第四，通过对企业行政权力的限制和约束，运用一般性的抽象规则，确保经营中能够充分顺应企业内部自发秩序的运行，平衡“灭人欲”与“顺人欲”之间的微妙关系，增强企业员工的良序互动和活力，减少熵增，最大限度地利用存在于个人的“分立的个人知识”，增强组织的活力，应对未来的不确定性。

此外，内部控制“宪法化”的益处表现在减少内外部因素可能给企业带来的不确定性、无序性和盲目自信。制度的执行效果会受到未知情况的冲击、组织堆积起来且弊病以及不利的外生事件的挑战。一项好的内部控制制度就是在组织个人和集体能量的不断消耗中，能源源不断地为组织注入能量，即“宪法化”的内部控制制度还应具备在保证稳定性的基础上对自身不断革新的属性。

（四）鞍钢宪法和公司治理：民主管理

企业的经济民主分为两个层次：第一层次是企业所有者和管理者之间；第二层次是管理者与员工之间。我国国有企业经过一系列改革，通过明确股东、董事会、监事会和总经理的权责边界形成了现代企业治理模式。根据西方的委托代理理论和公司治理经验，我国企业具有现代企业制度的第一层民主，但缺乏第二层次的民主，脱离了我国国有企业管理体制的实质：改变了公有制的管理体系，国有资产属于人民所有，人民是企业的主人，有权参与企业生产经营活动的一切管理和监督。而鞍钢宪法为解决这一问题，也提供了很好的思路，该法主张干部和工人拓宽实践的领域，广泛地交流，工人、干部和技术人员协调合作，共同参与产品生产和技术攻关，及时发现企业运作过程中出现的疏漏，改革不合理的规章制度。这些民主管理措施体现了社会主义企业领导与群众、民主与集中的辩证统一关系，对于扩大企业民主，密切联系群众，克服官僚主义的滋生起到了重要作用。

1. 水平合作：工作团队的构造

“鞍钢宪法”几乎明确地提出了团队合作的概念并创造了形成团队合作的基础条件。“工程技术人员、管理者和工人在生产实践和技术革新中相结合”就打破了技术分工的界限，强调的是围绕生产目标的团队生产。另外，“鞍钢宪法”对不合理规章制度的修改加强了团队的合作能力。正式制度的软化，为小型群体内部创造非正式规范提供了空间，团队成员可以采用互惠默契、舆论等内部纪律和规范建立惩戒背叛、激励稳定合作的信任机制。著名的霍桑实验证明了这一点。

2. 纵向合作：共同参与治理

“鞍钢宪法”提供了突破纵向困境，建立合作的思路，即员工参与管理，干部参加生产。通过参加生产，管理层否决了自己的特权，从而象征性地表现了企业的整体性，并表达了管理层的合作意愿。员工参与决策一方面使员工产生自身利益与企业利益一致的认识，另一方面也使员工能够拥有对管理者不守诺的背叛行为的制衡手段，从而在员工与管理者之间形成共识，建立相互信任、相互理解的机制。此外，“鞍钢宪法”还强调“政治挂帅”，希望通过思想教育工作使员工相信共同价值观、共同目标的存在，最终使各种博弈参与人建立共同预期，即合作行为将得到回报。

可以说，鞍钢宪法的产生是我国重视企业民主管理的开端。以人为中心，调动劳动者的主动性、积极性和创造性，实行“劳动者主权”，是“鞍钢宪法”对现代企业管理的重要启示。

（五）鞍钢宪法和现代企业管理：历久弥新的中国方案

改革开放前，“鞍钢宪法”曾一度遭到质疑摒弃。改革开放后，我们引进各种西方公司治理理论，如日本的精益生产、欧美的“全面质量管理”等，但在社会市场经济体制建立的过程中出现了不少问题：有些问题是因为“洋”理论和制度的“水土不服”所致，有些问题则是西方企业管理体制和理论自身的缺陷所致。因此，我们要立足中国国情进行企业改革和公司治理，解决中国公司治理中的问题，需要对发源于本土却对西方管理革命产生直接影响的“鞍钢宪法”进行深入研究，吸取其合理成分，发展出适合中国现实国情的企业管理理论和实践模式。

深圳万科股份有限公司董事长王石在接受记者访问时，认为“鞍钢宪法”至今仍值得学习，其中有许多适合国情的经验值得借鉴。正是在鞍钢思想的影响下，万科不断地完善内部制度，形成专业化团队，规范经营管理，以“万科化”的企业文化享誉业内，成为全国第一个年销售额超过千亿的房地产公司。

华为技术有限公司作为国内最大的通信设备制造商、全球最大的电信网络解决方案提供商，是当今中国最令人瞩目的企业之一。其企业管理的基本宪章《华为基本法》也带有深深的“鞍钢宪法”的烙印。“培育具有团队精神的销售工程师与营销管理者队伍”“由基层培养和选拔人才”“员工对改善经营与管理工作具有合理化建议权”等规定和以批评与自我批评为主题的例行民主生活会蕴含着“两参”的意味。建立新的绩效考核体系、重整业务流程、废除不合理的规章、对危机管理的创新、对公司发展战略和组织的研究等，则是“一改”的具体表现。而其第四十九条规定“ 我们要在公司的纵向等级结构中适当地引入横向和逆向的网络动作方式，以激活整个组织，最大限度地利用和共享资源。我们既要确保正向直线职能系统制定和实施决策的政令畅通，又要对逆向和横向的求助系统做出及时灵活的响应，使最贴近顾客，最先觉察到变化和机会的高度负责的基层主管和员工，能够及时得到组织的支援，为组织目标做出与众不同的贡献”，是华为对“三结合”的重新诠释。

2012 年 3 月 24 日，贺国强同志在吉林省长春市进行调研时指出，在对外开放和发展社会主义市场经济的背景下，“鞍钢宪法”不仅没有过时，而且要继续发扬光大，它是解决当今企业纪律松弛、管理滑坡等问题的关键。“鞍钢宪法”根植于中国企业经营管理自主探索，根植于中国经济的土壤和中国的管理情境，它以苏联企业管理为鉴戒，对我国社会主义企业管理工作进行了科学总结，是对资本主义企业管理体制的重大突破，也是对苏联企业管理体制的积极扬弃。在社会主义市场经济高度发展的今天，企业要具有更高的灵活性和技术革新能力才能立于不败之地。鞍钢宪法所体现的民主管理，参与和创新的精神依然具有重要的指导意义。

三、 案例的思政元素

（一）“鞍钢宪法”对中华人民共和国成立后东北经济发展及全国的贡献

中华人民共和国成立后，鞍钢陆续建立了各种制度规则，生产经营逐渐得到恢复和发展。1953 年，鞍钢的企业管理开始走向专业化，制定了技术管理、经济核算、班组管理等制度。1953—1955 年，鞍钢共制定了 243 种技术标准以及 417 种技术规程，建立了有关质量监督的规章，但并没有出现效果显著的管理经验。1960 年年初，毛泽东提出了“鞍钢宪法”的原则。1961—1966 年，鞍钢在“鞍钢宪法”的指导下，主要技术经济指标全部超过历史水平，在全国同行业中保持领先地位。1966 年，鞍钢的产值达到 25 亿元，产钢 506 万吨、铁 461 万吨、钢材 267 万吨，上缴利税 13 亿元（其中利润 11.5 亿元），成为鞍钢发展史上的“黄金时代”之一。而“鞍钢宪法”也在全国范围内推广开来。

在毛泽东人本经济思想的指引下，“鞍钢宪法”极大地调动了全国各行各业劳动者的热情和干劲，使得全国各族人民在自身的平凡岗位上为新中国社会主义经济建设的宏伟事业做出了巨大贡献。让全世界所有的华人都感到骄傲和自豪的“两弹一星”工程在研制过程中创造了一个发展奇迹，即从第一颗原子弹实验到第一颗氢弹实验，美国用了七年零四个月，苏联用了四年，英国用了四年零七个月，法国用了八年零六个月，而我国只用了两年零八个月。造就这个奇迹的重要原因，就是发扬了科技民主、群策群力的优良作风。这种作风在“鞍钢宪法”的“两参一改三结合”思想的体现。因此，有研究者指出，“中国石油工业突飞猛进、核工业的诞生、航天工业的从无到有……无不体现着鞍钢宪法的精神实质”。可以说，中华人民共和国在经济发展、国防建设、科教文卫等各领域都取得了巨大发展成就。在以毛泽东为核心的党中央领导下，中华人民共和国成立后的相当长一段时间里，我们努力冲破外部的封锁、孤立，挫败了敌对势力的破坏企图，始终坚持走独立自主、自力更生、艰苦奋斗的发展道路，取得了历史性的巨大进步，彻底改变了旧中国积贫积弱的面貌。

如今，在社会主义市场经济条件下，强调全面、协调、可持续，以人为本为核心的科学发展观也体现了“鞍钢宪法”的基本原则和精神实质。对未来而言，党和国家应当始终坚持“以人为本”为核心立场的人本经济发展道路，这对于我们今天以科学发展观为指导思想全面建成小康社会、加快推进社会主义现代化，真正落实以人为本的发展理念具有突出的现实意义。

（二）“鞍钢宪法”对西方管理革命的影响

产生于我国本土管理智慧结晶的“鞍钢宪法”不但在当时发挥了很好的作用，推动了我国经济发展和企业管理，其蕴含的工人民主管理、团队合作、人性解放等思想，还直接引发了现代企业管理理论的革命，它对西方企业的生产管理和质量管理产生了深远的影响，由此形成了日本的“精益生产方式”，且扩散到欧美，触动了后现代管理思想的产生，引发了世界管理学革命，促使了人本主义管理思想的生产。

具体而言，“鞍钢宪法”所蕴含的“两参一改三结合”，用今日流行的术语来说，就是“团队合作”。日本所谓的“丰田生产方式”，就是工人、技术人员和管理者的“团队合作”，每人不再固守僵化的技术分工，而是随时随地解决“无库存生产方式”中出现的问题。石川馨指出“TQM（全面质量管理）是一种人际关系，是一种人生哲学，是学习和借鉴‘鞍钢宪法’文本的产物”。瑞典的沃尔沃汽车公司，为了发挥“团队合作”的效率优势，于1988年开始，将“装配线”改造为“装配岛”，使工人不再像从前那样在装配线上重复单一的任务，而是八至十人一组，灵活协作，组装整车。美国也不甘落后，1995年2月1日其国会开始辩论“团队合作法案”。因根据1935年通过的劳工法，“团队合作”是非法的，故美国现在必须对劳工法提出修正。美国通用公司的赛顿子公司规定，每个小组负责人和各级管理岗位均设置两名，一名由管理层指派代表股东立场，一名由工会指派代表工人立场，这与“两参一改三结合”有着共通之处。

许多工业管理学家认识到，“鞍钢宪法”的精神实质是“后福特主义”，是对福特式的僵化的、以垂直命令为核心的企业内分工理论的挑战。后福特制主张打破福特制过度的劳动分工和毫无人性的管理控制，增加雇佣劳动中的自主权，使员工面临各种情况时能够做出合理决策从而及时调节生产经营。团队生产（模块化生产）是后福特制的主要特征，即把一个庞大组织或过程划分为若干团队或部件，每个团队进行自我管理，自主决定其职责范围内的生产经营决策，并与系统的整体目标或功能配套。这些团队小组能参与组织整体的决策，并可以根据整体要求，进行战略调整或以自己的功能变化促进组织的整体改进。这是一种柔性生产方式，小组生产方式解除了福特制刚性生产的束缚。后福特制在两个方面对福特制进行了超越：一方面，推翻了计划与执行相分离的管理模式，实行团队化生产，将垂直的组织形式转化为扁平化的管理系统，将福特制的刚性制造系统转化为柔性生产方式等；另一方面，后福特主义解除了严格的管理控制，赋予工人参与管理的权利，在一定程度上也代表了一种更民主、更人性化的公司治理模式。而民主和人性解放正是"鞍钢宪法"的核心思想，因此"鞍钢宪法"与后福特制存在一种承继关系，是后福特主义传播、扩散链条上不可或缺的一环。"福特主义"与"福特主义"的比较见表 7-1。

表 7-1　"福特主义"与"后福特主义"的比较

管理模式	技术分工与社会分工	工人技能要求	生产组织原则	生产批量	生产关系
福特主义	一一对应	不熟练	被动服从命令	大批量	经济专制度
后福特主义	不一一对应	熟练	无库存生产与团队合作	可大可小	经济民主

20 世纪 70 年代开始的世界经济危机和国际竞争的加剧，迫使西方开始向"后福特主义"走。从这个意义上来说，毛泽东对于"鞍钢宪法"在"远东"出现的强调，象征着中西文明交流碰撞史上一个崭新阶段的开始，人本管理理论和民主管理实践证明，无论其是否是世界管理革命的前身，无论其是否影响了后现代管理的理论与实践，"鞍钢宪法"的管理思想和模式都符合世界管理历史的潮流，影响深远。

第二部分　思政元素理论基础和中国实践

一、社会主义制度的优越性，更加坚定"四个自信"

抗疫斗争伟大实践再次证明，中国特色社会主义制度所具有的显著优势，是抵御风险挑战、提高国家治理效能的根本保证。衡量一个国家的制度是否成功、是否优越，一个重要方面就是看其在重大风险挑战面前，能不能号令四面、组织八方共同应对。我国社会主义制度具有非凡的组织动员能力、统筹协调能力、贯彻执行能力，能够充分发挥集中力量办大事、办难事、办急事的独特优势，这次抗疫斗争有力彰显了我国国家制度和国家治理体系的优越性。历史和现实都告诉我们，只要坚持和完善中国特色社会主义制度、推进国家治理体系和治理能力现代化，善于运用制度力量应对风险挑战冲击，我们就一定能够经受住一次次压力测试，不断化危为机、浴火重生。

1. 坚持人民至上、生命至上，坚决打赢疫情防控阻击战

党的十八大以来，以习近平同志为核心的党中央高举以人民为中心的旗帜，强调“必须坚持以人民为中心的发展思想，把增进人民福祉、促进人的全面发展作为发展的出发点和落脚点”。坚持人民至上、人民利益高于一切。新冠肺炎疫情暴发以来，党中央和国务院秉持以人民为中心的工作理念、始终牢记人民利益高于一切，把人民群众生命安全和身体健康放在第一位，统一指挥、统一调动，把疫情防控工作作为当前最重要的工作来抓；从出生仅 30 多个小时的婴儿到 100 多岁的老人，从在华外国留学生到来华外国人员，每一个生命都得到全力护佑，人的生命、人的价值、人的尊严得到悉心呵护；提出早发现、早报告、早隔离、早治疗的防控要求，确定集中患者、集中专家、集中资源、集中救治的救治要求，把提高收治率和治愈率、降低感染率和病亡率作为突出任务来抓；全力以赴救治患者，不遗漏一个感染者，不放弃每一位病患者，坚持中西医结合，费用全部由国家承担，最大程度提高了治愈率、降低了病亡率；迅速建立全国疫情信息发布机制，实事求是、公开透明发布疫情信息。时刻挂念海外中国公民的安危，千方百计保障我国公民健康安全和工作生活，向留学生等群体发放“健康包”，协助确有困难的中国公民有序回国。这是中国共产党执政为民理念的最好诠释，这是中华文明人命关天的道德观念的最好体现。

爱人利物之谓仁，疫情无情人有情。习近平主席在全国抗击新冠肺炎疫情表彰大会上特别强调了“生命至上”的理念，他讲道，人的生命是最宝贵的，在保护人民生命安全面前，我们必须不惜一切代价，我们也能够做到不惜一切代价，因为中国共产党的根本宗旨是全心全意为人民服务，我们的国家是人民当家作主的社会主义国家。我们果断关闭离汉离鄂通道，实施史无前例的严格管控。作出这一决策，需要巨大的政治勇气，需要果敢的历史担当。为了保护人民生命安全，我们什么都可以豁得出来！

2. 举国同心，团结伟力，统一高效的疫情防控指挥系统

新冠肺炎疫情暴发以来，全国上下一心，迅速行动，彰显了中国特色社会主义制度在防疫抗疫中的明显优势。10 天时间，火神山、雷神山两座医院拔地而起，大规模改建 16 座方舱医院，迅速开辟 600 多个集中隔离点；54 万名湖北省和武汉市医务人员同病毒短兵相接，346 支国家医疗队、4 万多名医务人员奔赴前线，很多人在万家团圆的除夕之夜踏上征程驰援湖北。各行各业都自觉扛起责任，国有企业、公立医院勇挑重担，460 多万个基层党组织冲锋陷阵，400 多万名社区工作者在全国 65 万个城乡社区日夜值守，

各类民营企业、民办医院、慈善机构、养老院、福利院等积极出力，广大党员、干部带头拼搏，数百万快递员冒疫奔忙，180 万名环卫工人起早贪黑，千千万万志愿者和普通人默默奉献。依靠非凡的组织动员能力，我们在短时间内把数量庞大、构成多元的社会群体团结凝聚起来，使全国人民心往一处想、劲往一处使，万众一心。在抗疫形势最严峻的时候，经济社会发展不少方面一度按下“暂停键”，但群众生活没有受到太大影响，社会秩序总体正常。我们党准确把握疫情形势变化，立足全局、着眼大局，及时做出统筹疫情防控和经济社会发展的重大决策，推动落实分区分级精准复工复产，最大限度保障人民生产生活，各项工作有条不紊全面展开。

成果的背后是中国特色社会主义制度及其执行能力的集中体现：坚持党的领导，以习近平同志为核心的党中央统一部署、统一协调，各级党员干部靠前指挥，坚守岗位，发挥了领导核心作用；坚持人民当家作主，尊重和发挥人民的主体地位，发扬人民民主，密切联系群众，团结、动员群众，紧紧依靠人民群众联防联控，成功发动了一场阻击疫情的人民战争；坚持全国一盘棋，调动各方面积极性，集中力量办大事；坚持依法防疫，切实保障社会公平正义和人民权利；坚持党对人民军队的绝对领导，确保人民军队忠诚于党的事业和人民利益，闻令而动，不怕牺牲，勇往直前。在应对这场大考中，中国再次向世界展示了自身的制度优势。

二、 依法科学， 精准做好疫情防控工作

当前，因应国内外疫情防控新形势，依法科学有序防控至关重要，要从多环节发力，使全面依法治国的制度优势进一步转化为疫情防控的治理效能，保持我国疫情防控形势持续向好态势。疫情防控的大考仍在持续，对科学施策和依法防控提出了更高标准、更严要求。我们决不可掉以轻心，决不能麻痹、疏漏、松懈、厌战，要把可能出现的风险想透、想周全，将应对措施定细、定扎实。要坚持依法科学有序防控，咬紧牙关，不懈努力，继续巩固和拓展我国疫情防控形势持续向好的势头，奋力实现疫情防控和经济社会发展双胜利。

1. 依法防控、依法治理，为疫情防控提供有力保障

习近平总书记主持召开中央全面依法治国委员会第三次会议并发表重要讲话时强调指出，“要坚持依法防控，在法治轨道上统筹推进各项防控工作，全面提高依法防控、依法治理能力。”

（1）依法防控，健全国家公共卫生应急管理体系

强化公共卫生法治保障。要全面加强和完善公共卫生领域相关法律法规建设，认真评估传染病防治法、野生动物保护法等法律法规的修改完善。目前生物安全问题已经成为全世界、全人类面临的重大生存和发展威胁之一，必须把生物安全纳入国家安全体系。要全面研究全球生物安全环境、形势和面临的挑战、风险，深入分析我国生物安全的基本状况和基础条件，系统规划国家生物安全风险防控和治理体系建设，全面提高国家生物安全治理能力。尽快推动出台生物安全法，加快构建国家生物安全法律法规体系、制度保障体系。

改革完善疾病预防控制体系。要坚决贯彻预防为主的卫生与健康工作方针；要健全公共卫生服务体系，优化医疗卫生资源投入结构，加强农村、社区等基层防控能力建设；要加强公共卫生队伍建设，健全执业人员培养、准入、使用、待遇保障、考核评价和激励机制；要持续加强全科医生培养、分级诊疗等制度建设，推动公共卫生服务与医疗服务高效协同、无缝衔接，健全防治结合、联防联控、群防群治工作机制；要强化风险意识，完善公共卫生重大风险研判、评估、决策、防控协同机制。

改革完善重大疫情防控救治体系。要健全重大疫情应急响应机制，建立集中统一高效的领导指挥体系，做到指令清晰、系统有序精准解决疫情第一线问题；要健全科学研究、疾病控制、临床治疗的有效协同机制，及时总结各地实践经验，形成制度化成果，完善突发重特大疫情防控规范和应急救治管理办法；要建立健全分级、分层、分流的传染病等重大疫情救治机制，支持一线临床技术创新，及时推广有效救治方案。

健全重大疾病医疗保险和救助制度。这次疫情防控，在基本医保、大病保险、医疗救助的基础上，对医药费个人负担部分由中央和地方财政给予补助，有些地方还对异地就医患者实行先收治、费用财政兜底等政策，保证了患者不因费用问题而延误救治。要探索建立特殊群体、特定疾病医药费豁免制度，有针对性免除医保支付目录、支付限额、用药量等限制性条款，减轻困难群众就医就诊后顾之忧；要统筹基本医疗保险基金和公共卫生服务资金使用，提高对基层医疗机构的支付比例，实现公共卫生服务和医疗服务有效衔接。

健全统一的应急物资保障体系。要把应急物资保障作为国家应急管理体系建设的重要内容，按照集中管理、统一调拨、平时服务、灾时应急、采储结合、节约高效的原则，尽快健全相关工作机制和应急预案；要优化重要应

急物资产能保障和区域布局，做到关键时刻调得出、用得上。对短期可能出现的物资供应短缺，建立集中生产调度机制，统一组织原材料供应、安排定点生产、规范质量标准，确保应急物资保障有序有力；要健全国家储备体系，科学调整储备的品类、规模、结构，提升储备效能；要建立国家统一的应急物资采购供应体系，对应急救援物资实行集中管理、统一调拨、统一配送，推动应急物资供应保障网更加高效安全可控。

（2）依法治理，严格执行疫情防控法律法规

我国应急管理领域的制度建设相对比较完备，已经形成了以《中华人民共和国传染病防治法》《中华人民共和国突发事件应对法》《突发公共卫生事件应急条例》等为主干的比较完整立体的制度体系。“法立，有犯而必施；令出，唯行而不返。”要严格执行法律各项规定，落实防控责任，坚持联防联控、群防群控，对干扰医疗机构工作、隐瞒谎报疫情、妨害传染病防治等违法行为加大打击力度。

加大对危害防疫行为司法力度。疫情发生后，各有关部门和地区严格按照法定权限和程序实施危险源控制、交通管制、停工停业停课、紧急调集人员储备物资等应急处置措施，发布依法惩治妨害国境卫生检疫违法犯罪的意见和依法惩治涉境外输入型疫情防控典型案例，为疫情防控工作顺利开展提供有力司法保障。“守法持正，嶷如秋山。”要进一步加大对危害疫情防控行为司法力度，坚持以事实为根据、以法律为准绳，无论境内外、任何国家公民，一律严格、规范、准确适用法律法规，依法实施疫情防控及应急处理措施。要加强对相关案件审理工作的指导，及时处理，定分止争，确保疫情防控平稳有序推进。

营造遵守疫情防控法律氛围。遵纪守法是防控疫情的重要环节。疫情当前，没有小事，容不得任何人的丝毫任性。“言非法度不出于口，行非公道不萌于心。”要加强疫情防控法治宣传和法律服务，组织基层开展疫情防控普法宣传，引导广大群众遵守疫情防控各项规定特别是出入境检疫等有关法律规定。各级领导干部要强化法治意识，带头尊法学法守法用法，在法治轨道上统筹推进各项疫情防控工作，全面提高依法防控、依法治理能力，切实保障人民群众生命健康安全。

2. 科学防控，最有利的战“疫”武器

习近平总书记指出：“人类同疾病较量最有力的武器就是科学技术，人类战胜大灾大疫离不开科学发展和技术创新”。科学技术是第一生产力，也是战“疫”第一战斗力。无论是防控工作，还是救治工作，科技创新都是

最为强劲的硬核力量，是战“疫”的坚强后盾。尊重科学，集中体现了中国人民求真务实、开拓创新的实践品格。面对前所未知的新型传染性疾病，我们秉持科学精神、科学态度，把遵循科学规律贯穿到决策指挥、病患治疗、技术攻关、社会治理各方面全过程。无论是抢建方舱医院，还是多条技术路线研发疫苗；无论是开展大规模核酸检测、大数据追踪溯源和健康码识别，还是分区分级差异化防控、有序推进复工复产，都是对科学精神的尊崇和弘扬，都为战胜疫情提供了强大科技支撑。

（1）科学防控，缩短控制周期

我国至2020年下半年已经全面恢复复工复产，但是仍有疫情局部零散出现的态势。守好前期抗疫工作的成效，离不开科学指导，战胜疫情关键靠科技支撑。从病毒疫情的传播与致病规律看，疫病传播扩散主要历经三个关键环节，即传染源、传播途径、易感人群。控制疫情传播，需要紧紧围绕这三个环节综合施策、精准发力。

要聚焦传染源头深入“寻、溯、证”。把病毒“寻根、溯源、查证”作为防控疫情的治本之举和关键之策，深挖病根、科学求证，深入开展传染流行病学等方面的科学研究，持久强化对新发突发病毒疫情的动态感知和甄别研判。其次，要卡住传播途径做到“拦、阻、断”。尽早在交通管制、物流管控、信息通报、病例集中收治等各个链路环节，迅速掐断病毒传播途径，对“感染区位”精准甄别、精准防控。提倡人们勤洗手、多通风、公共场所戴口罩的生活和工作方式。坚持以“防”为先、“治”为重、“研”为要的策略。在科学抗疫的指导方针下，我国控制局部区域的疫情时，大大缩短了周期。我们以2020年6月11日，北京新发地批发市场发生聚集性疫情为例，累计本地确诊病例329例，科学有序的全面排查。首先，全面排查了与确诊病例有接触的医务人员和其他相关人员；同时，对新发地批发市场所有人员进行核酸检验，对周边场所进行全面排查。新发地批发市场8000多名经营、采购和工作人员，于6月14日凌晨全部完成核酸检验，转运至集中观察点，进行集中医学观察；另外，对5月30日以来于新发地批发市场有密切接触的人员开展核酸检测，至6月15日，排查5月30日以来曾去新发地农产品批发市场的人员近20万，以社区为单位就近安排核酸检测，并进行居家观察；还对农贸市场、菜市场、餐饮场所、机关食堂进行防疫大检查，全面开展环境消杀，对摊主和经营管理人进行核酸检测。截至6月16日6时，共消杀农贸市场276家，关闭地下半地下农贸市场11家，完成餐饮服务单位消杀33173家，于6月16日24时完成全部消杀工作。截至7月

9日0时，北京无新增报告本地确诊病例，自新发地疫情暴发以来，北京已连续4日无新增病例。在不到一个月的时间里，拥有超2000万人口的北京，迅速控制住了疫情蔓延的势头。

（2）科技创新，灵活运用大数据

2020年1月27日，国务院发布《近期防控新型冠状病毒感染的肺炎工作方案》，明确指出各地要充分应用“大数据+网格化”等手段，抓好疫情预警、监测、排查、检测等工作。1月26日上午，工业和信息化部副部长、工信部应对新冠肺炎疫情防控工作领导小组副组长陈肇雄赴中国联通大数据中心，看望慰问坚守岗位的一线员工，调研运用大数据支撑服务疫情联防联控情况，召开疫情防控大数据支撑服务工作现场调度会。

1月22日，中国联通组建起覆盖全集团的百余人大数据联合团队。中国联通表示，已快速建立起协同机制，为有关部委、部分省市政府提供疫情防控相关人口流动大数据分析支撑服务，利用成熟的算法模型提供相关数据分析和智能应用，全方位支撑疫情防控工作。另外，新冠肺炎疫情暴发后，中国移动接到国家卫健委关于疫情日报的需求，为了疫情信息能够第一时间上报，为整体防疫工作提供准确数据决策，中国移动快速制订数据上报与数据建模方案、无线专网安全保障和应急预案，并在1天之内开通了医疗专网服务。通过疫情防控大数据传送专网，能实现武汉72家医院疫情数据的实时传输上报。电信大数据天然具有用户最为详细的信息，在国家力推用户实名制后，电信数据更准确地涵盖了用户方方面面真实且完整的信息。受益于移动终端的快速普及以及移动用户数量的大幅增长，运营商多年来已形成有效的用户大数据。据新华社2月18日消息，在工信部统一组织下，中国电信、中国移动、中国联通为全国手机用户免费提供本人到访地短信查询服务，用户可通过编写发送短信，实现到访地查询，并作为本人的行程证明使用。

新冠肺炎疫情期间，“健康码”全国推广，助力疫情防治工作。健康码是以真实数据为基础，由市民或者返岗人员通过自行网上申报，经后台审核后，即可生成属于个人的二维码。该二维码作为个人在本地区出入通行的一个电子凭证，实现一次申报，全市通用，旨在将通行证电子化，实现“绿码、红码、黄码”三色动态管理。也就是说，健康码是进入相关地市的通行证，适用于所有在相关地市的人员以及待返回人员。“健康码”利用信息技术，通过大数据实现人员流动信息的实时监测、汇总及共享。大数据产业是对数量巨大、来源分散、格式多样的数据进行采集、存储和关联分析，从中发现新知识、创造新价值、提升新能力的新一代信息技术和服务业态。大数据主要应用领域包括教育、交通、能源、大健康、金融等。此次的“健康码”正是科技助力抗疫的突出体现。

（3）科研攻关，多线疫苗争分夺秒

早在2020年1月底，当武汉还处在疫情高峰期，我国就成立了“科研攻关应急项目组”，在一团纷乱如麻的形势中，抛开了风头正盛的“神药”瑞德西韦，战略性地将目光投向了疫苗。2020年2月15日，联防联控机制新闻发布会上，我国正式发布了“科研攻关应急项目组”，快速启动多条新冠疫苗研发路线：灭活疫苗、腺病毒载体疫苗、减毒流感病毒载体疫苗、重组蛋白疫苗、核酸疫苗（包括RNA疫苗和DNA疫苗）。应急攻关项目支持下的5条技术路线，每条技术路线都有1至3个团队进行研发，每个技术路线都由多个单位形成合力，从企业到高校、科研院所再到高等级生物安全实验室，国家顶尖学术机构以及生命科学领域的高新技术企业夜以继日投入研发。以疫苗研发工作专班为代表的制度化保障，不仅实现了药监部门与科技部门的高度协同，还改变了各主体成本收益权衡，塑造医疗机构、科研单位、监管部门、企业、部队等主体协同行动，最大限度提高研发效率。良好的协同结果正向反馈给上述目标和结构，进一步强化协同行动的实施，从而形成良性循环。截至2021年1月，据国务院联防联控机制新闻发布会介绍，我国在全球第一个新冠疫苗获批开展一、二期临床试验，全球第一个启动三期临床试验，第一个疫苗附条件上市，我国新冠疫苗研发工作始终处于全球第一方阵。

中国的疫苗创新能力和监管能力并不强于一些发达国家，但在新冠疫苗研发中却稳稳位列全球第一梯队，这背后不仅体现了我国医疗科研工作者的实力，中国新冠疫苗研发成功不是偶然的，其源自研发能力的长期积累，包括与之相关联的药品检验、审评等监管能力进步。这既不是单纯市场演化的结果，也不是传统意义上的集中力量办大事，而是取决于两个因素交互作用。此外，也体现了我国在突发事件、全球化等多重条件约束下的新型举国体制彰显的制度优势：

一是以国家公共卫生安全和人民健康为政策目标。突发公共卫生事件放大了疫苗研发不确定性，市场机制容易失灵。因此在疫情初期，众多跨国制药公司主要出于商业考量，并未大规模投入疫苗研发。他们或是担心研发失败，或是对疫情存续抱有侥幸心理。我国则要求科研攻关单位“不算经济收益账，只算人民健康账”，并给予专项资金保障。我国关于建立国家疫苗储备制度的要求，以及中国新冠疫苗将作为全球公共产品的承诺，更是为企业提供了广阔市场空间。这种可信承诺强化了正向激励和预期，从而有效纠正市场失灵，加速疫苗研发进程。国家的底线思维和战略定力在于，哪怕备而不用，哪怕病毒消失了，哪怕投入打水漂，也要坚持疫苗研发。事实证明，从 2020 年 1 月科技部启动第一批应急攻关项目，到 7 月多家中资企业在海外开展三期临床试验，以及 12 月相关数据陆续公布，新冠疫苗研发的“中国速度”不仅远快于通常所需的 5~18 年，还超越了大流行情境中 12~18 个月的疫苗研发周期。

二是科学统筹、集中力量、优化制度、协同攻关。疫苗研发涉及多个部门，“碎片化”格局主要表现在政策协调和资源共享两方面，不易构建起激励研发的制度体系。为了在紧急状态下组织动员全国优势力量实现特定科技创新目标，国务院联防联控机制科研攻关组于 2020 年 2 月成立疫苗专班。该专班由科技部、卫生健康委、药品监督管理局等部门组成，其担负起协调部门间目标、同向发力的重任。其有力凝聚起医疗机构、科研机构、企业和监管部门的全部优势力量和要素，实现毒株分离、动物试验、产品制备、临床研究等工作“医研审产”联动，从而在尊重科学规律的前提下推动疫苗研发。

当我们再回头看 2020 年 2 月就确定的 5 条线路同时研发新冠疫苗的规划时，如同黑暗中的灯塔一般，极有前瞻性。当时被寄予厚望的灭活疫苗路线，走出了国药集团的疫苗和科兴中维疫苗，也是绝大多数中国人今天接种的疫苗。腺病毒载体疫苗路线下走出了上海医药的希康诺疫苗，重组蛋白疫苗路线下走出了安徽智飞疫苗。也许有人会问，为什么没把资源倾斜并投入到 mRNA 疫苗路线上，这样一来我们也会如美国一样，拥有超过 90%有效力的信使核酸疫苗。因为在德国生物成功之前，mRNA 疫苗路线还从未在疾病疫苗方面取得哪怕是一个成功的案例。而灭活疫苗技术成熟，疗效和不良反应都在预期范围之内，群众接受度高，存储方便，更适合大范围接种，是当时的最佳、也是成功率最高的选择。5 条技术路线，齐头并进，中国国产的 mRNA 疫苗也在路上了，由中国军事科学院、云南沃森生物和苏州艾博生物共同研制的 mRNA 疫苗已经与 2021 年 4 月完成二期临床，已经远赴墨西哥进行三期测试。此外，由斯微（上海）生物科技有限公司、同济大学附属东方医院合作研发的针对预防新冠肺炎病毒的 mRNA 疫苗 I 期临床试验正式启动。在不久的将来，中国肯定将拥有世界上最齐全的“全路线疫苗”，灭活、mRNA、腺病毒载体疫苗和重组蛋白。全线路疫苗不仅不多余，反而能够多类疫苗互补，降低病毒突破疫苗防线的可能性。而目前的世界，各国均受到变异新冠病毒的危险，一旦病毒变异突破某种疫苗的保护范围，而一个国家所拥有的全路线疫苗”可能成为一种独特的优势。“多线路疫苗”计划再一次体现了我国在研发疫苗路线选择的远见卓识，以及疫苗攻关中一往无前的决心。

三、 中国精神， 中国担当， 彰显大国形象

习主席说：“大道不孤，大爱无疆。我们秉承‘天下一家’的理念，不仅对中国人民生命安全和身体健康负责，也对全球公共卫生事业尽责。我们发起了新中国成立以来援助时间最集中、涉及范围最广的紧急人道主义行动，为全球疫情防控注入源源不断的动力，充分展现了讲信义、重情义、扬正义、守道义的大国形象，生动诠释了为世界谋大同、推动构建人类命运共同体的大国担当!”

1. 求真务实，脚踏实地：公开透明，接受社会监督

根据2019年新修订的《政府信息公开条例》第六条的规定：“行政机关应当及时、准确地公开政府信息。行政机关发现影响或者可能影响社会稳定、扰乱社会和经济管理秩序的虚假或者不完整信息的，应当发布准确的政府信息予以澄清。”事实上，我们的政府正把“信息公开”作为应对武汉疫情的重要策略。

据新华社报道，习近平总书记做出重要指示，其中特别强调：“要及时发布疫情信息，深化国际合作。要加强舆论引导，加强有关政策措施宣传解读工作，坚决维护社会大局稳定，确保人民群众度过一个安定祥和的新春佳节”。同时，李克强总理也做出批示，其中特别强调：“及时客观发布疫情和防控工作信息，科学宣传疫情防护知识。做好与世界卫生组织、有关国家和港澳台地区的沟通协调，密切协作形成合力，坚决防止疫情扩散蔓延”。另外，国务院常务会议也提道：“四是坚持公开透明，及时客观向社会通报疫情态势和防控工作进展，统一发布权威信息。科学宣传疫情防护知识，提高公众自我保护意识”。而国家卫生健康委员会官网不仅开始例行地每天公布一次“新型冠状病毒感染的肺炎疫情情况”，而且不断升级整理了《新型冠状病毒感染的肺炎诊疗方案（试行第三版）》。

面对突如其来的严重疫情，中国同世界各国携手合作、共克时艰，为全球抗疫贡献了智慧和力量。我们本着公开、透明、负责任的态度，积极履行国际义务，第一时间向世界卫生组织、有关国家和地区组织主动通报疫情信

息，第一时间发布新冠病毒基因序列等信息，第一时间公布诊疗方案和防控方案，同许多国家、国际和地区组织开展疫情防控交流活动 70 多次，开设疫情防控网上知识中心并向所有国家开放，毫无保留同各方分享防控和救治经验。

2. 大道不孤，大爱无疆：积极履行国际义务，彰显大国担当

习近平站在人类命运的高度，创造性提出要推动构建人类命运共同体，并将人类命运共同体的视野拓展到了卫生健康领域。尤其在新冠肺炎疫情防控中，我国既对本国人民群众生命健康负责，也对全球的公共卫生事业负责，始终和国际社会密切合作，共同战胜疫情。正如联合国秘书长古特雷斯所说，中国为控制疫情蔓延做出了“了不起”的努力。

（1）主动开展疫情防控国际合作，维护人类健康

习近平坚持以构建人类命运共同体的视野，积极开展疫情防控国际合作。在疫情防控中，我们积极主动地同世界卫生组织以及世界各国开展合作交流，与国际社会分享部分毒株的全基因组序列，接受其他各个国家的援助，也向其他疫情严重的国家和地区提供力所能及的帮助，如针对日本、韩国医疗物资短缺，我国积极克服自身的困难，紧急提供病毒核酸检测试剂盒以及口罩等物资。在遏制国内疫情发展的同时，也防止疫情在全世界的蔓延，既是对中国人民生命安全的负责任，也为世界公共卫生事业作出了贡献。习主席讲道：“我们在自身疫情防控面临巨大压力的情况下，尽己所能为国际社会提供援助，宣布向世界卫生组织提供两批共 5000 万美元现汇援助，向 32 个国家派出 34 支医疗专家组，向 150 个国家和 4 个国际组织提供 283 批抗疫援助，向 200 多个国家和地区提供和出口防疫物资。从 3 月 15 日至 9 月 6 日，我国总计出口口罩 1515 亿只、防护服 14 亿件、护目镜 2. 3 亿个、呼吸机 20. 9 万台、检测试剂盒 4. 7 亿人份、红外测温仪 8014 万件，有力支持了全球疫情防控。我们倡导共同构建人类卫生健康共同体，在国际援助、疫苗使用等方面提出一系列主张。中国以实际行动帮助挽救了全球成千上万人的生命，以实际行动彰显了中国推动构建人类命运共同体的真诚愿望！”

（2）主动承担国际责任，展现大国担当

世界卫生组织官员曾不止一次地说到，新冠疫苗在发达国家与发展中国家、富裕国家与贫困国家之间，存在严重的分配不公问题。一方面是美英等国强化疫苗的国内需求，大量囤积远超自身人口需要的疫苗，美国还制定了限制制造新冠疫苗原材料的出口限制措施，给印度生产、接种疫苗带来巨大

的困扰。另一方面在疫苗的“全球公共产品”行动上不作为，使得大量发展中国家的疫苗供给严重不足。

早在2020年5月18日，中国国家主席习近平就在世界卫生大会开幕式上表示：“中国新冠疫苗研发完成并投入使用后，将作为全球公共产品，为实现疫苗在发展中国家的可及性和可担负性做出中国贡献。”2020年9月22日，习近平主席在第七十五届联合国大会一般性辩论中进一步指出：“中国已有多支疫苗进入三期临床实验，研发完成并投入使用后将作为全球公共产品，优先向发展中国家提供。”中国的行动充分展示了负责任的大国担当，也用实际行动推动构建人类卫生健康共同体。当新冠疫苗还未进入应用阶段时，当美国等西方国家理直气壮地声称开发疫苗首先解决国内需求时，中国就于2020年10月加入了“新冠肺炎疫苗实施计划”，中国作为疫苗和相关要素的生产国家主要在两个方面进行国际协调，通过新冠疫苗保障机制推动富裕国家向贫穷国家提供疫苗生产资源，通过预先市场承诺机制向无力支付的国家直接提供疫苗。这足以证明中国为帮助世界共同战胜疫情做出的国际性努力。随着中国国产疫苗上市，中国政府及时落实习近平主席的庄重承诺，优先向发展中国家提供疫苗。这次新冠疫苗对外援助，是新中国成立以来我们首次大规模对外提供疫苗援助。截至2021年4月，中国正在向80个国家和三个国际组织提供疫苗援助。我们同时还向40多个国家出口疫苗，与10多个国家开展疫苗的研发和生产合作。全球已有60多个国家批准中国疫苗注册上市或紧急使用。我们还响应联合国的号召，向各国维和人员捐赠疫苗，我们也愿与国际奥委会合作，向准备参加奥运会的运动员们提供疫苗。中国疫苗接连运抵世界多国。国药集团日前宣布已向全球累计供应超过1亿剂新冠疫苗，科兴生物也表示已向全球供应了1.6亿剂疫苗。两款疫苗的安全有效性被越来越多的国家认可。多国政要、名流带头接种中国疫苗，用实际行动为中国疫苗投下信任票，正如埃及病毒学专家马格迪·巴德兰所言，“疫苗最重要的特点应该是安全、有效、便宜和易获得，中国疫苗恰恰具备这些特点。”目前，全世界对中国疫苗需求量呈增长趋势。未来一段时间，我们努力目标是超过40亿剂疫苗产能。这一产能可以满足大约40%的全球新冠疫苗需求。中国希望到2022年，本国民众新冠疫苗接种率能够达到70%~80%。中国也将继续为世界疫苗公平分配做出努力，因为中国认为世界人口健康意味着国际经济繁荣，这正是构建人类卫生健康共同体的大国担当。

对于许多国家来说，中国援助的疫苗是他们获得的第一批疫苗。正如外交部发言人日前所说，中方反对搞“疫苗民族主义”、制造“免疫鸿沟”的不道德、不负责任行为，我们呼吁所有具备能力国家都能尽力向有需要国家特别是发展中国家提供疫苗，让各国人民用得起、用得上。中国的疫苗援助为发展中国家及时获得疫苗带来了希望，为全球协同抗疫带来信心和力量。

第三部分　案例使用说明

一、 教学用途和教学目标

1. 教学用途

本案例适用于本科生《管理学》“控制”章节。

2. 教学目标

（1）知识层面

理解概念：企业控制

掌握理论：控制的含义、控制的内容和控制的类型

（2）能力层面

教师通过对控制系统和控制类型的讲解，帮助学生系统掌握控制的主体、控制的客体、和控制的目标，以及企业控制有哪些类型，从而理解控制对企业的重要作用。

（3）素质层面

形成专业意识：理解中国企业在发展历程中，根据不同的管理理论和管理思想所采用的控制理念，特别是在新时代背景下，中国企业如何根据我国的国情和我国企业的发展需要，采用的具有中国特色的企业管理方法和公司控制手段。培养学生思考具有我国特色的公司治理、企业控制，以及效果的学习和思考习惯。

二、 案例讨论前的准备工作

1. 学生方面

学生在教师按照《管理学》教学计划讲解的基础上，可以结合本案例以及进一步信息获取，掌握我国企业的公司治理、企业控制、案例等。

2. 教师方面：

教师在讲解《管理学》教学计划的基础上，可根据学生人数安排小组，

并做不同分工和展示分享要求。

三、 案例分析要点

1. 启发思考题

（1）结合案例，分析“两参一改三结合”的管理模式下，企业控制的主体、控制的内容和控制目标是什么？

（2）结合案例，分析鞍钢宪法中，鞍钢内部控制的优势体现在哪些方面？

2. 分析思路

（1）理论知识点。

控制的含义、控制的内容和控制的类型

（2）分析要点。

①结合案例，分析“两参一改三结合”的管理模式下，鞍钢控制的主体、控制的内容和控制目标是什么？

参考答案见表 7-2：

表 7-2　鞍钢控制的主体、内容、目标

	知识点内容	案例分析内容
控制主体	（1）以股东为主体的高层控制主体。 （2）以经营者和管理者为主体的中层控制主体。 （3）以普通员工为主体的低层控制主体	“两参”：“鞍钢宪法”要求管理者融合到下属员工和基层工作中，一边从事生产经营，一边进行现场管理，出现问题及时疏通和指导。工人不仅是生产者也应当是企业生产和运营的管理者，具有企业主人翁的意识。 干部参加劳动克服了领导上的官僚主义与主观主义，能及时发现与解决生产上的问题，工人参加管理的具体形式包括：在部门范围内，按生产特点划分若干生产小组，以生产小组为单位，组内管理工作由员工分工负责。在小组分工时，工人自己讨论，民主分工，不由领导指定。在生产中，普通员工通过对各项统计记录进行分析，发现与解决生产上的各种问题

表7-2(续)

	知识点内容	案例分析内容
控制内容	按照组织的具体控制内容，控制可以分为： 制度控制 风险防范控制 预算控制 激励控制 绩效考评控制	1.“一改”：制度控制，改变不合理的规章制度。主要解决管理工作中存在的四个方面的问题：一是权力过多地集中在厂长一级；二是过分强调互相制约；三是管理工作缺乏群众基础；四是工作追求形式，使管理脱离实际。 纠偏的主要方法：一是每个人把自己的工作全面铺开，逐项研究，然后把改革措施和效果记在“记工卡”上；二是对于那些牵动面较大的工作，则采取“一人提出，大家研究，实际表演，现场观摩”的方法。制度改革，树立了经营管理工作为生产服务的意识，创造了一些便利于生产、便利于工作、便利于干部参加劳动的方法，调整了不合理的职责范围，下放了一部分权力，减少了办事层次，工作效率大为提高。 2.“三结合”：激励控制。工人群众、领导干部和技术员三结合，各展所长，合作攻关，解决产品质量和技术攻坚等生产经营问题，激发创新动力
控制目标	（1）确保组织目标的实现。 （2）经济有效的利用组织资源。 （3）确保信息的质量	1961—1966 年，鞍钢在“鞍钢宪法”的指引下，主要技术经济指标全部超过历史水平，在全国同行业中保持领先地位，1966 年，鞍钢的产值达到 25 亿元，产钢 506 万吨、铁 461 万吨、钢材 267 万吨，上缴利税 13 亿元（其中利润 11.5 亿元），成为鞍钢发展史上的“黄金时代”之一

②结合案例，分析鞍钢宪法中，鞍钢内部控制的优势体现在哪些方面？

参考答案：

鞍钢内部控制的优势体现在：民主治理，解除了严格的管理控制，赋予工人参与管理的权利，在一定程度上也代表了一种更民主、更人性化的公司治理和内部控制模式。而民主和人性解放正是“鞍钢宪法”的核心思想。

四、 教学组织方式

课前：案例课前一周布置学生在课前先行做好准备（参见前述“讨论前应做准备”），特别强调需认真阅读案例材料。所有小组均需在上课前提交小组书面的案例分析报告，其中被指定做课堂陈述的小组还需准备幻灯片（PPT）并提交电子文档。

课中：案例课（连续 3 节课）开始后，按如下步骤进行：

第一步：小组陈述。每组 15~25 分钟，共约 50 分钟。

第二步：针对“陈述”的讨论，由非陈述组同学对已做陈述提出问题或批评，陈述同学做答辩，约 30 分钟。

第三步：自由讨论，约 20 分钟。

第四步：由学生代表作案例讨论的总结发言，约 10 分钟。

第五步：教师总结并点评，10~30 分钟。

课后：为进一步提高知识的记忆和巩固，教师可安排学生自选一家国有企业进行关注，下次课做回顾和提问。

五、 总结

（1）组织控制是调节组织行为，使其与计划、目标和绩效标准相一致的过程。

（2）组织是指一群人为了实现某个共同目标而结合起来协同行动的集合体。

（3）理解控制是管理过程的一个阶段，它将阻止的活动维持在允许的限度内，是一个发型问题、分析问题、解决问题的全过程。控制职能的完成需要一个科学的程序，使组织管理系统以更加符合需要的方式运行，

2020 年，“十四五”规划提出：“提高城市治理水平，加强特大城市治理中的风险防控。”控制职能已经成为我国推进以人为核心的新型城镇化的重要部分。我们要利用可靠、及时的信息对社会安全、疾病疫情、城市治理中的问题进行有效预防和内部控制，乘势而上开启全面建设社会主义现代化国家新征程。

六、 参考文献

［1］崔之元. 鞍钢宪法与后福特主义［J］. 读书杂志，1996（3）：11-22.

［2］高晔. 论鞍钢宪法在工业企业管理中的应用［J］. 企业科技与发展，2011（18）：98-100.

［3］胡颖廉. 新冠疫苗研发，中国为何全球领先［N］. 光明日报，2021-01-07（16）.

［4］康民军，卞明月. 关于“鞍钢宪法”中的企业民主管理问题：以“两参一改三结合”的研究为基础［J］. 宜春学院学报，2019（10）：16-21.

［5］牛艺琳，高发雷. 企业内部控制的“宪法化”隐喻与自发社会秩

序研究：基于“鞍钢宪法”、华为基本法与华侨城宪章［J］. 财会月刊，2020（7）：109-115.

［6］喻思南. 科学看待新冠病毒疫苗研发（科技观点）［N］. 人民日报，2020-04-20（19）.

［7］杨继国，魏鑫珂. “鞍钢宪法”与现代企业“民主管理”［J］. 华东经济管理，2014（8）：1-7.

［8］张士涛，江勇. 用科学战胜病毒疫情［J］. 求是，2020（6）：22-25.

第八章　创新

第一部分　案例正文

一、 科大讯飞的发展历程

（一）1999—2003 年 初创阶段：技术产业化的开端

科大讯飞的创始人叫刘庆峰。刘庆峰，1973 年出生，高中时期，放弃清华大学汽车工程专业保送资格，参加高考被当时招生分数线最高的中国科技大学电子工程系录取。在一群各省高考状元中，他大学成绩依旧名列前茅。当时国内语音技术研究领域数一数二的学者——中科大王仁华教授，找到了刘庆峰。1998 年，王仁华教授让年仅 25 岁的刘庆峰带队参加国家“863 计划”成果比赛，结果其设计开发的语音合成系统不但保证了音质，还具备了优良的语音自然度，合成的语句近乎“人声”，成了当年比赛中最为轰动的科研成果。受到此奖的鼓舞，刘庆峰萌发了将技术产业化的想法。于是，刘庆峰开始了创业。他先是找到了中国银行福建省分行下面的一家企业，办了一个联合实验室，全称叫“中国科大中银天音智能多媒体实验室”，想先搞好技术再说。结果这家企业在经营上出现困难，连实验室成员的工资都发不出来，为了不让这帮人流失，刘庆峰偷偷四处打借条，才把实验室成员的工资给发了。此事刺激了刘庆峰，他觉得应该要成立一家公司，把命运掌握在自己手里。于是，就有了硅谷天音，全称叫“安徽硅谷天音科技信息有限公司”，是家注册资金只有 300 万元的小公司。300 万资金并不多，基础研究投入很大，到当年年底就基本花完了，1999 年年底，在融到了第一笔 3 000 万元的“巨资”后，公司正式改名为科大讯飞。科大讯飞起步之时，刘庆峰认为，语音技术迟早要面对大众，融入人们的日常生活中，所以应该开发面向大众消费市场的产品。于是一款名叫“畅言2000”的电脑软件问世，但很快他就悲哀地发现，这款产品根本卖不动，科大讯飞转而主攻企业级用户。2000年以后，中国电信的168电话信息平台开始铺向全国，由于其是人工录音接听，因此很难应付海量和动态的信息，而科大讯飞的语音合成技术，正好可以解决这一问题。如果真能跟电信达成合作，一个省会城市的单子就有上千万元，30多个省会城市就能上亿元，还别说更多的三四线城市。刘庆峰激动不已。但是，就在正要敲开未来大门的时候，对方却突然拒绝了合作，理由是科大讯飞公司太小，实力单薄，不敢贸然尝试把上千万元的单子交给科大讯飞，要合作也是跟华为这样的大企业合作。面对中国电信的拒绝，刘庆峰也觉得有道理，他转念一想，为何不把技术嵌入华为这样的大企业？于是，“iFLY Inside”诞生了，他想把语音的核心能力提供给华为。华为也给了科大讯飞一次机会。当时科大讯飞最核心、最骨干的研发人员接近二十几天吃睡都在华为，终于赶在华为给定的时间节点前解决了全部技术问题，达到了电信级稳定性的要求，得到了华为的高度认可，从而奠定了科大讯飞和华为生意上的长期合作。

（二）2004—2007年 社会支持阶段：企业知名度的提升

在得到华为认可以后，科大讯飞整个品牌知名度迅速提升，科大讯飞的企业级客户越来越多。但直到2004年，科大讯飞在财务状况上才扭亏为盈，弥补了之前战略判断失误所造成的损失。2006年，一场名叫Blizzard Challenge的国际英文合成比赛，让科大讯飞的名气从国内拓展到了国外。该比赛在当时是英语语音合成领域最具权威性、广泛性的国际评测比赛，由美国卡耐基-梅隆大学和日本名古屋工业大学联合组织发起，评价指标包括自然度和可懂度两个方面。参加评测的包括美国卡耐基-梅隆大学、日本名古屋工业大学、美国麻省理工学院、微软亚洲研究院、IBM研究中心、日本国际电气通信基础技术研究所（ATR）等著名语音研究机构所提交的14个系统。科大讯飞语音实验室提交的语音合成系统在自然度和可懂度两项指标上均获第一名。国内以科大讯飞为代表的语音研究机构在中文语音合成领域代表着世界最高水平，但在世界第一大语种英文的合成方面，长期以来一直是西方发达国家占据着优势。2006年科大讯飞的夺冠，标志着在英文语音合成方面，我国技术已进入国际领先水平，可以预见，未来在国际市场上，科大讯飞也能分到一份羹。

（三）2008—2013 年 做大阶段：技术研发力度的加大

国际大奖让科大讯飞的企业知名度再上了一个台阶。刘庆峰顺势将公司于 2008 年上市，而在当时，科大讯飞是我国语音产业唯一上市的企业。上市之后，资本的力量让科大讯飞的研究团队有了更多机会专注技术的研发。2010 年，深度神经网络 DNN 在语音识别技术的应用方面有了革命性的突破。科大讯飞紧跟最新研究成果，开始对 DNN 语音识别进行研究，仅一年左右，科大讯飞就上线了中文语音识别 DNN 系统。2012 年，在国际语音合成大赛中，科大讯飞的汉语语音合成水平再次取得进步，超过了普通人水平。2013 年，在语音识别领域，科大讯飞研发出了 BN-ivec 技术。科大讯飞之所以如此高产，和以刘庆峰为代表的研究团队学生时代的实验室经历分不开。正是因为实验室的经历，才让科大讯飞整个企业都渗透着脚踏实地、勇攀高峰的科研精神。

（四）2014—2020 年 做强阶段：科大讯飞走上人工智能之路

弹指一瞬间，时间的“车轮”来到了 2014 年。过去，科大讯飞只有语音合成和识别两个通用能力，但经过十多年在语音产业方面的沉淀，科大讯飞有了足够的底气，向更高的目标进发。而这个目标就是人工智能。人工智能的精确定义是机器拥有自我意识、面对未知的任务能够自主寻找并找到解决方案。数据是人工智能的基础，计算能力则是支柱。随着云计算、大数据等新一代信息技术的快速发展，始终跟着时代一起进步的科大讯飞向人工智能领域靠近再自然不过。

因此在 2014 年，科大讯飞正式启动“讯飞超脑计划”。这是科大讯飞在“让计算机能听会说”成功的基础上，向“让计算机能理解会思考”的目标迈进的关键项目支撑，该计划的目标是研发实现具有深层语言理解、全面知识表示、逻辑推理联想、自主学习进化等高级人工智能的智能系统，并在未来向教育、客服、人机交互、医疗等领域实现推广应用。到 2015 年，人工智能开源热潮来临，科大讯飞发布人工智能时代的人机交互界面 AIUI。这是科大讯飞新一代的人机智能交互开放平台，旨在实现人机之间交互无障碍，使人与机器之间的交流，可以通过语音、图像、手势等自然交互的方式，进行持续，双向，自然地沟通。此举定义了万物互联时代人机交互的全新标准。

2017 年，科大讯飞入选全国首批新一代人工智能创新开放平台，成为我国人工智能产业的“国家队”。同年，由麻省理工学院主办的《麻省理工科技评论》评出 2017 年“全球最聪明的 50 家公司”中，科大讯飞排名全球第六，中国第一，紧随其后的中国企业是腾讯，位列第八，中国第二。“人工智能时代，哪个国家和民族具备全球的领先优势，就会在未来的产业链上具备话语权，科大讯飞希望代表中国通过技术创新让世界聆听我们的声音。”科大讯飞股份有限公司联合创始人高级副总裁江涛曾公开表态科大讯飞的雄心壮志。由此可见，除了外界看好科大讯飞前景，科大讯飞对自己也有高要求、高追求，这样永不止步、自立自强的精神势必让科大讯飞在人工智能的道路上走长走远。

二、 科大讯飞公司的创新

（一）源头技术创新的坚持，体现放眼全球视角的野心

创新是科大讯飞的核心价值，是科大讯飞保持全球先进的核心。在科技领域，核心技术一直被欧美发达国家所垄断，我国要想获得更大的发展就必须要发展高精尖科技。而科大讯飞多年来坚持从源头技术进行创新，并以此为始终坚持的信仰。这一点说明，科大讯飞和国家战略层面的高度一致。在这个过程中，他们还给自己打了“定心针”，意识到既然要做源头技术创新，就一定要有定力，任何高目标的实现都不是一蹴而就的，还得要经受一个漫长过程的考验。科大讯飞将自己比喻为“登山型”企业：远处有一座高山，科大讯飞整个团队携手一步一个脚印地向那个目标走去。虽然跟很多抓住风口迅速起飞的企业相比，科大讯飞的发展速度偏慢，但重要的是科大讯飞的发展并不依赖于风口，而是扎实做源头技术的研究和投入，尤其是在技术的应用还没有爆发前，要有定力，要坚持在核心领域进行高强度的聚焦和投入。这样的认知也印证了科大讯飞创始团队骨子里流淌着的“科研血液”。江涛说过，过去这么多年，在每年销售收入保持高速增长的前提下，科大讯飞都保持将销售收入的20%投入到研发中。科大讯飞执行总裁陈涛也曾对媒体说：“历史上的重大技术性突破都是有周期的，是需要长期投入的，科大讯飞在人工智能领域取得的成果都是在20年持续不断的科研投入基础上取得的。”这也体现了他们对客观规律把握的科学精神。

在国际化背景的今天，科大讯飞在未来战略方向上也瞄准了全球市场，科大讯飞今天所做的是在全球有广泛市场、也是关键技术竞争最激烈的领域。通过全球化发展的战略解决人类刚需，已成为科大讯飞的使命和担当之一。这其实是科大讯飞坚持源头技术创新的必然。

（二）技术创新的规模转化，是推动企业发展的关键

光做研究不行，只有做产业化才能更好推动技术往前发展，才能推动企

业继续向前发展。于是，科大讯飞制定了“顶天立地”四字发展战略：核心技术保持全球领先，研究成果能够产业化、落到千家万户，让千千万万的老百姓都能用起来。“我们也在不停地尝试新途径，怎么去跟市场对接，怎么跟需求对接，怎么成为在全球有强大品牌号召力的品牌。”江涛对外坦言。

创业初期，由于锁定的目标客户不当，科大讯飞在市场上摔了跟头。今非昔比，现在的科大讯飞不仅拥有了企业客户，还拥有了政府客户并重新获得了个人客户。政府客户方面，科大讯飞与政府签约合作的领域包括智慧司法和智能城市两大方面。使用科大讯飞开发的智慧司法系统，法官们可以通过语音调取电子卷宗，实现全程电子阅卷和案件评议，提高办公效率。该系统已经在浙江省桐乡市人民法院乌镇人民法庭、浙江省丽水市中级人民法院常态化使用；科大讯飞开发的智慧政务系统，以“不跑为常态，跑一次是例外”为目标，致力打造企业和群众办事“零填报、秒办理、不见面”的政务服务模式，实现办事搜索即搜即办、办事问题智能问答、办事资格自动预判和申请材料自动生成，进一步降低企业和群众办事的复杂度。这一系统也已被安徽省　　市和浙江省杭州市政府采用。除此之外，科大讯飞开发的系统还能为城市的交通管理、城市治理、档案保管等方面提供新的解决方案。企业客户方面，科大讯飞开拓的板块包括汽车、工业、AI 营销、智能语音服务等。而在个人客户方面，经过漫长时间的等待，消费者市场的开拓时机已经成熟，目前，科大讯飞开发了智能办公本、笔记本，专业语音翻译机等智能产品，通过线上渠道面向个人客户。

科大讯飞以技术创新为驱动，将技术落地应用，并能够在多个维度范围，开拓企业市场疆域，可以预见，智能语音技术和人工智能技术在未来的应用规模是庞大的。

（三）生命不息，创新步履不停

“人工智能”一词如今已是家喻户晓，但大多数人都是只闻其声。对此，刘庆峰很清醒，并提出三个标准作为判断人工智能红利时代真正到来的标准：第一：人工智能要有看得见摸得着的应用案例；第二，案例要可以规模化推广的产品和系统，而不是靠人力资源和资金所堆出来的一个纯粹的面子工程；第三，可以广泛推广，且能够用统计数据来证明人工智能的应用成效，节约了多少成本，提高了多少的效率，降低了多少的危险岗位，提供了多少原来没法提供的服务。目前，科大讯飞在很多业务板块已经取得了不错的成绩。比如，在智慧教育领域，其已经与 35 000 所学校在合作，服务超 1

亿师生，节省了学生50%的无效学习时间，让老师批改文科作业的时间节约50%~70%；在智慧医疗领域，科大讯飞智医助理在2017年，以456分的成绩在全球首次通过了国家临床执业医师笔试测试，超过了96.3%的人类考生，首次让机器具备了全科医生的潜质，其现已在安徽省完成50+个县区的建设，服务超过3万名基层医生，惠及4 000万居民。然而，科大讯飞的创新一刻也没有停歇，他们还在朝着自己心目中的高山顶进发。科大讯飞高级副总裁胡国平说，接下来三年，教育、医疗等领域将是科大讯飞着重发力的行业。

三、 案例思政元素

（一）大变局中，科大讯飞年轻创始团队坚定方向

科大讯飞是年轻学生创业团队最初的梦想。这个梦想的初期，面临的诱惑很多，这其中最主要的就是国外知名大企业抛来的“橄榄枝”。当时刚刚研究生毕业的刘庆峰，面对巨大的诱惑，他内心深处最坚定的信念却是，将核心技术牢牢把握在自己国家和民族的企业手中，这样我们国家和民族才有更大的希望，更好的发展！当时的刘庆峰似乎就已经预料到了今天的大变局。如今，大国之间的较量最激烈的部分就是科技的较量。国际上，谁掌握了领先的核心技术，谁就有巨大的话语权。2000年，在科大讯飞内部进行了重要的会议，这场会议就是该企业发展史上著名的“半汤会议”。那时，科大讯飞推出的产品在市场受挫，团队的成员也跟着灰心丧气。刘庆峰没有坐以待毙，他对整个团队重述科大讯飞的初心：科大讯飞要做中国乃至全球语音产业的龙头，并对未来达成3个共识：“①人工智能产业未来会有100亿的空间；②我们能成为这个领域的第一名；③如果不看好语音，请走人。”他的话语给了整个创始团队最大的鼓舞与振奋。从那以后，团队的每个人都找到了坚持创新下去的理由。

（二）从技术创新到产品创新：科大讯飞20年坐稳行业龙头位置

国家将创新放在发展全局的最核心位置，科大讯飞也将创新放在了企业发展的核心位置。具体而言，科大讯飞的创新有两条主线，一条是技术上的创新，另一条是产品的创新，这两者的关系中，技术创新是产品创新的前提，产品创新是技术创新的结果。而科大讯飞最重视的是核心技术上的创新，每年的年度财务报告中，都显示出了公司对技术研发上持续不断的投入。但是，技术如果没有转化成产品成果，企业就没法盈利，也就谈不上生存和发展下去。科大讯飞在市场方面一直在摸索。从最初的消费者定位失败

到后来赢得华为这样的企业级客户，再到后面的政府级客户，从最初的语音技术供应到后来的各种各样人工智能产品，一路走来，科大讯飞经历了太多太多。由于语音技术领域本身的性质原因，因而该产业进入门槛高，一般企业不敢轻易入局，加之科大讯飞20年连续不断的专注投入，科大讯飞一步步坐到了我国行业龙头的位置，代表中国的科技水平，与其他国家的企业展开竞争。

（三）疫情中发现解决社会刚需的新发展机遇

2020年突发的新冠疫情带来的影响是巨大的，面对这次考验，科大讯飞积极抗疫，反应迅速。疫情防控期间，科大讯飞的智医助理AI辅诊系统赋能基层医疗，3秒可完成一例患者的新冠肺炎辅助诊断；AI线上教学平台保障“停课不停学”，先后在湖北、安徽等21个省（直辖市、自治区）的6 500余所中小学提供人工智能教育产品和服务；还在安徽省政务服务平台开发了“安徽健康码”服务，加强疫情溯源和监测。在这个过程中，科大讯飞看到人工智能在基层医疗、教育教学、城市治理等多个领域凸显特殊价值，也深刻地感受到，人工智能发展一定要以解决社会刚需为出发点。随着新型基础设施建设的推进，人工智能应用落地的速度将大大加快，从而促进社会的进步与产业的升级。此次疫情也使得更多的人群开始进入到数字生存时代，比如，原来不习惯在网上进行教学互动的老师们，开始进入网上教学。疫情也为教育、医疗、智慧城市等相关业务强化客户认知，为疫情之后的业务发展进一步打磨产品并积累良好的客户口碑奠定了基础。

第二部分　思政元素理论基础和中国实践

一、 国家发展所面对的百年未有之大变局

2017年12月28日，习近平总书记在接见回国参加2017年度驻外使节工作会议的全体使节时发表重要讲话，提出“放眼世界，我们面对的是百年未有之大变局。”此后在各种场合中，习近平总书记多次强调“百年未有之大变局”。我们要深刻认识和理解这一点，需要明白是什么在发生变化，变化的趋势是怎样的。

（一）科技发展带来国际经济力量的变化

当前国际格局和国际体系正在发生深刻调整，全球治理体系正在发生深

刻变革，国际力量对比正在发生近代以来最具革命性的变化，即世界经济重心正在加快“自西向东”位移；新一轮科技革命和产业变革正在重塑世界；新兴市场国家和发展中国家国际影响力不断增强，国际力量对比更趋均衡；全球治理的话语权越来越向发展中国家倾斜，全球治理体系越来越向着更加公正合理的方向发展；世界文明多样性更加彰显，世界各国开放包容、多元互鉴成为主基调。

（二）变化过程漫长且趋于多元化

大变局的演进趋势，必然反映人类文明和平发展的大潮流大趋向。这个大变局，是从事实上“一家独大”的单极世界向协同共治的多极世界的重大转变；是现代化发展路径从一元走向多元的重大转变；是从社会主义遭遇严重挫折向科学社会主义在21世纪焕发勃勃生机的重大转变。当然我们也还要清醒认识到，世界格局的演变是一个由量变到质变的渐进过程。世界力量结构尚未发生根本性变化，美国等西方国家仍在经济、科技、军事等方面占据优势地位，资本主义制度仍然具有顽强的生命力，资本主义与社会主义两种制度、两种道路的斗争也将是漫长的、持久的。

二、破局之必须把创新摆在国家发展全局的核心位置

（一）党的十八大：实施创新驱动发展战略

2012年11月，党的十八大强调要坚持走中国特色自主创新道路、实施创新驱动发展战略。“创新驱动发展”战略有两层含义：一是中国未来的发展要靠科技创新驱动，而不是传统的劳动力以及资源能源驱动；二是创新的目的是为了驱动发展，而不是为了发表高水平论文。实施创新驱动发展战略，对我国提高经济增长的质量和效益、加快转变经济发展方式具有现实意义。科技创新具有乘数效应，不仅可以直接转化为现实生产力，而且可以通过科技的渗透作用放大各生产要素的生产力，提高社会整体生产力水平。实施创新驱动发展战略，可以全面提升我国经济增长的质量和效益，有力推动经济发展方式转变。为了保障创新驱动发展战略的有效实施，2015年3月，中共中央国务院出台文件，指导深化体制机制改革加快实施创新驱动发展战略。这份《中共中央国务院关于深化体制机制改革加快实施创新驱动发展战略的若干意见》包括营造激励创新的公平竞争环境，建立技术创新市场导向机制，构建更加高效的科研体系，创新培养、用好和吸引人才机制。

（二）十八届五中全会：明确五大发展理念，把“创新”摆在第一位

2015年10月，十八届五中全会强调，我们要实现“十三五”时期发展

目标，破解发展难题，厚植发展优势，必须牢固树立并切实贯彻创新、协调、绿色、开放、共享的发展理念；坚持创新发展，必须把创新摆在国家发展全局的核心位置，不断推进科技创新等各方面创新，让创新贯穿党和国家一切工作，让创新在全社会蔚然成风；必须把发展基点放在创新上，形成促进创新的体制架构，塑造更多依靠创新驱动、更多发挥先发优势的引领型发展。推动新技术、新产业、新业态蓬勃发展；深入实施创新驱动发展战略，发挥科技创新在全面创新中的引领作用，实施一批国家重大科技项目，在重大创新领域组建一批国家实验室，积极提出并牵头组织国际大科学计划和大科学工程。

（三）党的十九大：创新是引领发展的第一动力

2017 年 10 月，党的十九大报告指出，创新是引领发展的第一动力，是建设现代化经济体系的战略支撑；要瞄准世界科技前沿，强化基础研究，实现前瞻性基础研究、引领性原创成果重大突破；加强应用基础研究，拓展实施国家重大科技项目，突出关键共性技术、前沿引领技术、现代工程技术、颠覆性技术创新，为建设科技强国、质量强国、航天强国、网络强国、交通强国、数字中国、智慧社会提供有力支撑；加强国家创新体系建设，强化战略科技力量；深化科技体制改革，建立以企业为主体、市场为导向、产学研深度融合的技术创新体系，加强对中小企业创新的支持，促进科技成果转化。

（四）十九届五中全会：坚持创新在我国现代化建设全局中的核心地位

2020 年 10 月，十九届五中全会公报中“创新”一词共出现了 15 次，“坚持创新在我国现代化建设全局中的核心地位”的新表述更是引人注目。这就可以看出创新在我国经济社会建设中的作用愈发凸显。梳理中华人民共和国成立以来的十四份五年规划，“坚持创新在我国现代化建设全局中的核心地位”，这样的表述还是首次，充分体现了党中央把握世界发展大势、立足当前、着眼长远作出的考量。五中全会对创新的重要摆位，是在党长期理论创新和实践发展的基础上提出来的，科学把握了当前世界科技发展的大势。党的十九大报告提出的 2035 年发展目标之一是“跻身创新型国家前列”，此次表述为：“进入创新型国家前列”。这是因为世界知识产权组织公布的数据显示，2019 年中国首次成为该组织《专利合作条约》框架下国际专利申请量最多的国家。中国已经确立了创新领先者的地位，在专利、实用新型、商标、工业品外观设计申请量和创意产品出口等重要指标上名列前茅。在这样的背景下，全会着眼 2035 年基本实现社会主义现代化，特别提出“关键核心技术实现重大突破，进入创新型国家前列”的远景目标。

三、 矛盾双方在一定条件下相互转化——疫情大考中化危为机

矛盾的同一性是指矛盾着的对立面之间内在的有机的，不可分割的联系，体现着对立面之间相互吸引相互转化的性质和趋势。矛盾同一性有如下表现：①矛盾双方相互依存，互为条件，共处于一个统一体中；②矛盾着的对立面之间相互渗透、相互贯通；③矛盾双方在一定条件下相互转化。这其中的矛盾双方在一定条件下相互转化是说事物的转化总是向着自己的对立面转化。比如，失败转化为成功，危机转化为机遇等。当今世界正经历百年未有之大变局，新冠肺炎疫情加剧了大变局的演变。疫情既是一次危机，也是一次机遇。

（一）疫情给企业带来的短期危机

从产业来讲，消费需求短期内下滑，对2020年2月份、3月份的服务业影响较大，其中旅游业、餐饮业、酒店业和航空业受影响最大；由于快递畅通性下降，包括网购在内的商业零售业会受到较大影响。2020年早期的人员流动受限还直接或间接导致全国物流成本上升，在短期内推高物价的同时，还导致部分企业供应链和节后返工受其影响，抬升企业生产成本。一些小微服务型企业或因难以承受短期冲击，出现倒闭的情况。疫情期间的外贸出口和投资活动也受到一定影响。

（二）疫情给企业带来的机遇

在疫情影响下，电子商务、电子政务、居家办公、虚拟会务/商务、线上教学等新业态和新模式将迎来新一轮快速发展。基于互联网、人工智能、大数据等前沿技术的应用将进一步向大众生活、企业经营、政府管理、教育培训等各个领域渗透和扩展。疫情结束后疫病防控体系的完善和改革以及相关产业的发展，也将成为疫情过后重要的经济增长点。讯飞开放平台联合艾瑞咨询共同发布的《2020中国人工智能API经济白皮书》中也指出，具体而言，疫情加速了企业数字化、智能化的转型。疫情在给一些行业带来负面影响的同时，也未必不是行业整合、升级的一个时机，只要企业没有在疫情中倒下去，那么疫情过后一些“憋了很久”的经济活动将集中暴发。

第三部分 案例使用说明

（一）教学用途与教学目标

1. 教学用途

本案例为描述型案例，适用于本科生的《管理学》中“创新”知识点的教学和培训。

2. 教学目标

（1）知识层面

理解概念：创新与技术创新

掌握理论：技术创新的源泉、技术创新的战略及其选择

（2）能力层面

系统思维能力：教师通过对理论的讲解，帮助学生系统了解创新与技术创新的概念、技术创新的源泉、技术创新的战略及其选择，形成全面、系统、联系地分析问题、解决问题的思维能力。

（3）素质层面

形成专业意识：理解创新的概念，理解新时代的时代特征、新发展理念及其对管理活动的影响；养成关注时事政治、经济环境、企业案例的学习习惯。

提高职业素养：通过案例，引入思政元素，拓宽学生视野，让学生理解创新的概念，形成正确的创新意识。

（二）案例讨论的准备工作

学生需要预习《管理学》课程中“创新”相关知识，对创新及其作用、创新职能的基本内容、技术创新和内涵和源泉以及技术创新的战略及其选择等管理学知识点有一个更直观的认识。

（三）案例分析要点

1. 启发思考题

（1）结合案例，谈谈你对创新与技术创新内涵的理解。

（2）结合案例，谈谈科大讯飞的技术创新的源泉。

（3）结合案例，谈谈科大讯飞选择的技术创新战略。

2. 分析思路

上述三个思考题，是基于管理学“创新”知识点提出来的。

（1）结合案例，谈谈你对创新与技术创新内涵的理解。

理论知识点：创新与技术创新内涵

参考答案如下：

创新是对“生产要素的重新组合”，它包括五个方面：①生产一种新的产品；②采用一种新的生产方法；③开辟一个新的市场；④掠取或控制原材料和半成品的一种新的来源；⑤实现一种新的工业组织。后人在此基础上将企业创新分为两类：制度创新和技术创新。技术创新是企业创新的重要内容。任何产品都要以一定的技术水平为基础，技术创新是企业增强自己在市场竞争力的重要途径。本案例中，科大讯飞是以技术创新为重心，从而促进企业产品创新的典型范例。

（2）结合案例，谈谈科大讯飞的技术创新的源泉。

理论知识：技术创新的源泉

参考答案：

美国学者德鲁克把诱发技术创新的不同因素归纳为七种不同的技术创新来源。

①意外的成功或失败。企业经营中经常会发生一些出乎预料的结果，也就是意外的成功或失败。意外的成功通常能够为企业创新提供非常丰富的机会，而意外的失败企业不得不面对。无论意外的成功还是意外的失败，一经出现，企业就应正视存在，并对之认真分析，以使之成为企业发展的机会。

②企业内外的不协调。当企业对外部经营环境或内部经营条件的假设与现实相冲突，或当企业经营的实际状况与理想状况不相一致时，便出现不协调的状况。同意外事件一样，不论是已经发生的变化还是将要发生的变化，都可能为企业的技术创新提供一种机会。

③过程改进的需要。过程改进的需要与企业内部工作有关。由这种需要引发的创新是对现已存在的过程进行改善，把原有的某个薄弱环节去掉，代之以利用新知识、新技术重新设计的新工艺、新方法，以提高效率、保证质量、降低成本。由于这种创新的需要通常存在已久，一旦采用，人们常会有一种理该如此或早该如此的感觉，因而其可能迅速被组织所接受，并很快成为一种通行的标准。

④行业和市场结构的变化。企业是在一定的行业结构和市场结构条件下经营的。行业结构主要指行业中不同企业的相对规模和竞争力结构以及由此决定的行业集中或分散度；市场结构主要与消费者的需求特点有关。行业结构和市场结构一旦出现变化，企业必须迅速对之作出反应，关键是要迅速地

组织创新的行为。

⑤人口结构的变化。人口因素对企业经营的影响是多方位的。人力资源作为企业经营中一种必不可少的资源，人口结构的变化直接决定看人力资源市场的供给，从而影响企业的生产成本；作为企业产品的最终用户，人口的数量及其构成确定了市场的结构及其规模。有鉴于此，人口结构的变化有可能为企业的技术创新提供契机。

⑥观念的改变。对事物的认知和观念决定着消费者的消费态度，消费态度决定着消费者的消费行为，消费行为决定一种具体产品在市场上的受欢迎程度。因此，消费者观念上的改变影响着不同产品的市场销路，为企业提供着不同的新机会。

⑦新知识产生。我们现在所处的时代称为知识经济时代，这是因为新知识以前所未有的速度涌现，这种新知识的出现，将为企业创新提供异常丰富的机会。

本案例中，科大讯飞的企业创新主要是由技术创新引领的产品创新。20年的过程中，科大讯飞的创新源泉有：企业内外的不协调，观念的改变，人口结构的变化和新知识产生。企业内外的不协调体现在“科大讯飞要做中国乃至全球语音产业的龙头”与“创业初期，由于锁定的目标客户不当，科大讯飞在市场上摔了跟头”；观念的改变和人口结构的变化主要是指随着时代继续向前发展，年轻消费群体由“80后”、“90后”到“00后”的更迭，人们对于科技产品的接受度越来越大，不仅企业、政府意识到科技产品对组织运作的帮助，终端用户方面，也出现越来越多的科技产品“发烧友”。科大讯飞的产品就拥有企业、政府、个人消费者三方面的用户。新知识产生在案例中体现在“深度神经网络DNN在语音识别技术的应用方面有了革命性的突破”，“到2015年，人工智能开源热潮来临”等。

（3）结合案例，谈谈科大讯飞选择的技术创新战略。

理论知识：技术创新的战略及其选择。

参考答案如下。

技术创新的战略及其选择一般涉及创新基础的选择，创新对象的选择，创新水平的选择，创新方式的选择。创新基础的选择是决定是进行应用性研究还是基础性研究；创新对象的选择是指决定是对产品、工艺还是生产手段进行技术创新；创新水平的选择是指决定采取“先发制人”的战略还是“追随他人之后”的战略。本案例当中，科大讯飞坚持的是源头技术创新和“先发制人”的战略。这样的技术创新选择主要和科大讯飞的企业宗旨和使命有关。

（四）教学组织方式

本案例课堂教学安排时间 75 分钟左右。

学习阶段	学习内容	时间限制	学习目标
课前	下发案例正文，请学生带着问题阅读案例，思考本案例涉及的理论和收获，准备课堂上分享	提前 1 周	提前预习理论和初步了解案例内容
课中	正式教学前，先随机抽取几位学员回答对案例的思考与收获	10 分钟	检验课前准备
	再通过 PPT 展示与介绍案例的内容与相应理论	30 分钟	教师主讲，帮助学生把握案例重心与逻辑
	给出案例的思考启发题，给学生时间讨论	10 分钟	使学生将理论与案例相结合
	学生的答案板书展示，教师在学生给出的答案基础上补充完善，并对整个案例教学进行总结	25 分钟	对本次教学内容进行回顾，归纳知识体系
课后	请学生提交关于创新话题的小论文，1 000 字左右	1 周之内	将创新概念深入学生心中

（五）总结

教师通过本案例教学，使学生不仅掌握书本上“创新”部分的理论知识，还能理解创新对于国家和企业来说的重大意义，使创新意识深入学生内心，以使得学生在未来学习或者工作进行创新行为。

参考资料：

［1］何成. 全面认识和理解“百年未有之大变局”［EB/OL］.（2020-01-03）［2020-11-15］. http://theory.people.com.cn/n1/2020/0103/c40531-31533088. html.

［2］经济日报. 疫情对中国经济的影响究竟有多大?［EB/OL］.（2020-02-06）［2020-11-15］. http://finance. qianlong. com/2020/0206/3658492. shtml.

［3］中国科学院旧版网站. 科大讯飞产品获 2006 国际英文语音合成大赛第一名［EB/OL］.（2006-08-31）［2020-11-15］. http://www.cas.cn/xw/yxdt/200608/t20060831_982950. shtml.

［4］人民日报. 践行品牌责任 解决社会刚需［EB/OL］.（2020-05-11）［2020-11-15］. http://finance.people.com.cn/n1/2020/0511/c1004-31703515.html.

［5］沈东方. 为何把坚持创新放在我国现代化建设全局中的核心地位［EB/OL］.（2020-10-31）［2020-11-15］. http://www.ccdi.gov.cn/yaowen/202010/t20201030_229017.html.

［6］科大讯飞官网. 发展历程［EB/OL］.（2020-11-15）［2020-11-15］. https://www.iflytek.com/history.

［7］AI星球. 从1999到2017，语音江湖中的讯飞往事［EB/OL］.（2017-11-10）.［2020-11-15］.https://www.sohu.com/a/203512332_99970711.

［8］科大讯飞. 2016年年度报告全文［EB/OL］.（2017-03-01）［2020-11-15］.http://quotes.money.163.com/f10/ggmx_002230_3129234.html.

［9］财讯网. 坚持源头技术创新，科大讯飞2019年科研投入营收占比21.27%［EB/OL］.（2020-04-27）［2020-11-15］. https://tech.china.com/article/20200427/042020_507107.html.

［10］牛畅. 科大讯飞在人工智能领域“开疆拓土”［EB/OL］.（2020-10-30）［2020-11-15］.https://www.thepaper.cn/newsDetail_forward_9783251.

［11］杜尚泽，张晓松. 高远务实的时代擘画——党的十九届五中全会侧记［EB/OL］.（2020-10-31）［2020-11-15］.http://politics.people.com.cn/n1/2020/1031/c1001-31913583.html.

［12］周三多，陈传明，刘子馨，贾良定. 管理学：原理与方法［M］. 上海：复旦大学出版社，2018.

第九章　数字时代企业管理新挑战

第一部分　案例正文

一、 SheIn 的发展历程：中国品牌的崛起

（一）2008—2014 年品牌初创：从婚纱到快时尚女装

说起 SheIn，很多人可能都一头雾水。WPP（全球最大的广告传播集团）在 2019 年联合 Google 发布了中国品牌出海 50 强。当然，像华为、联想、小米、字节跳动、大疆都在这个榜单里。SheIn 则是位列第 14 位，仅次于大疆。它是主打女性快时尚研发、生产和销售的 B2C 跨境电商平台，主要面向美国、欧洲和中东等海外市场，这也是中国消费者鲜少听说的原因之一。

SheIn 的品牌故事要追溯到 2008 年 10 月，那一年发生了全球金融危机，当时国外经济萧条，许多服装公司倒闭，部分嗅觉灵敏的企业家看到了国外中产阶级崩溃的画面，找到了商机——向他们提供廉价、性价比高的衣服。许仰天便是其中一位。看到外贸机会之后，许仰天联合王小虎、李鹏创立了南京点唯信息技术有限公司，这便是 SheIn 的起点。成立南京点唯之前，许仰天在南京奥道公司做 SEO（搜索引擎优化）。本该营销总监干的活儿，他揽下来亲自做，动辄测试上万个客户，节约了营销成本，成本比同行便宜 70%以上。在成立点唯公司之后，许仰天便悄悄带领他在奥道的 SEO 团队在外面接私活，把赚来的钱投入点唯公司。

2009 年，婚纱是仅次于数码产品的跨境电商热门品类，市场潜力极大，

因此，许仰天瞒着合伙人李鹏和王小虎，带领团队从点唯公司转型为婚纱跨境电商。落棋无悔，许仰天第一步就是建立公司的独立站点，为了迅速起步并投入使用，他投入了200万人民币外包专业的网络公司开发SheIn的独立站。并且为了让网站排到谷歌搜索引擎的前列，提高曝光度，许仰天团队利用了很多手段刷网站在Google的关键词排名，比如fashion（时尚）、outlets（折扣）、onlineshopping（在线购物）、she、her、do-a-fashion。com之类的关键词，被处理后就换个域名继续刷。最后皇天不负有心人，许仰天最终将网站域名确定为SheInside.com，这与英特尔的那句著名的广告“IntelInside”不谋而合——将它（她）放在心中。

产品则是从广州批发公司拿货。在人人互联网、时时社交媒体的时代，做好网络营销才能抓住消费者，许仰天深谙此道。因此许仰天请网红拍照试穿婚纱再发布到网站上，并利用Facebook、Twitter、油管上的Influencer精准投放广告，在婚纱业累积了一定的粉丝数量，吸引了一波流量，SheIn凭此赚取了第一桶金。

2010年3月，SheIn直接在太岁头上动土，推出西班牙站点（es.SheInside.com），谁人不知，西班牙可是服装巨头Zara的老巢！当时Zara忙着在全球市场开疆扩土，也许并没有将这小小的中国企业放在眼里。

李鹏在被点唯“抛弃”后，痛定思痛，在2011年成立了跨境女装品牌——ROMWE。李鹏与许仰天做法不同，他直接在Lookbook.nu（服饰搭配网站）培育网红，每周给她们免费寄衣服和相机，让网红在各大社交平台发服装照片，打造“潮牌”定位，而网红只需要在发帖时打上ROMWE的标签。李鹏再通过流量和数据运营，将这些照片推上排行榜前列，ROMME红极一时。看到昔日的好伙伴经营得风生水起，海外女装市场这一块香饽饽又让许仰天心痒难耐，他心里有了主意——转型“快时尚”女装。

2012年年初，许仰天放弃婚纱业务，开始全力转做跨境女装。和ROMWE的潮牌定位不同，SheInside的定位是快时尚，其实就是将中国服装产业搬到海外市场。

2012年5月法国站上线（fr.SheInside.com），同年7月总单量突破百万，9月添加了珠宝和化妆品产品线。但是，SheIn还没有形成自己的供应链，商品基本都是从广州十三行服装批发市场拿货。进入2013年，SheIn发展更是迅猛，2月和5月接连上线了俄罗斯网站（ru.SheInside.com）和德国网站（de.SheInside.com），同时也增加了鞋子和箱包产品线，并有了自己的设计师和预售定制款，一天的最大单量可达1万。随着公司的体量逐渐增大，许仰天认为必须严格把控从采购到交易完成的全部环节。为了做到这一点，他坚持选择稳定的供货商，甚至在服装厂入了股。“只有自己选款，才能及时根据订单情况调整上下架。”他说。

Shein 的融资在 2013 年年底完成，投资方是亚洲老牌风投机构集富亚洲。

（二）2014—2016 年蓬勃发展：机会与挑战

2014 年初期，SheInside 总单量突破 500 万，并在 11 月进军意大利（It.SheInside.com）；到了 2014 年年底，SheIn 每月订单已经达到两三千万，高峰时能达到四五千万。虽然订单量不断上升，但却出现了一些问题。第一是第三方倒卖模式下无法将所有服装款式全部备货，导致客户收货时间不断延期，顾客收货体验和回头率一直上不去，营销成本却在上升；第二是国内工厂反应时间太长，完全跟不上消费者变化多端的需求，想做成快时尚电商，必须灵活应变。其模式最好是“小单快反”（根据市场反应加单），打造供应链。行业里最简单的方式就是拿货和卖货，但这不叫供应链，叫批发商；当有个款式卖得比较好的时候，商家会找工厂下大单，这是比拿货更进一步的方式，但这也算不上供应链。

为了适应国外“潮流”，突破瓶颈，许仰天开始布局一条能够快速打版、制作、生产的柔性供应链，同时想方设法雇佣了一大批外包工厂。刚开始几乎没有工厂愿意搭理 SheIn，因为小单快反就意味着订单量小而杂，这样一来成本就高了。“机器开机一次都不只这个成本，做就是亏。”一位 SheIn 的女装供应商表示。国内想做 100 件甚至 1 件小单的公司很多，但基本没有利润可言，难以维持公司的运营。

但 SheIn 做成了。SheIn 主动给工厂补贴资金，确保工厂生产 100 件也不亏。同时它自己承担样衣打版的工作。这一成本少则数百，多则上千——工厂自己做一笔 100 件的订单可能都赚不了这么多。同时 SheIn 不拖欠货款。如果付款日刚好是周日，SheIn 不会推迟到周一，而是会提前到周五结账。

这一套组合拳可谓是“拳拳到肉”，只要能跟着 SheIn 赚钱，哪家供应商不愿意做？于是供应商们都挤破头去做 SheIn 的生意，SheIn 也不愁没有货源了。

好事成双，2014 年，SheIn 因机缘巧合正式收购 ROMWE。SheIn 原来更多是一个偏流量的、更高效的铺货型公司，收购 ROMWE 之后，吸收了它的品牌经验与流量，SheIn 得以有一个更好的基础去拓展品类，这对于一个创业公司来讲，无疑是锦上添花。收购之后，SheIn 开启了 SheIn 和 ROMWE 的双品牌运作。同年，网红营销成本提高，当网红时代的红利逐渐从顶峰滑落时，流量和效率双双下跌，投入产出比大不如前。因此，SheIn 开始尝试新的广告营销方式。许仰天开始筹备在自己的网站和 App 上做直播，除了在外部渠道斥下重金打造品牌，在 SheIn 的官网上，还潜藏着一批堪比时尚杂志内页的买家秀，这些买家秀可以为站点带来大量的点击。电商在线发现，SheIn 单独在网站上开辟了一个“买家秀”专栏，每周由用户自主投票评选出前 50 名优胜者，并送上能作抵扣用的 1 000 个积分，而这种站内的日常互动活动也提高了复购率。除网络营销之外，SheIn 也开始尝试投放诸如电视广告、Youtube 首屏等比较传统的广告方式。因为当营业额达到一定数字时，传统广告的成本其实要比社交网站更低。

2015 年，许仰天将 SheInSide 更名为 SheIn，并把广州的供应链中心搬去了番禺，原来跟 SheIn 合作的工厂几乎都跟它搬走了。SheIn、Fordeal 等跨境电商公司相继进入中东。许仰天亲自去中东商谈货到付款的解决方案。最后 SheIn 自己负责前期的物流以降低成本，将收款交给国资背景的 NAQE。NAQE 表示，中东客户单价高于其他市场，平均每个包裹在 150 美元左右。同时当地接受电商的用户对产品质量要求也高，所以电商公司需要严把质量关，提高复购率，从而降低平均每单的营销成本，减少拒收率。中东的电商公司都竭力降低订单的货到付款比例，最多能控制在 60%左右，但是 SheIn 将这一比例降至了 30%。“可能是供应链好，复购多，取得了消费者信任。”最夸张的时候，SheIn 一天的销售额是其他中东跨境电商销售额的总和。

在 2015 年年末，SheIn 推出阿拉伯站点（ar.SheInside.com）。阿拉伯市场是一个独特的市场，因为阿拉伯女性是有独特的着装习惯的，因此 SheIn 干脆自建了一支设计团队，建板房用于服装打版，到 2016 年就有一支 800 人团队快速设计衣服、打样板，最后送去工厂生产。

优乐出海 CEO 杜金表示，当时 SheIn 对海外广告的投放力度很大。她对 SheIn 的评价是：执行力很高，老板也很支持新事物。一位 2016 年和 SheIn 接洽过的广告代理商 Yeahmobi 的员工表示，彼时 SheIn 是 Yeahmobi 的电商顶级客户。SheIn 有非常大的投放体量，用户定位不需要非常精准，只需符合“年龄”、“购物和时尚”这两个标签，他们就开始投放。当时 SheIn 有一层的办公室都是广告优化师。做完付费广告后，类似蔷薇工作室这样的营销机构会帮助 SheIn 运营 Facebook 主页。他们的主要工作是根据热点进行原创搭配，发布社交网络更新。如今，SheIn 的 Facebook 主账号有 1 500 万粉丝、Instagram 有 1 100 万粉丝。

2016 年 SheIn 的销售额约 40 亿元。当初和 SheIn 离开的核心工厂开始每年拿到5 000万元甚至更高的订单，实现规模化盈利。2016 年 7 月，SheIn 已经号称中国最大跨境快时尚公司，投资方 IDG 和景林资本看到了 SheIn 的潜力，对 SheIn 投资 3 亿人民币，完成 B 轮融资。

但是 SheIn 从早期的跨境电商向数字化品牌转型，也正在面临新的挑战。SheIn 在早期依赖爆款制造流量和网红带货获得粗放式增长，但在 2014 年至 2015 年前后开始出现增长上的疲软。许仰天认识到，SheIn 需要有更明确的品牌意识和客户定位，要以满足客户需求为导向，精细化管理客户体验，从设计、生产到营销的各环节均能落实顾客的反馈。

（三）2017—2018 年优化转型：数字化转型

SheIn 以及围绕在它旁边的数百家工厂，构筑了一个类似西班牙 ZARA 生产总部拉科鲁尼亚小镇的产业集群——ZARA 的 54%商品都是在总部周边生产的，行业上下游工厂毗邻，订单响应迅速及时，这是快时尚的最理想模式。

构建供应链生态的重点之一是改造面料、印染等核心环节，实现 75%工厂直采。这能保证用料品质稳定性，也能进一步缩短服装生产周期，提高效率，更重要的是提供了巨大的成本优化空间，比如一件衣服线头要少于三根，并且不超过 3 厘米长；尺寸误差 2 厘米以内。许仰天毫无供应链经验，为了将供应链不断完善改进，他随时去番禺总部，哪怕凌晨两三点，都在不停地开会、学习，从不偷懒，总是试图把别人身上好的东西全部学会。如今，这条供应链拥有强大的服装设计和生产能力，每天能产生 200 个新款，最快 7 天能出货。除此之外，这条供应链还能够处理刺绣、印刷、水洗等较为复杂的工艺。

构建供应链生态的重点之二是在于数据赋能。强大的供应链对于数据极其敏感，发现哪一款产品的销量在某一天，某一个区域里快速上升的时候，它用不着获得整体的需求数据，就能够推测出这款产品总的销量会是多少，从而真正做到“0SKU“（0 库存）。SheIn 通过对供应链生态的开发与完善，已经完全能够实现根据消费者的购买反馈给爆款加单。同样生产3 000件衣服测试市场反应，Zara 只能测试一至六个款式，而 SheIn 可以测试 30 个款式。这意味着，SheIn 压中爆款的概率更高。100 件的小批量意味着尝试不同面料、色彩搭配的失败成本更低。这也是为什么和 Zara 相比，SheIn 的衣服更有活力、更年轻，鲜艳的颜色、五花八门的面料和图案，看不到太多黑白灰的基本款。遇到定单量不统一的问题，SheIn 会平衡自有供应链和外包工厂的能力，外包承接不了的部分，SheIn 会安排自己的工厂生产，这也是现在 SheIn 主要的生产分配方式，最大限度地利用自有和周边工厂的生产力，跟上快速变化的潮流。2018 年 SheIn 的商业计划书显示，SheIn 爆款率在 50%、滞销率在 10%左右。压中爆款后，通过后续加订单，单件成本就能大幅降低。

SheIn 也成为了 Google 的大客户。SheIn 借助 GoogleTrendsFinder 跟踪系统，跟踪在互联网上大大小小的服装零售网站的产品，能看到不同国家热词搜索量的上升趋势，把它们的图样、颜色、价格变化、面料、款式等数据抓取以后进行数据分析，通过这些数据，SheIn 准确地预测了 2018 年夏季美国流行蕾丝，印度流行全棉材质。

如果看 SheIn 的 12 年销售量趋势图，我们会发现最陡峭的部分出现在 2017 年，销售额已破百亿。这是 SheIn 在中东市场崛起所带来的红利。2018 年 SheIn 的销售额中，美国占比 30%，欧洲占比 20%，中东占比 20%。之后，SheIn 开始向印度等市场扩张。一位 SheIn 印度货到付款业务的前员工表示，SheIn 是罕见的、同时重点攻好几个海外市场的企业，中东、印度、东南亚基本都是大力投入。SheIn 也想在印度做大，但物流太难，投诉率、退货率居高不下。此前，SheIn 在印度有一个退货仓，后来又建了一个发货仓，“有的货都没拆封就退了，其实还可以卖。”为了降低货物损失，SheIn 从佛山经香港飞往孟买的货机，并没有选择返程，而是继续飞往欧洲，把剩下的货物处理掉。

（四）2019—2020 年：居安思危

在 2019 年，SheIn 的业务已经遍及全球。它拥有南京、深圳、广州、杭州四个研发机构，佛山、南沙、比利时、美东、美西、印度六个物流中心，洛杉矶、列日、马尼拉、迪拜、孟买、义乌及南京七个客管中心，以及覆盖全球的末梢配送网络。它总共推出了 15 万种款式的产品，也就是说它一个月上新一万多种，具体到每一天就是 300 种，多的时候一天上新 600 种，SheIn 已经成为一家大公司。

2020 年一场突如其来的疫情，让很多行业都遭受重创，包括服装业。当疫情使大家闭门不出的时候，服装消费就大大地压缩了，这对大部分企业来说都是冰霜临头。2020 年，Zara 母公司 Inditex 集团提出了史上规模最大的关店计划，其一季度财报显示净亏损为 4.09 亿欧元（约合 32 亿元人民币）。对比之下，SheIn 的 3 月销售量同比去年增长近两倍。当订单如潮水般涌来时，服务器差点没撑住。一位 SheIn 的程序员一周迭代了三四个版本，叫苦不迭。在上一家公司，他的工作量是如今的十分之一。但他也感到庆幸，因为前一个雇主（也是跨境电商公司）受疫情影响陷入危机，裁掉了所有技术人员。在 SheIn 的发货仓里，SheIn 的 1 700 多名工作人员已经连续工作多日，整个仓储体系在超负荷运转。尽管一周之内，SheIn 的 HR（人力资源）们已经为这个仓库招聘了超过 3 600 人，但是，4 月 17 日这天——SheIn“爆单”了。HR 们紧急决定，调集佛山周边的 900 多名各部门 SheIn 员工增援。几天过后，SheIn 发布公告，暂停接收新订单。

SheIn 在 2020 年上半年的销售额达到了 400 亿人民币。特别值得一提的是，这个数字对这家公司来说是一个超速的增长，因为它 2019 年的销售额只有大约 300 亿人民币。随着新冠肺炎疫情常态化的出现，人们的消费行为呈现出一种报复性消费，这对 SheIn 来说无疑是一个绝佳的机会。不难推算，2020 年 SheIn 的销售额大概可以达到 1 000 亿人民币。目前，它在法国、西班牙、英国等欧洲国家已经成为最受欢迎的购物应用之一。在中东地区，它一直是排名第一的。根据 2020 年年初美国市场的数据，在购物应用里，它排名第十。就在 6 月份，它已经超越了 Wish、沃尔玛、易贝等公司，排在购物榜的第二名，仅次于亚马逊。它希望成为线上 Zara，去年将 300 亿元人民币的服饰卖到海外——大约 1/7 个 Zara 或者 2.5 个 H&M。

SheIn 在 2019 年年底完成 E 轮融资，投资方包括 TigerGlobal、顺为资本等。目前 SheIn 正在筹备上市计划，洽谈的承销商有高盛、大摩、美林、美银。它的未来目标是，开拓“移动支付、供应链金融、用户账户与广告体系、在流量收购移动端流量产品”等新业务方向。同时，SheIn 决定落地线下门店，某种程度来说，SheIn 已经进入了 ZARA 的核心地盘。

前不久，印度宣布禁用中国 59 款移动应用软件，除了我们都知道的 TikTok 之外，SheIn 也在这个名单之内。在印度市场做得风生水起，突然被迫下架对 SheIn 打击不小。不过，一个印度市场受阻远不足以对 SheIn 造成致命打击，而 SheIn 本质上作为一个服装外贸企业，在欧美市场也不至于受到像 TikTok 那样同等的打击。不过，海外政策风险已经成为中国企业出海需加重视和防范的一大风险，除了涉及网络安全审查的风险之外，美国有关监管部门也在收紧对中国企业赴美上市审查。而这些因素综合起来，都会进一步复杂化 SheIn 在海外，尤其是美国市场的营商环境，也会给 SheIn 的上市之路增加难度。

二、 SheIn 公司的创新机制

（一）SheIn 的创业基调：志存高远，低调谋事

SheIn 曾经喊出了“干掉 Zara”的口号，现在看来，这个口号喊得比瑞幸有底气。在 SheIn 的第一大市场美国，Google 上搜索它的用户已经是 Zara 的三倍以上，但没有一家媒体机构报道过这个中国公司的突然崛起。从中国到美国，从媒体到研究机构，《华尔街日报》、CBInsights、Crunchbase、FORTUNE、IT 桔子、艾媒咨询公布的十亿美元以上独角兽公司榜单，都遗漏了这家公司。SheIn 未能上榜，跟 SheIn 的创业基调有关：不仅公司低调，创始人更低调。12 年来，SheIn 默默长大，它的真实估值只在一小撮创投人士中悄悄传播。一位自媒体人去年底写了一篇 SheIn 的融资新闻，但很快被 SheIn 找上门要求全网删除，“他们就说要低调，我几乎没遇到过这种情况，又不是什么负面的消息。”

Zara 供应商、总部同在南京的国资外贸巨头苏美达，一位管理者 2020 年向业务员们打听 SheIn 的来头，他们大多也是第一次听说。

低调只不过想沉潜得久一点、深一点，然后一飞冲天。沉潜 12 年，SheIn 已经无法再掩盖自己的锋芒了，时至今日，SheIn 已成为名副其实的独角兽，品牌的力量已经无法让 SheIn 保持低调。鲲终究会成鹏，一飞冲天；蛟龙潜水，也是为了腾空而起的那一刻。

（二）SheIn 的开放式创新组织氛围：兼收并蓄，推陈出新

在许仰天确立要把 SheIn 做成事业并定好大方向后，其第一步就是要建立自己的独立站，为了迅速起步，他在 2011 年就投入了 200 万人民币外包专业的网络公司开发 SheIn 的独立站，当时域名是 SheInside. com，此举的投入，用许仰天的话是投入大一点，这样会更上心，毕竟不是小数目。其实这个从侧面反映了许仰天的魄力：要么不做，要做就做好，做快！果不其然，网站开发不到 3 个月就正式上线运营。此外，许仰天的考虑是严谨的，因为考虑到日后的发展需要，所以网站外包出去开发的时候一开始就谈好网站的所有权 100%归属 SheIn，其源代码是 100%开发不加密的，这样 SheIn 日后也可以成立自己公司内部的网站技术团队或者把最初外包的开发团队给并购收编，让 SheIn 的独立站可以与时俱变，不断完善。

SheIn 运作了 1 年之后就有魄力建立海外仓储。通过评估 2012 年一整年的线上订单数量及所寄包裹整体重量这两项指标，许仰天在 2012 年的年底就开始考虑建立海外仓储，“在线外贸让我们所有的运作环节都可以在网络

上虚拟完成，而能够在当地接应的仓储可以将我们的业务做到‘虚实相接’，让我们可以全程掌控每个环节。虽然建立海外仓储需要大量的流动资金，但我相信在提升海外客户体验这一点上，它能够带来质的飞跃。”于是，属于“行动派”的许仰天在经过一段时间的筹备后将海外仓储正式付诸实施，并派了2名核心员工常驻美国进行管理。

每次谈到SheIn的成功，许仰天并没有大谈自己的理念和能力，而一直强调这是他的团队以及各方合作伙伴的功劳。“做品牌，一定要找专业的人，用专业的方式经营。从市场上随便找一批便宜畅销的货，随便用什么方式卖出去，这种野蛮生长的路子越来越行不通了。”这是他自2008年在服装外贸圈里一路打拼直至创办SheIn的最大心得。为了严格把控从采购到交易完成的全部环节，许仰天坚持选择稳定的供货商，甚至在服装厂入了股。“只有自己选款，才能及时根据订单情况调整上下架。”他说。而交易环节，他最重视的是支付方式。SheIn的线上交易全部都是通过全球领先的在线支付平台PayPal完成，订单转化率高达60%~70%。PayPal在全球190个市场拥有1.28亿活跃用户，提供完善的交易保护，在海外享有极好的口碑，许仰天认为“这能让客户感到是在一家值得信赖的网站买东西”。

而他看重客户服务的经营思路也同样应用在对合作伙伴的选择上。在他看来，与PayPal这样全球顶级的支付服务提供商合作，不只是解决了收款通道的问题，还保证了有一个专业的第三方协助把控网站业务的整体质量。他举例说：“PayPal客户经理每周都会跟我沟通网站的交易情况，她常常能发现我不了解或者忽视了的问题，比如退款率在同行中是不是偏高，是什么原因导致近期的投诉率有所上升等，这些都对我及时调整公司经营很有帮助。”许仰天还常常利用PayPal客户经理到公司拜访的机会，安排员工接受PayPal培训，提高订单处理和争议解决的专业度。

SheIn的采购加工部和经营部分别设在广州和南京，这是许仰天综合考虑产品资源和人才资源做出的决定。广州拥有全国服装行业最齐全的产业链，贸易市场发达，服装款式新潮，为小批量、快周转的服装进货提供了效率保证。但他并没有将整个公司设在广州，而是把网站管理、网络推广、客户服务以及其他运营部门都放在南京，一是因为最初其核心团队是在南京组建的，还有一点，就是他看重南京这座优秀高校云集的城市，能为公司未来的发展提供源源不断的人才储备。怎样招揽和留住得力人才也许是诸多中小企业主最头疼的难题之一，然而SheIn最具竞争力的核心团队非常稳定。

当被问到有何管理秘诀时，许仰天直摇头，他说：“我觉得做老板最重要的不是管理技能，而是心态要开放，把公司当作大家的公司，这样才能让员工真正把公司当成自己的去用心投入。”为了实现这个目标，许仰天采取了两个关键措施：一是“自己坐着绝不会让员工站着”，就是不精打细算自己赚了多少钱，而要让员工参与公司分红；二是公司财务对核心团队公开，大家清楚了解团队的努力成果和个人回报，那么当公司遇到困难时也不会轻易离开，反而会更加团结。有了这样的长远考虑，SheIn 的快速壮大也就不足为奇了。

（三）SheIn 的创业增长路径验证：用户导向，信息赋能，资源共演

打开 SheIn 的网站，简洁明快的风格让人耳目一新，让人错觉是登陆了某时尚杂志网站。分类清晰的板块定位，Ins 的摄影风格，让人在 3 秒之内被吸引。不想只为一件衣服承担越洋运费？SheIn“全球免运费”会第一时间打消你的犹豫；想参考别人的购买体验再做决定？SheIn 的“客户图文真实反馈”页面会打消你的疑虑……正如它的名字 SheIn，这个网站似乎有着洞悉“她”内在需求的穿透力。而整个这个看起来小而美的独立站成功背后，有着明快作风的“80 后”创始人许仰天和他带领的 100 多人的年轻团队。

首先是品牌定位。SheIn 锁定的是中高端女性消费群体。许仰天认为要做出品牌，“风格”是灵魂，“将服装的款式和配搭精于某种风格，不追求繁杂多样，锁定拥有口味偏好和固有消费习惯的忠实粉丝”。因此，许仰天成立了 SheIn 的“灵感大师”——1 支经验丰富的服装产品团队，其中既有专业的服装设计师也有在服装行业深耕多年的采购高手。这支团队个性化的品味嗅觉加上对于欧美时尚趋势的熟悉，总是能够挑选或加工出独具风格的款式，并通过各种单品的配搭将 SheIn 网站烙上鲜明的摄影风格。买过 SheIn 服装的消费者都能够感受到它有一种明显的 Ins 风。所谓 Ins 风，在某种程度上就是摄影风。所以，SheIn 对于照片的拍摄严格性甚至超过了奢侈品网站。上新的服装，每一场拍摄都需要五轮的搭配，每一款产品要选五张图，对摄影师的面试通过率只有 1%。有时候简约和简陋往往是一线之差，只有百里挑一的摄影师才能够意识到这种差别。一不留神，Ins 风就会变成淘宝风。因为女性的购物行为在本质上是体验经济，买的不是产品，甚至也不是服务，而是超越产品和服务，达到体验的层面。

在售后方面，SheIn 的客服团队讲究一个“快”字。SheIn 的客服团队实行 24 小时三班接替制，他们对于客户服务的反馈时间都有相关的定量指标——比如新客户的询问，如果是邮件，一般在不超过 20 分钟内给予回复；

如果是在线询问，则不会超过3分钟。对于已累计一定订单数量和金额的老客户，SheIn更安排一对一的回应机制。在SheIn，不会出现“我订的衣服什么时候能到”“我订了同一款式不同颜色的衣服，不会搞错吧?”之类的问题，因为客服早就先人一步，主动与客户沟通关心的大小问题，而售后也会及时跟进客户反馈。

每年的9~12月是服装订单旺季，很多在线外贸商家这时候都忙着推广多揽订单，而许仰天意识到“确保每个顾客都有满意的购物体验才是最重要的”。正是由于对客户服务效率和质量的重视，2019年销售旺季SheIn在销量激增、库存紧张的情况下，仍然把投诉率和订单争议率都维持在全年稳定的低水平，这无疑为业务的更快发展奠定了坚实基础。

三、 案例思政元素

（一）中国特色文化基因融入创新创业血液之中：韬光养晦

党的十八大报告提出了“两个一百年”的奋斗目标，习近平总书记提出了实现中华民族伟大复兴中国梦的宏伟目标，其实现都必须有一个和平稳定的国际环境作为保障。因此，坚持韬光养晦，在国际上保持谦逊、低调，维护和处理好与各国的友好关系，避免和一些国家发生正面冲突，这是必要的战略决策。诚如习近平总书记所言：“‘满招损，谦受益。’我国仍是一个发展中国家，仍然面临一系列严峻挑战，还有许多需要面对和解决的问题。”因此，面对风云变幻的国际形势，中国必须“加强战略思维，增强战略定力，坚定不移走自己的路”；SheIn面对风云变幻的国际形势，必须坚持低调谋事件，韬光养晦，坚定不移走自己的路。

当然，世界万物，变动不居。没有放之四海而皆准的真理，也没有一成不变的理论和政策。随着经济发展、国力增强，分量更重的中国在国际社会中越来越难以“超脱”。针对不断涌现的新情况、新问题，SheIn在这样的背景下，应在坚持原有战略的基础上，适时地进行战略调整和战略创新。对于韬光养晦这一战略，企业也应该进行创造性的继承和发展，这样才能使这一战略在新的时代背景下继续保持生命力，对中国、对中国品牌、对中国企业在海外交流中继续发挥积极作用。

（二）时代号召下的创业理念：“走出去”——中国品牌

对于品牌经济的到来，国家也有着清醒的认识与准备。2014年，习近平总书记做出“推动中国制造向中国创造转变、中国速度向中国质量转变、中国产品向中国品牌转变”重要指示。2016年6月22日，国务院办公厅又印发《关于发挥品牌引领作用推动供需结构升级的意见》，宣布实施“品牌基础建设工程”“供给结构升级工程”“需求结构升级工程”三项重大工程。面对供给体系中低端产品过剩，高端产品供给不足，我国提出供给侧结构性改革，从生产、供给端入手，调整供给结构，为真正扩大内需，挖掘经济发展新动力寻求路径。其重要抓手之一，是品牌。庞大的国内市场，中国品牌尚未稳拿于手，为何“走出去”要成为当务之急？

今天，原先在一个国家的企业内部完成的全部生产过程，被细分成了若干个节点，在具备不同比较优势的国家和公司进行生产，最后再被品牌拥有者组装、整合，通过销售渠道与品牌传播在市场中兑现价值，并分配到产业链各环节。可以看到，在全球经济一体化的过程当中，竞争已经不再是企业跟企业之间的竞争了，而是产业链和产业链之间的竞争。无法完美整合产业链进而制造出的产品，品牌就很难在市场上占据有利的竞争地位。因为别人不仅质量更好、速度更快、成本更低，还拥有提供精神文化价值的品牌。过往四十年，外国品牌与企业能够占据中国市场的主导地位，除先发优势之外，手段之一就是全球化的采购、调配与生产体系。

在这种背景下，中国品牌“走出去”之所以必要，就在于面对不断涌入本国市场的世界强手，过往的思维、模式已经难以应对对手们愈加下沉的步步进逼，必须主动出击，变被动为主动，去更广阔的的世界里拓展资源空间，提升整个经济发展的效率与竞争力。简言之，过往没有能力也不被允许“走出去”的中国人，现在要主动换上世界地图，在上面划圈圈，从封闭、狭隘乃至逃避的落后意识，向积极与勇往转变，从过往的等待订单、输出成品，变为从自身需求出发，主动融入、引导全球产业链。SheIn 就是时代的弄潮儿，它顺应国家的发展要求，在“走出去”的战略指导下，为中国品牌发声，推动中国企业向跨国公司进化，提高自身品牌意识和经营管理水平，获得在全球维度竞争中生存的能力。

随着国家崛起，民族自信的恢复，国内公众愈发希望看到外国人对待中国事物的态度、看法。见识增长、视野拓宽的他们，日益厌倦过往“自卖自夸”式的正面报道模式，期望听到普通外国人自然、真实的声音，看到中国品牌真正融入、改变他们的日常生活，获取他们对中国品牌发自内心的评价与建议。当前自媒体平台众多活跃的此类内容，就是验证了这一点。

（三）基于“发展观”的组织创新：从中国制造到中国智造

世界是永恒发展的，发展的实质是事物的前进和上升，新事物的产生和旧事物的灭亡。马克思主义发展观从世界普遍联系和永恒发展的基本观点出发，把社会看作是一个有机联系和发展的整体，认为社会发展是社会基本矛盾运动的结果，有其内在的客观规律性。马克思主义发展观为当代中国发展提供了科学的理论基础。

经过改革开放40多年的积淀，中国已是名副其实的制造大国，在500多种工业产品当中，中国有220多种产品产量居世界第一，但“大而不强”的问题仍然存在。李克强总理曾就中国尚造不出“圆珠笔头”问题提问“中国制造”，问出了中国制造的“尴尬”——能生产飞机汽车，却生产不了小小笔头。“圆珠笔头之问”引起了人们对“中国制造”如何升级换代的思索。《中国制造2025》正是推动中国制造向中高端迈进的重要方案。

首先，中国制造要向中国“智造”转变，迈向中高端。2017年政府工作报告中明确强调要“加快大数据、云计算、物联网应用”“把发展智能制造作为主攻方向”。第一是要推进创新。进一步整合产业的创新资源，推动建立机器人创新中心，提升产业创新能力。第二是要补齐短板。突破产业发展的瓶颈，重点支持机器人产业关键零部件质量及可靠性能的提升，进一步夯实产业发展基础。真正的智能制造，不是高级自动化，而是要以数据为核心，利用信息技术将数据作用在制造流程的每一个环节并产生价值，实现个性化、定制化、精细化的生产和服务。

改革创新不仅要在前端技术做大做强，更要体现在人才培养和队伍建设上。作为市场真正的主体，企业是实现“中国制造2025”蓝图的主角。SheIn的创始人许仰天具有强大的工匠主义精神，为了打造用户体验一流的产品，重视人才、技工的培养，努力提高员工的劳动幸福感；为了实现品牌化转型，加强创新设计领域的交流合作，追求符合人性需求的产品观，因此智能化、数字化转型势不可挡。

第二部分　思政元素理论基础和中国实践

一、发扬中国软实力

我们党一直高度重视文化软实力建设，提出要建设社会主义文化强国。在社会主义文化强国战略的指引下，国家文化软实力建设取得了显著成效。

文化软实力与我国长期奉行的独立自主的和平外交政策密不可分。近年来，我们全面推进中国特色大国外交，形成全方位、多层次、立体化的外交格局，为我国发展营造了良好外部条件。而文化软实力在塑造国家形象、开展对外文化交流、增强中国国际话语权等方面起到了积极的促进作用。我们需要强大的文化软实力，积极向世界传播中国声音和中国方案，从而进一步提高我国国际影响力、感召力、塑造力，为世界和平与发展做出新的重大贡献。

（一）铸就中华优秀传统文化新辉煌

党的十八大以来，习近平总书记多次深刻阐述了中华优秀传统文化的思想内涵、时代价值和传承理念，总书记的重要论述富有思想深度、历史厚度和理论高度，阐明了新时代我们对中华优秀传统文化的基本立场，做好中华优秀传统文化传承和转化的基本方针，运用好中华优秀传统文化所承载的智慧和力量的重大意义。深刻理解习近平总书记重要论述的要义精髓，准确把握中华优秀传统文化的当代价值和时代意蕴，积极推动中华优秀传统文化创造性转化、创新性发展，是建设好中国特色社会主义文化的应有之义。中华优秀传统文化是中华民族的精神命脉。

习近平总书记指出："优秀传统文化是一个国家、一个民族传承和发展的根本，如果丢掉了，就割断了精神命脉。我们要善于把弘扬优秀传统文化和发展现实文化有机统一起来，紧密结合起来，在继承中发展，在发展中继承。"要守住中华民族的命脉，首先要传承好中华优秀传统文化。中华文化以其强大的生命力绵延至今，在长期的生活生产实践中形成的中华优秀传统文化及其所蕴含的精神、价值、追求、理念等历经数千年的淬炼洗礼和传承，成为中华民族最根本的文化底色、最厚重的基因图谱、最深沉的精神追求和最独特的民族气节，对激励中华儿女抵抗外来侵略、争取民族独立都发挥了重大的作用。

其次是创新发展中华优秀传统文化。习近平总书记曾指出，弘扬中华优秀传统文化，要处理好继承和创造性发展的关系，重点做好创造性转化和创新性发展。创造性转化和创新性发展，是新形势下我们党对待传统文化的基本态度和基本方针，其内涵是要在鉴别分析的基础上，结合时代条件和实际需要，对传统文化进行改造和发展，不断激发其生命力，增强其影响力和感召力。我们通过对中华优秀传统文化创新性发展和创造性转化，对其注入时代内涵与精神，使其焕发出新的生命力，在不断丰富人们精神世界的同时，成为不断推动国家发展进步的强大精神力量。

新时代，我们要善于把弘扬优秀传统文化和发展社会主义先进文化紧密统一起来，既唤醒中华文化中的优秀传统文化基因，又赋予其时代灵魂，推动中华文化大发展大繁荣，不断铸就中华优秀传统文化新辉煌。

习近平总书记指出，中华文化独一无二的理念、智慧、气度、神韵，增添了中国人民和中华民族内心深处的自信和自豪。中国博大精深的优秀传统文化是中华民族坚定文化自信的基础，是我们在世界文化激荡中站稳脚跟的根基。

（二）伟大精神：家国情怀

“家国情怀”是中国优秀传统文化的基本内涵之一。所谓的“家国情怀”，是主体对共同体的一种认同，并促使其发展的思想和理念。其基本内涵包括家国同构、共同体意识和仁爱之情；其实现路径强调个人修身、重视亲情、心怀天下。它既与行孝尽忠、民族精神、爱国主义、乡土观念、天下为公等传统文化有重要联系，又是对这些传统文化的超越。“家国情怀”在增强民族凝聚力、建设幸福家庭、提高公民意识等方面都有重要的时代价值。

从社会治理来看，中华文化强调家国同构，“家”和“国”是命运攸关的共同体，治好小家才能治好国之大家，才能实现国家的长远发展和长治久安。家国情怀以一种普遍的社会意识支配人的心理结构、价值观念、思维方式和行为规范，在当今社会发挥着精神给养的重要作用，对中华民族的命运前途和未来走向都有着深刻的影响。

（三）韬光养晦战略方针

20 世纪 90 年代初，邓小平在谈到中国发展问题时指出：“我们再韬光养晦地干些年，才能真正形成一个较大的政治力量，中国在国际上发言的分量就会不同。”结合邓小平发表的一系列讲话，我们将其概括为：“冷静观察、稳住阵脚、沉着应付、善于守拙、决不当头、韬光养晦、有所作为”，简称“韬光养晦”对外战略方针，将“有所作为”发扬为“奋发有为”，直至今天，它仍对中国外交发挥着重要作用。

对实行国际化的企业来说，其更应该继承发扬“韬光养晦”战略方针，在新的时代特征下对传统政治文化进行创造性发展，以适应诡谲多变的国际政治局势。

二、 马克思主义精益论

（一）精益创业：摸着石头过河

摸着石头过河是中国改革的大智慧改革开放必须坚持正确的方法论，在不断实践探索中推进。摸着石头过河，是富有中国特色、符合中国国情的改革方法，也是符合马克思主义认识论和实践论的方法。

习近平在十八届中共中央政治局第二次集体学习时指出："我国改革开放就是这样走过来的，是先试验、后总结、再推广不断积累的过程，是从农村到城市、从沿海到内地、从局部到整体不断深化的过程。这种渐进式改革，避免了因情况不明、举措不当而引起的社会动荡，为稳步推进改革、顺利实现目标提供了保证。"

企业在创新创业实践中，对必须取得突破但一时还不那么有把握的改革，应该采取试点探索、投石问路的方法，先行试点，尊重实践、尊重创造，鼓励大胆探索、勇于开拓，取得经验、看得很准了再推开。正如习近平总书记所说，只有加强宏观思考和顶层设计，更加注重改革的系统性、整体性、协同性，同时也要继续鼓励大胆试验、大胆突破，才能不断把改革创新引向深入。

（二）以人为本：设身处地研究具体人的具体问题

习近平总书记主持召开科学家座谈会并发表重要讲话时指出，"希望广大科学家和科技工作者肩负起历史责任，坚持面向世界科技前沿、面向经济主战场、面向国家重大需求、面向人民生命健康，不断向科学技术广度和深度进军。"习近平总书记根据我国经济社会发展之实际，研判我国科技创新发展之关键问题，为新时代科研工作指明了前进方向，吹响了号角，意义非凡。

我国经济发展和民生改善比过去任何时候都更加需要科学技术解决方案，都更加需要增强创新这个第一动力。科技创新风正起，以人为本正当时。习近平总书记强调，我国经济发展和民生改善比过去任何时候都更加需要科学技术解决方案，都更加需要增强创新这个第一动力。一方面，保障人民生命健康，迫切需要强大的科技支撑；另一方面，提高人民生活品质，也迫切需要强大的科技支撑。习近平总书记提出了科技创新必须面向人民生命健康这一新的论断。科技创新的宗旨在于服务于人，这是我们发展科技事业的根本目的。习近平总书记提出科技创新面向人民生命健康，这充分体现以人民为中心的要求，体现了中国共产党始终把人民群众的生命安全和身体健康放在第一位的根本要求。

三、"中国梦"于历史征程的光辉篇章：从量变到质变的关键节点

（一）把握新一轮科技革命和产业变革特质

当前世界经济进入新旧动能转换期，经济持续低速增长且分化态势继续

延续，经济全球化遇到波折并进入深度调整期。从历史经验来看，经济危机往往孕育着新的科技产业革命，而科技产业革命也将带来新的经济增长动能。我国经济已由高速增长阶段转向高质量发展阶段，新的科技产业革命也将为我国构建现代化经济体系、推动经济高质量发展带来新动能新机遇。

新科技产业革命基于多重技术的交叉融合。科学技术的交叉融合既是科学和技术发展的一般规律，也是人类需求多样性的必然要求。目前，信息技术已经与生物技术、新材料技术等交叉融合发展，人工智能、5G通信、工业互联网等新兴技术实现了多点革命性的突破，并使得增材制造（3D打印）、虚拟和增强现实等渗透到生产和生活中。随着信息技术、人工智能技术的深度发展及其与生物、材料等多学科、多技术领域相互渗透、交叉融合、群体突破，代表先进生产力发展方向的一批颠覆性技术将引领和带动新科技产业革命逐渐走向高潮。

新科技产业革命催生新的生产方式、组织形态和商业模式。随着信息技术、智能化技术的发展，数据流动性和可获得性大幅提高，信息不对称性将不断降低，将促进生产组织和社会分工方式更倾向于社会化、网络化、平台化、扁平化、小微化，推动产业边界模糊化、产业组织网络化、产业集群虚拟化、组织结构扁平化，大规模定制生产和个性化定制生产日益成为主流制造范式，传统依靠规模经济来提高效率的生产方式受到挑战。新科技产业革命推动制造业与服务业深度融合。制造业与服务业深度融合，是工业化进入高级阶段的重要特征，也是推进产业转型升级的必由之路。信息技术是服务业与制造业融合的“黏合剂”。随着人工智能、信息技术等的突破及应用，以数字化、网络化、智能化为标志的信息技术革命加快发展，制造企业将利用先进信息技术不断从产品制造向服务端延伸、整合，推动服务业与制造业深入融合。随着制造业与服务业的深度融合，价值链“微笑曲线”底部环节将不断拉平、附加值将逐步提升，全球产业链、价值链将获重构。

（二）启动高质量发展引擎：人才与科技战略力量

完善人才体制机制是核心，培育科技战略力量是关键。“一切创新成果都是人做出来的。硬实力、软实力，归根到底要靠人才实力。”坚持完善科技创新人才体制机制建设，是全面提高科技创新人才服务保障能力的前提条件。我们要在建立健全科技创新人才体制机制方面下功夫，着力改善优化科技创新人才评价、激励机制，打造新时代科技创新人才梯队，为加快科技创新步伐提供坚实的人才支撑；要在学习和发扬科学家精神过程中，不断提升科技创新素养，提高对新领域、新思路、新思想的敏感性、能动性，在为科技工作者赋予更多科研自主权的同时，注重培养和增强科研诚信，从而营造健康向上的科技创新氛围。坚持通过吸引、培养、管理和激励等方式健全科技创新人才体制机制，这就要求培育青年科技创新人才的成长环境、改善科技创新生态、转型科技工作者的引领性思维、协调协同攻关科研团队，激发科技创新创造活力动力。比如，对国家医疗体系和生命健康相关领域优化布局、聚焦方向，培育公共卫生领域战略科技储备力量等。抓创新就是抓发展，谋人才就是谋未来。世界正发生急剧变化，新一轮科技革命和产业变革加速演进，更加凸显了加快提高我国科技创新能力的紧迫性。我国拥有数量众多的科技工作者、规模庞大的研发投入，关键是要改善科技创新生态，激发创新创造活力，给广大科技工作者搭建施展才华的舞台，充分释放科技创新队伍中的巨大创新潜能，让科技创新成果源源不断涌现出来。在改善科技创新生态过程中，我们要加快推动科技体制机制改革，稳步提升我国科技创新管理水平，推动科技创新治理体系与治理能力现代化，从而为加快科技创新步伐提供更加充沛的动力。

（三）科学家精神：实施科技技术创新的灵魂

科学家精神也是一个国家和民族发展的根本精神。人是科技创新的重要主体，而科学家精神是科技创新工作者谋划、推进和实施科技创新的灵魂。在新的发展阶段，我们面对复杂多变的国际科技竞争形势和紧迫的国内发展需求，要想把握好新方向、构建好新格局、完成好新任务、实现好新目标，就必须牢固坚持和大力弘扬科学家精神，为科技强国建设汇聚强大驱动力。

我们要坚持“科学无国界，科学家有祖国”的爱国精神，胸怀祖国、服务人民，坚持本土定位、国际视野，着力解决当前面临的“卡脖子”技术问题，力争在多个领域从跟跑转向并跑、领跑，为经济社会发展、民生改善、国防建设等找到行之有效的科技解决方案；要坚持创造性思辨、严格求证的原始创新精神，促进科技工作者全心全意做使命驱动、兴趣驱动的研究，开展好前瞻性、针对性和储备性研究，鼓励守正创新、源头创新，推动提升我国科技创新策源能力。这就要求在新形势下，广大科技工作者要以社会责任感、历史使命感将个人的科学研究融入社会主义现代化建设的事业中，为构建社会主义现代化经济体系以及推动社会主义国家治理体系和治理能力现代化贡献一份力量。我们要通过多方向提出新理论、多渠道开辟新领域、多路径探索新发现，提高原始创新能力，推动科学体系不断向前发展和完善。

第三部分　案例使用说明

一、 教学用途与教学目标

（一）教学用途

本案例为描述型案例，适用于本科管理学中的创新课程。

（二）教学目标

1. 知识层面

理解概念：创新与技术创新的本质

掌握理论：创新战略选择与创新过程

2. 能力层面

系统思维能力：教师通过对相关理论知识的讲解，帮助学生了解中国自有品牌的海外管理战略背后的商业模式，实现科技变革是企业“走出去”的必要发展趋势，形成全面系统联系地分析问题、解决问题的思维能力。

辩证思考能力：教师通过案例分析与讲解，通过引导学生讨论、解答问题，帮助学生搭建一座从实践到理论的思维桥梁，使学生能就新时代变局所产生的企业创新问题有一定自主辩证思考能力. 善用适当的理论知识提出合理的解决方案。

开放性思维能力：创新是引领发展的第一动力，教师在案例分析与讲解的过程中需要贯彻新发展理念，鼓励学生创造性的提出问题和解决问题，培养学生的创造意识和创新精神。

3. 素质层面

提高专业素养：教师通过案例学习帮助学生搭建理论知识框架，加深学生对创新基本含义、技术创新的本质特征和关键要素等内容的理解，培养学生对生活中处处有管理学知识的意识，提高学生应用相关理论知识分析和解决实际管理问题的能力。

提高思想素养：教师通过引入有关思政元素，运用党的创新理论，指导专业知识学习，让学生从案例分析中进一步加深国家、民族和社会等因素在企业创新活动中的影响认知，引发学生对于管理学知识在新时代发展过程中的运用及其体现的思考，在专业学习的过程中帮助学生树立家国情怀，提高思想政治素养。

二、 案例讨论的准备工作

（一）学生

学生需要预习《管理学》创新篇的相关知识，对创新有一个大致的理解及框架梳理。

（二）老师

授课教师可事先通过简要的 PPT 或视频宣传片对 SheIn 的基本概况进行介绍，让学生对本案例有一定的了解。

三、 案例分析要点

（一）启发思考题

1. 结合材料，谈谈你对创新与技术创新的理解
2. 结合材料，分析 SheIn 经历的创新过程
3. 结合材料，分析 SheIn 的创新战略选择

（二）案例分析

分析思路：上述案例是基于管理学中的“创新”知识点提出来的。

1. 结合材料，谈谈你对创新与技术创新的理解。

理论知识点：创新、技术创新

参考答案如下：

经济学家熊彼得在《经济发展理论》一书中将创新定义为企业家的职能，它包括 5 个方面：①生产一种新的产品；②采用一种新的生产方式；③开辟一个新的市场；④控制原材料和半成品的一种新的来源；⑤实现新的组织架构。后人在此基础上将创新分为制度创新与技术创新。技术创新既有可能是一种全新的技术开发，也可能是原有的技术改善，还可能是一种原有技术的重新组合。从生产过程的角度来看，技术创新可以分为：①要素创新；②产品创新；③要素组合方法的创新。总的来说，技术创新一方面通过降低成本而使企业产品在市场上更具价格优势，另一方面通过增加用途、完善功能、改进质量以及保证使用而使产品对消费者更加具有吸引力，从而在整体上推动企业竞争力不断提高。SheIn 从跨境婚纱到跨境快时尚女装的转变过程中，产品线不断扩张延升，开发了中东、印度等国家地区的全新市场，并打造了一条柔性供应链，形成供应链生态系统，为消费者打上强力的品牌烙印，形成势不可挡的“席卷”全球趋势，纵观全局，SheIn 将制度创新与技术创新贯彻落实于发展的全过程。

2. 结合材料，分析 SheIn 经历的创新过程。

理论知识点：创新过程

参考答案：

创新是对旧事物的否定，对新事物的探索，其遵循的逻辑是：学习批判创新，总之，创新一定遵循一定的步骤、程序和规律。创新者会在不断尝试中寻找新的程序和方法，根据创新的规律，SheIn 可以分为 3 个创新过程（见表 9-1）。

表 9-1 创新过程

模仿创新	创造性模仿	改进性创新
卖仿货、批发	ROWME 的品牌收购，吸取品牌经验	数字化转型创造供应链生态
网红直播带货	打造柔性供应链	“人人尽享时尚之美”的差异化品牌定位

3. 结合材料，分析 SheIn 的技术创新战略选择。

理论知识点：技术创新后发优势。

参考答案如下。

技术创新战略一般涉及创新的基础、创新的对象、创新的水平、创新的方式以及创新实现的时机等。①创新基础的选择需要解决在何种层次上组织创新的问题，SheIn 利用现有的人工智能、云计算等技术，对目前的生产工艺、作业方法、产品结构进行数字化转型，真正实现“小单快反”的生产逻辑。②技术创新对象主要涉及材料、产品、工艺、手段等不同方面，2018—2019 年 SheIn 的供应链重点是改造面料、印染等核心环节，力求一件衣服线头少于 3 根，实现 75%工厂直采。③创新水平的选择需要解决是采用“先发制人”还是“后发制人”的战略。相对于 Zara，SheIn 的确是后来者，因此它利用自己的“后发优势”，分享先期行动者投入大量费用而开发出的行业市场，根据已基本稳定的需求进行投资，还能进一步完善，从信息到顾客到产品，变为从顾客到信息到产品，真正实现消费者需求。④创新的方式选择是利用自己的力量开发还是与外部生产科研机构联合开发。考虑到日后的发展需要，SheIn 网站外包出去开发的时候一开始就谈好网站的所有权 100%归属，SheIn 和其源代码是 100%开发不加密的，SheIn 日后也可以成立自己公司内部的网站技术团队或者把最初外包的开发团队给并购收编，让 SheIn 的独立站可以与时俱变，不断完善。

四、 教学组织方式

建议运用本案例完成“组织创新”知识点的创新教学，在对课本有关知识进行讲述梳理之后，安排一个课时（40 分钟）进行讲解。案例的教学组织安排如表 9-2 所示。

表 9-2　案例的教学组织安排

学习阶段	学习内容	时间限制	学习目标
课前	教学生们进行分组，每组 4 ~5 人，上网了解 SheIn 的发展概况以及业务特征.	课前两天完成	熟悉案例背景
课中	请学生们仔细阅读案例材料，并展开小组讨论，各小组结合案例材料重点围绕思考题进行小组讨论	20 分钟	针对问题进一步学习案例信息，并进行学习归纳和相互启发.
	选择 2~3 组的学生代表将本组的讨论结果与大家分享，要求学生提出的观点与案例材料紧密结合	10 分钟	增强学生学习的参与感，并提示学生关注点
	教师总结并点评	10 分钟	重点分析学生理解错误或者理解不当之处
课后	完成案例分析报告，形成纸质版按小组提交		增强记忆、巩固知识

五、 总结

通过对组织创新的系统性学习，教师能引领学生对其管理学意义进行深入的分析与挖掘，激发学生的创新意识与科学家精神。

本案例在进行管理学意义分析的同时，其思政教育内容的意义主要体现在以下几个方面：首先，结合本案例思考如何塑造中国品牌，实现国际化战略背景下的创新与转变；其次，秉承邓小平同志“韬光养晦”的发展理念，思考新时代下我国将中华民族传统文化融入企业创新的必要性，实现百年之未有大变局的“走出去”发展战略；最后，科技创新是国家“从富起来”到“强起来”的强力引擎，每个企业家需要培养“科学家”开放创新精神，为中国企业注入新的活力。

参考文献

[1] 吴晓波，李思涵. 中国企业从“二次创新”到“原始创新”的超

越追赶之路 [J]. 清华管理评论，2020 (2)：119-127.

[2] 乔晗，贾舒喆，张思，卢涛. 商业模式二次创新和制度环境共演的过程与机制：基于支付宝发展历程的纵向案例研究 [J]. 管理评论，2020，32 (8)：63-75.

[3] 贺新元. 中国共产党理论创新的基本历史经验 [J]. 广西社会科学，2020 (9)：1-6.

[4] 梁皓辉. 南京领添 SHEIN 概念版 APP 体验设计研究与实践 [D]. 湖南大学，2019.

[5] 姚璎璐. “互联网+”背景下服装营销模式创新研究 [J]. 科技资讯，2020，18 (5)：95-97.

[6] 周三多，陈传明，刘子馨，等. 管理学：原理与方法 [M]. 上海：复旦大学出版社，2018.

[7] 走快一点、做精一点、想远一点 ——看 80 后“行动派”如何开辟在线服装外贸蓝海[EB/OL].(2013-6-21)[2020-11-15].http://blog.sina.com.cn/s/blog_672ad0db0101dkvx.html.

[8] 跨境快时尚“SheIn”完成 B 轮融资，投资方为 IDG 和景林资本 [EB/OL]. (2016-07-13) [2020-11-15]. http://www.ocn.com.cn/touzi/201607/ytxxo13162559. shtml.

[9] 揭秘 SheIn：中国最神秘百亿美元公司的崛起 [EB/OL]. (2020-08-04) [2020-11-15]. https://www.huxiu.com/article/373212. html.

[10] 不同凡想的外贸独立网站——Shein. com 外贸独立站成功的背后 [EB/OL]. (2017-10-18) [2020-11-15]. http://egobest. com/news-696. html.

[11] 弘扬以人为本的科创精神 [EB/OL]. (2020-10-12) [2020-11-15]. https://theory.gmw.cn/2020-10/12/content_34258618. htm.

[12] 新一轮科技革命和产业变革为经济增长注入新动能 [EB/OL]. (2019-09-26) [2020-11-15]. http://www. banyuetan. org/ssjt/detail/20190926/1000200033135841569466 906722985913_1. html.

[13] 新时代：建设现代化强国，共筑民族复兴的中国梦 [EB/OL]. (2017-10-23) [2020-11-15]. http://www.cqn. com. cn/cj/content/2017-10/23/content_5012873. htm.

[14] 统筹国际国内两个大局，提高外交工作能力水平 [EB/OL]. (2020-4-26) [2020-11-15]. https://book. douban. com/

annotation/94762698/.

[15] 提升新时代中国文化软实力 [EB/OL]. (2018-08-21) [2020-11-15] http://www.wenming.cn/ll_pd/whjs/201808/t20180821_4801295.shtml.

[16] 十三五"，总书记关心的这些事：这五年，创新动力更强劲 [EB/OL]. (2020-10-28) [2020-11-15]. http://news.cri.cn/20201028/43ae3ae4-a774-6e4b-b0fa-c4f8 90f8b523.html.